Paul Werner Der Bergbauernhof

Alm in Blockbauweise mit Legschindeldach. Wohl 18. Jahrhundert. Zillergrund, Zillertal, Tirol.

Paul Werner

Der Bergbauernhof

Bauten
Lebensbedingungen
Landschaft

Verlag Georg D. W. Callwey München

Dank

Herzlich dankt der Verfasser den nachgenannten Personen, die wertvolle Beiträge zum Entstehen dieses Buches leisteteten:
Dr. Adolf Schneider, Meteorologe, München
Alois Stockner, Kreisheimatpfleger des Landkreises Altötting
Dipl.Ing. Peter Wörnle, Regierungsrat, Nationalparkverwaltung Berchtesgaden
Besonderer Dank gilt auch der Fotografin Erika Groth-Schmachtenberger, Murnau, deren fotografischem Geschick und visionärem Weitblick es zu danken ist, daß dieses Werk Bilder längst vergangener bergbäuerlicher Arbeitsweisen enthält, sowie Herrn Architekt Dipl.Ing. Ernst Beinroth, Deisenhofen, der einen Teil der Zeichnungen besorgte.
Außerdem habe ich vor allem meiner Frau Richilde zu danken für wertvolle Anregungen und für die tätige Mitarbeit, ohne die das Werk kaum gelungen wäre.

CIP-Kurztitelaufnahme der Deutschen Bibliothek

Werner, Paul:
Der Bergbauernhof: Bauten, Lebensbedingungen, Landschaft / Paul Werner. – München: Callwey 1979.
ISBN 3-7667-0468-0

© 1979 by Verlag Georg D.W. Callwey, München
Alle Rechte vorbehalten, auch die des auszugsweisen Abdruckes und der photomechanischen Wiedergabe
Schutzumschlag   Baur + Belli Design, München unter Verwendung der Abbildungen 132 und 225
Lithos   Brend'amour, München
Satz   Textverarbeitung W. Hartmann, Stockdorf
Druck   Kastner & Callwey, München
Bindung   Conzella, Urban Meister, München
Printed in Germany 1979
ISBN 3-7667-0468-0

Inhalt

Einleitung 7

Historische und wirtschaftliche Grundlagen

Zur Geschichte der Höhensiedlung 8

Die natürlichen Bedingungen der Höhensiedlung 9

Der Einfluß der Bodenbeschaffenheit 9   Haldensiedlungen 10   Schuttkegelsiedlungen 10   Beckensiedlungen 10   Staffelsiedlungen 10   Bodensiedlungen 10   Terrassensiedlungen 10   Leistensiedlungen 10   Hangsiedlungen 11   Rundhöckersiedlungen 11   Geophysikalische Einflüsse 11   Der Einfluß des Klimas 11

Die Bewirtschaftung des Bergbauernhofes 13

Weidewirtschaft 13   Getreidebau 13   Kartoffel und Edelkastanie 13   Gemüsebau 13   Obstbau 14   Weinbau 14

Arbeit, Handwerk und Technik 14

Die Arbeit im Wandel der Jahreszeiten 14   Nebenerwerb 15   Handwerkliche Nebentätigkeiten 16

Das Almwesen 18

Zur Geschichte des Almwesens 18   Die Anlage der Alm 19   Typen der Almsiedlung und ihre Bewirtschaftungsdauer 19   Bewirtschaftungsformen 19   Eigentumsformen 20   Die Arbeit und die Bräuche auf der Alm 20   Die Zukunft der Almwirtschaft 20

Siedlung, Flur und Gehöft

Siedlungsformen 21

Flurformen 22

Gehöftformen 22

Die baulichen Anlagen des Hofes

Wohnhaus 23   Der Stadel 25   Futterstall 27   Feldscheune und Heustadel 27   Kleinviehställe 27   Speicherbauten 28   Badstube und Brechlbad 28   Backofen und Backhaus 29   Dörröfen und Dörrhütten 30   Zuhaus und Austragsstüberl 30   Brunnen und Waschhaus 30   Hausmühlen 30   Taubenkobel 31   Trockengerüste 31   Bauliche Anlagen auf der Alm 32   Zäune und Einfriedungen 33

Bautechniken und Bauteile

Wände 35

Blockbau 35   Pfostenbau und Ständerbau 36   Bundwerk 37   Primärer Steinbau 38   Mischbauweisen und sekundärer Steinbau 39   Gewölbe 39

Dächer 40

Dachformen und Dachneigungen 40   Dachkonstruktionen 41   Dachdeckungen 43

Decken und Böden 45

Lauben, Altane und Balkone 47

Erker 48

Treppen 49

Türen und Tore 49

Fenster 51

Schmuckformen und Schmucktechniken

Vom Ursprung und Sinn der Schmuckformen 53   Älteste magische Zeichen 53   Christliche Heilszeichen 54   Hausinschriften und Haussprüche, Wappen und Embleme 54   Schnitzerei und Bemalung an Holzteilen 55   Schmuckformen am Dach 56   Freskomalerei und Sgraffito 56

Eine Zukunft für die Zeugnisse der Vergangenheit 58

Anhang

Übersichtskarte über die Verteilung der Schwaighöfe in Tirol 209
Verbreitungsgebiet des Legschindeldaches 210

Literaturverzeichnis 211

Register 213

Photonachweis 221

Einleitung

Das Leben am Bergbauernhof und seine Geschichte ließe sich in kürzester Form in einigen wenigen Worten dartun: Wagnis und Arbeit, Gefahr und Not, aber auch Beharrung und Selbstbehauptung, Freiheit und Stolz.

Am Anfang stand das Wagnis. Bevölkerungsdruck und mangelnde Weideflächen, Not und Verarmung, sicherlich auch die Furcht vor den sich häufenden Raubüberfällen ebenfalls verarmter Stämme trieben in ältesten Zeiten die Menschen aus den flachen Altsiedellandschaften in den Gebirgsraum. Bei der ersten Besiedlung des Hochgebirges war es vielerorts sicherlich vordringliches Ziel, sich zunächst einmal gegen die Unbilden des noch ungewohnten Klimas zu behaupten, den Kampf mit den Naturgewalten aufzunehmen, neue Nahrungsquellen zu erschließen und Schutz für das Leben im harten Bergwinter zu schaffen. Das wesentlich rauhere Bergklima zwang die ersten Siedler, sich genaueste Kenntnisse der Naturverhältnisse zu verschaffen, die bauliche Anlage von Haus und Hof nach den sich bietenden Überlebensmöglichkeiten auszurichten. Hierbei lernten die Menschen auch bald, die Besonderheiten des angetroffenen Geländes zu ihrem Vorteil zu nutzen. Vor allem in den Anfängen der extremen Höhensiedlung war die Begegnung mit den noch weithin unbekannten Gefahren des Bergwinters ein besonderes Wagnis. Selbst im 19. Jahrhundert haben Bergbauern, wie Adalbert Stifter in seinem »Nachsommer« berichtet, geglaubt, die Kälte sei im Winter auf den Bergen so heftig, daß kein Mensch sie ertragen könne. Wenn noch in später Zeit übertriebene Vorstellungen von der Unerträglichkeit des Bergwinters herrschten, wie mag man erst in alten Zeiten seine Gefahren gefürchtet haben! Die Gewöhnung an das härtere Leben und Werken hat aber der Schaffenskraft und dem Erfindergeist ebenso großen Ansporn gegeben, wie sich dies im Laufe der gesamten Menschheitsgeschichte auch in der Verlagerung von Zentren kultureller Tätigkeit in immer kältere Gebiete abzeichnet.

Der Arbeitsaufwand in fast allen Bereichen bergbäuerlichen Schaffens, die Kraftentfaltung und die Transportprobleme sind gegenüber gewohnter bäuerlicher Arbeit oft um ein Vielfaches gesteigert. Nur aus dem verbissenen Kampf gegen lebensbedrohende Not lassen sich viele Erscheinungen des bergbäuerlichen Tuns erklären. Die Kultivierung auch der kleinsten geeigneten Böden, die gefährliche, nach heutiger Anschauung grotesk unwirtschaftliche Gewinnung von Wildheu, die mühselige Sammeltätigkeit zur Ergänzung der kärglichen Nahrung sind Ausdruck des harten Lebens des Bergbauern, aber auch Zeugnis seiner Beharrlichkeit.

Bis in die jüngste Vergangenheit bildete der alpine Raum durch seine weitgehende geographische Abgeschlossenheit und die konservative Lebenshaltung seiner Bevölkerung auch eine Beharrungszone alter Traditionen, Lebens- und Wirtschaftsformen. Nirgends ist der allen bäuerlichen Kulturen eigene Grundsatz umfassender Selbstversorgung und Selbstbehauptung so konsequent aufgebaut, weiterentwickelt und so beharrlich festgehalten worden wie im Hochgebirge. Weidewirtschaft mit Viehzucht und Milchverwertung, daneben auch Ackerbau bilden die wirtschaftlichen Grundlagen der Bergbauern. Im Anbauen der eigenen Brotfrucht am Rande der Gletscherregion kommt der beinahe vermessene Wille zur Selbstbehauptung an der äußersten Höhengrenze menschlicher Dauerexistenz am augenfälligsten zum Ausdruck.

Auch im Gebirge hat sich das Bauerntum im 20. Jahrhundert in seiner Einstellung zur Welt geändert, viele frühere Horizonte sind gesprengt, geistige Bindungen und Anschauungen verloren gegangen, und damit haben sich auch die tausend Kleinigkeiten des Alltags und der Arbeit gewandelt. Geblieben sind aber noch vielfach die alten Häuser und Stadel und Almhütten. Rhythmus und Gang überkommener Lebens- und Arbeitsformen haben diese alten Häuser geformt und hier jene charakterhafte Wohngesittung ausgeprägt, die dem Bergbauernhof und der Bauernstube ihre eigene, herbe Behaglichkeit und unnachahmliche Wärme geben. Daher sind auch die alten Berghöfe nicht nur aus ihrer äußeren Struktur und Form zu begreifen. Über all den bau- und kulturgeschichtlichen Zusammenhängen, den technischen Eigentümlichkeiten und handwerklichen Details sollte man daher nie die Beseeltheit der alten Häuser und all ihrer Teile vergessen: Der alte Bergbauernhof ist – vielleicht mehr als jedes andere alte Haus – völlig eingebunden in das menschliche Leben, in Arbeit und Fest, Glauben, Brauch und Daseinsbedacht. Hinter den von Wind und Wetter gegerbten Wänden vollzog sich das Leben von Generationen in der Fülle aller seiner Formen: Hier wurde gelebt, geliebt und gelitten, geboren und gestorben, gebetet und geflucht, gehofft und verzagt. Hier wurde aber auch umgebaut und geändert, geflickt und ausgebessert. Ein Umbau oder Neubau folgte aber stets dem Gang alter, ungeschriebener Baugesetze und hielt bei aller Neuerung dennoch stets überlieferten Maßstab und bäuerliche Haltung ein. Vor allem aber bewahrte man auch die charaktervollen Eigenheiten und die unverwechselbaren Merkmale der engeren Hauslandschaft. Blindwütiger Fortschrittsglaube und falsch verstandener, brutaler Modernismus haben den größten Teil an historischer bäuerlicher Bausubstanz bereits ausgelöscht. Erst die Bedrohung auch der letzten Reste bäuerlicher Baukultur hat endlich auch die Obrigkeit wachgerüttelt. Inzwischen sind viele Anfänge gemacht worden, sowohl Altes zu erhalten wie auch Neues nach bewährtem Alten auszurichten.

Das bayerische Denkmalschutzgesetz ist vielleicht der bisher bedeutungsvollste Versuch eines Gesetzgebers, auch die bäuerliche Baukultur in all ihren Zeugnissen zu bewahren. Beim Vollzug dieses Gesetzes – dem sich der Verfasser mit Leib und Seele verschrieben hat – stellte sich heraus, daß nicht unzulänglicher Wohnkomfort oder die Unmöglichkeit allgemeiner baulicher Sanierung oder Anpassung alter Bausubstanz an neue Techniken die Hauptursachen des Untergangs unersetzlicher Gestaltwerte sind. Nein, es ist heute noch wie zur Zeit Thierschs, »daß man sich der alten Mode schämt und mit der Neuzeit fortschreiten will ...« »Wir haben den Altbau ... einfach angezündet, wir konnten die Schande nicht mehr ertragen ...« In dieser Pressenotiz aus einer Ausgabe der »Süddeutschen Zeitung« gipfelt wohl all der Irrsinn einer vermeintlich fortschrittlichen bäuerlichen Welt.

Was am meisten nottut, ist also Aufklärung, Motivation und guter Wille. Möge auch dieses Buch Einblick geben in die Geschichtlichkeit bäuerlichen Lebens, in die Beseeltheit und Schönheit alter Bauernhöfe, in ihre harmonische Einbindung namentlich in das Bild der Berglandschaft.

Wenn es dabei gelingt, auch nur ein klein wenig das Bewußtsein um die Harmonie und die Schönheit und den Wert bäuerlicher Baukultur zu wecken und seine Erhaltung im Alten wie im Neuen zu fördern, dann ist der Zweck erreicht.

Darstellung der Venter Gletschermesse von Hans Beatus Wieland (AV-Museum, Innsbruck).

Historische und wirtschaftliche Grundlagen

Zur Geschichte der Höhensiedlung

Die Kenntnis vorgeschichtlicher Siedlung im Alpenraum fußt im wesentlichen auf Funden von Gerätschaften. Aus der älteren Steinzeit, die mit den letzten Stufen der Eiszeit zusammenfällt, finden sich allerdings nur sehr vereinzelt Spuren menschlichen Lebens. Erst mit der jüngeren Steinzeit werden die vorgeschichtlichen Funde auch im Alpenraum zahlreicher und noch mehr in der Bronzezeit, die etwa mit dem zweiten vorchristlichen Jahrtausend beginnt. Über die völkische Zugehörigkeit der ältesten alpinen Siedler liegen nur die Angaben römischer Schriftsteller und vereinzelte spätantike Inschriften vor. Danach sind als erste geschichtlich faßbare Völkerschaften Ligurer und Etrusker sowie die der indogermanischen Völkerfamilie angehörenden Italiker, Illyrer und Kelten in den Alpenraum eingewandert. Für die von den Römern später als Räter bezeichneten Stämme, also für die Venosten im Vinschgau, die Isarken am Eisack, die Breonen im Inntal, die Genaunen in Oberbayern, die Vennoneten im Rheintal ist wohl illyrische Abkunft anzunehmen, die Vindeliker des Alpenvorlandes hingegen gelten seit langem als keltischer Verband. Auch die Helvetier im Gebiet der heutigen mittleren Schweiz sind wohl keltischer Abkunft.

Bereits im letzten Abschnitt der Jungsteinzeit drangen die Siedler vereinzelt bis in Höhen von 1000 m vor, wenn auch die meisten Siedlungsplätze in Höhenlagen von 300 bis 900 m blieben. Bevorzugt besetzten die jungsteinzeitlichen Siedler Plätze von naturgegebener Wehrhaftigkeit, die wenigstens nach drei Seiten gegen Überfälle sicher schienen. In der Eisen- und Bronzezeit waren Siedlungen bereits bis in Höhen um 1600 m vorgedrungen, die Nutzung der Almweiden, vor allem aber auch der Bergbau trieb die Menschen noch höher empor, doch entwickelten sich hier nur Temporärsiedlungen. Die Siedler bevorzugten bei ihren ersten Niederlassungen sicherlich waldfreie Stellen oder zumindest licht bewaldeten Boden, wo Viehweide und Ackerbau auch ohne vorherige Rodung möglich waren. Erst der Bevölkerungszuwachs erzwang die harte, mühsame Rodungsarbeit, die teilweise schon sehr früh durch Brandrodung erfolgt sein muß.

Die früheste baierische Besiedlung beschränkte sich anfangs wohl weitgehend auf altbewohntes Land, wobei das römische Verkehrsnetz grob den Richtungsverlauf des Landesausbaues vorgeprägt haben dürfte. Die Baiern haben sicher das schon in der Römerzeit kultivierte, fruchtbare Land bevorzugt, weil es für agrarische Nutzung besonders günstig und zudem verkehrsaufgeschlossen war.

Interessante siedlungsgeschichtliche Zusammenhänge enthüllen die heutigen Flur-, Orts- und Almnamen. Viele erst von den Baiern begründete Dauersiedlungen in den Hochtälern tragen vordeutsche Namen. Wiesen und Almflächen dieser Hochtäler waren schon von der vorrömischen Bevölkerung genutzt und mit Namen versehen worden. Als dann die Baiern – die zunächst am Taleingang neben und unter ihnen siedelten – später auf diesen Wiesen, Voralmen und Almen Dauersiedlungen errichteten, übernahmen sie die alten vordeutschen Benennungen, wobei natürlich vielfache sprachliche Umgestaltungen nicht ausbleiben konnten.

In vielen Hochtälern trägt der innerste, höchste Teil, der Talschluß, einen vordeutschen Namen, obwohl der übrige Teil des Tales nur deutsche Ortsnamen aufweist. In solchen Fällen war vielfach der von Lawinen gelichtete unbewaldete Talschluß mit seinen nahrhaften Futterkräutern als Alm gut geeignet und wurde schon in vordeutscher Zeit entsprechend genutzt. Die Talmitte war hingegen oft dicht bewaldet, der Talausgang häufig gar durch rückschreitende Wildbacherosion seines schmalen Talbodens beraubt, und die Hänge stiegen zu beiden Seiten der Bachrinne steil auf. Hier haben meist erst die baierischen Einwanderer das vordere und mittlere Tal nutzbar gemacht und gerodet und die neuen Siedlungen auch neu benannt, während sie dem schon seit altersher genutzten Talschluß den alten Namen beließen.

Im schweizerischen Teil des Inntales, im Engadin, leben romanische Sprache und romanisches Volkstum noch heute fort, auch die Ladiner in verschiedenen Dolomitentälern und die Graubündner sprechen noch rätoromanische Dialekte.

Erst sehr viel später – in Südtirol seit dem 11., in Nordtirol zumeist seit dem 12. Jahrhundert – trieb die Landnot, der Mangel an nutzbarem Boden innerhalb der alten Flur, die Menschen aus den alten Siedlungsplätzen hinauf in extremere Höhen, wo sie sich in harter Arbeit Rodungsinseln im geschlossenen Waldgürtel schaffen mußten. Im 12. und 13. Jahrhundert hatte geradezu ein Siedlungsfieber um sich gegriffen. Der Landhunger war so stark, daß sich die Menschen in Höhenlagen emporsiedelten, wo sie sich auf Dauer nicht behaupten konnten, in dieser Zeit wurde die äußerste Grenze der Höhensiedlung nicht nur erreicht, sondern verschiedentlich sogar überschritten. Damals sind schon viele Temporärsiedlungen zu Dauersiedlungen ausgebaut worden, zahlreiche Sagen – und auch die Übernahme der alten vordeutschen Almnamen – erinnern an diese Hofgründungen; so wurde der höchstgelegene Hof Tirols, der in 2080 m Höhe liegende Eishof im innersten Pfossental, auf den der Gemeinde Naturns gehörigen Almen angelegt. Der Mangel an Bau- und Brennholz ließ die obere Siedlungsgrenze allerdings nie über die Höhe der Waldgrenze hinauskommen. Wo heute, wie in Vent und Obergurgl, Höfe oberhalb der Waldgrenze liegen, ist eine spätere Vernichtung des Waldes anzunehmen.

Von größtem siedlungsgeschichtlichem Interesse sind im Alpenraum die ehemaligen Schwaigen. Diese Einzelhöfe waren die höchstgelegene Ausformung der Dauersiedlung. Sie grenzten bereits an den Almengürtel, also gegen die Zone höchster temporärer Behausung. Der Anlaß zu ihrer Gründung scheint ein erhöhter Bedarf an Nahrungsmitteln aus der Milchwirtschaft und Viehzucht gewesen zu sein, vielleicht auch das Bestreben der Grundherrschaften, durch spezifische Bewirtschaftung selbst aus diesem hochgelegenen Landbesitz bestmögliche Zinserträge zu erwirtschaften. Die Betriebs- und Siedlungsform der Schwaigen war in allen alpinen Gebieten, die aus dem alten Stammesherzogtum Baiern und dem ebenfalls von dorther politisch, völkisch und kulturell bestimmten Herzogtum Kärnten hervorgegangen sind, weit verbreitet, also vor allem in Tirol, daneben aber auch im oberbayerischen Alpen- und Voralpenraum, im salzburgischen Pinzgau und Pongau, im obersten Mölltal, in Oberkärnten und in einigen Teilen der Steiermark. Im Westen von Tirol, im Bereich des alten Churrätien, wo das rätoromanische Volkstum von der alemannischen Einwanderung überlagert wurde, zeigen die Hochgebirgssiedlungen Formen der Vieh- und Milchwirtschaft, die sich deutlich vom Charakter der Schwaigen unterscheiden. Am Südrand des deutschen Siedlungsraumes, im Etsch- und Eisacktal, ist die Wirtschaftsform der Schwaigen in das romanische und ladinische Siedlungsgebiet zum Teil eingedrungen, zum Teil, ähnlich wie im churrätischen Gebiet, gegenüber anderen Formen der grundherrlichen Nutzung der Vieh- und Milchwirtschaft jedoch nicht zum Durchbruch gelangt. Die Schwaighöfe lagen fast durchweg in einer Höhenlage von 1200–2000 m, stießen aber nie über die Waldgrenze empor. Fast alle späteren Dauersiedlungen in dieser Höhenlage sind als Schwaighöfe mit spezieller Wirtschaftsweise und Betriebsform begründet worden. Unter einer Höhenlage von 1200 m, also unter der Obergrenze des Roggenbaus, waren Schwaigen selten; nur wo große Feuchtigkeit oder schattige Hanglage den

Graswuchs gegenüber dem Kornbau begünstigten, lagen Schwaigen auch in einer Höhenlage von 1000 m und darunter. Die Aufzeichnungen der grundherrlichen Verwaltung, vorzugsweise die Urbare, sind die wichtigste, wenn nicht einzige geschichtliche Quelle über Entstehung, Wirtschaftsform und Entwicklung der Schwaigen. Aus diesen Urbaren und auch aus anderen Urkunden geht auch klar hervor, daß die Schwaigen – im Gegensatz zu den Almen – selbständige Siedlungs- und Wirtschaftseinheiten waren. Mitunter wird sogar ausdrücklich vermerkt, daß zu einzelnen Schwaigen gewisse Almen oder Auftriebsrechte auf Almen gehörten; Almen wurden vielfach sogar als Zubehör von Schwaigen betrachtet. Diese Urbare wurden von den einzelnen Grundherrschaften – Landesfürsten, Adelsgeschlechtern und Stiften – meist seit dem 13. Jahrhundert über den Besitz an Landgütern und die davon fälligen Abgaben angelegt. Die Schwaigen waren durchweg zu Zinsrecht vergeben. Die sog. »Bauleute« hatten den Schwaighof mit einem bestimmten Viehstand und gewissen notwendigen Einrichtungen und Betriebsmitteln gegen Leistung eines Grundzinses, meist eines Käsezinses, dauernd und zeitlich unbeschränkt inne. Das Leiherecht war vererblich und mit Zustimmung des Grundherrn verkäuflich. So kam das Besitzrecht der Erbleihe einem dauernd belasteten und etwas eingeschränkten Eigentum sehr nahe. Diese Gründung neuer Schwaigen im 13. und 14. Jahrhundert war wohl der letzte erfolgreiche Versuch einer Ausweitung der Dauersiedlung in die Höhenregion, nach dem Ausbau des Siedlungsraumes in den tieferen Lagen.

Seit dem 15. Jahrhundert haben die Schwaigen offensichtlich – vielleicht im Zusammenhang mit den Teilungen – gegenüber den anderen Bauerngütern allmählich ihre Sonderstellung verloren. Die betriebliche Sonderart der Schwaighöfe – ausgeprägte Viehzucht und Milchwirtschaft – blieb allerdings, bedingt durch die Unabänderlichkeit der wirtschaftlichen Möglichkeiten, teilweise bis heute bestehen – die Güter, die aus den alten Schwaighöfen hervorgingen, blieben an deren Wirtschaftsform gebunden.

Mit dem 13. Jahrhundert fand die Neugründung von Siedlungen im wesentlichen ihren Abschluß. Wohl erweiterte sich auch nachher noch das Kulturland wesentlich, der besiedelte Raum hingegen hat kaum nennenswerte Vergrößerungen erfahren. Der bis in die zweite Hälfte des 19. Jahrhunderts anhaltende Landhunger führte jedoch zu stetiger Umwandlung von Wildland in Weide- und Kulturland, Almen wurden auf Kosten des Waldes neu angelegt oder vergrößert. Wohl unter dem Zwang der Bevölkerungszunahme bürgerte sich im ganzen tirolischen Oberinntal, im oberen Vinschgau und im unteren Engadin die sog. Realteilung ein; der bäuerliche Besitz wurde dabei auf alle Kinder gleichmäßig geteilt, jedes bekam seinen kleinen Anteil an Grund- und Hausbesitz sowie an Vieh. Diese verhängnisvollen Realteilungssitten führten zu Güterzersplitterung und mehrfacher Häuserteilung, was wiederum eine weitere Verdichtung der bergbäuerlichen Bevölkerung nach sich zog. Trotz wiederholter mühsamer Neurodungen hatten die Besitzzerteilungen die Grenzen des ökonomisch Möglichen teilweise weit überschritten. Viele bäuerliche Handwerker, die in den übervölkerten Gebieten Westtirols keinen ausreichenden Verdienst finden konnten, wanderten alljährlich auf bestimmte Zeit als Wanderarbeiter in die Fremde. Seit der Mitte des 19. Jahrhunderts begann in großen Teilen des Alpenraumes allgemein eine Umgestaltung der ehedem rein bäuerlichen Bevölkerung. Städte, Industrieorte und Verkehrszentren wuchsen, der bäuerliche Anteil des Volkes begann prozentual allmählich zu einer Minderheit herabzusinken. Die Hauptgründe für die Landflucht liegen darin, daß früher auf dem Lande ein viel stärkerer handwerklicher Gewerbebetrieb, teilweise auch in Form von Heimarbeit, blühte. Dieser wurde im Zuge des technischen Fortschritts von der Großindustrie aufgesogen, die gewerbliche Arbeit konzentrierte sich damit immer mehr in den Städten. Auch die Zurückdrängung des Ackerbaues zugunsten der Viehzucht hat die Zahl der für die Landwirtschaft benötigten Arbeitskräfte verringert. So ist in manchen Bergbauerngemeinden die Bewohnerzahl der Jahrhundertwende auf den Bevölkerungsstand des beginnenden 17. Jahrhunderts gesunken. Zu den wirtschaftlichen Gründen der allgemeinen Landflucht traten hier die besonderen Ursachen der Höhenflucht hinzu. Die Abhängigkeit der Landwirtschaft von extremer Witterung und von möglichen Elementarkatastrophen wächst mit der Höhe zunehmend. Ein schlechter Sommer kann in Höhenlagen von 1600–1900 m einen Bergbauernhof ganz anders aus dem Gleichgewicht bringen als eine Bauernwirtschaft, die 1000 m tiefer liegt. Mit der Eröffnung anderer Existenzmöglichkeiten wurde daher das Wirtschaften und Hausen in extremen Höhenlagen zunehmend aufgegeben.

Die natürlichen Bedingungen der Höhensiedlung

Der Einfluß der Bodenbeschaffenheit

Größten Einfluß auf die Möglichkeiten der Besiedlung hochalpiner Täler hatte die jeweilige Massenerhebung der Gebirgsgruppe. Gebirge, die mit großen, breit ausladenden Massen aufsteigen und dabei langgedehnte, weitmuldige und von Bergkämmern allseits eingeschlossene Täler mit sanft ansteigenden Hängen bilden, erwiesen sich für das Emporführen der Siedlungsgrenze besonders günstig. Gebirge, die mit steilen Wänden und stockförmigen, im Gipfelbereich abgeplatteten Felsmassiven jäh aus den Tallagen aufragen, zeigten sich trotz ihrer großen Massenerhebung für die Höhenbesiedelung wenig geeignet. Weiteren Einfluß hat die geomorphologische Beschaffenheit der eigentlichen Siedlungsfläche. Bestimmte Geländeformen scheinen bei der ersten Besiedelung auffallend bevorzugt. Die meisten und ältesten Siedlungen der Alpentäler sind auf den Schwemmschuttkegeln anzutreffen, welche die Bäche der Nebentäler auf den Böden der Haupttäler aufgeschüttet haben, sodann auf den terrassenartigen Hochflächen, die viele große Alpentäler in ihrer Längsrichtung auf einer oder beiden Talseiten begleiten. In manchem Tal ist überhaupt nur diese Terrasse besiedelt, weil der tieferliegende Talboden aus einer in die Terrasse eingetieften, schluchtartigen Rinne besteht, die kaum bewohnbar ist. Hangleisten werden ebenfalls schon seit alters von der Siedlung begünstigt. Zumeist später als Terrassen und Schuttkegel wurden der Hang und die an seinem Fuß lagernden Schutthalden angenommen. Der Talboden selbst ist oft siedlungsleer oder nur von späten Siedlungen besetzt; war er doch in der Urzeit durch den von keiner Regulierung gebändigten Bach oder Fluß ständig bedroht. Betrachtet man die versumpften, von toten Flußarmen durchzogenen, dann wieder weithin mit unfruchtbarem Geröll bedeckten Talsohlen mancher Hochtäler, so begreift man, daß solches Gelände vom Menschen der Urzeit gemieden wurde. Von der Bevorzugung der vorgenannten Geländeformen gibt es aber doch vielerlei Ausnahmen. Dort, wo die Alpen in einzelnen ihrer Randgebiete Mittelgebirgsformen anzunehmen beginnen, stellen sich die Täler vielfach als enge Gräben mit steilen Hängen dar, so daß man bei der Besiedlung gezwungen war, die Höhenrücken aufzusuchen. Im Bereich schwer verwitternder oder wasserdurchlässiger Gesteine meidet die Siedlung die steilen, quellarmen Hänge, so ist besonders in den Kalkalpen die Siedlung auf den Talboden und auf Stellen beschränkt, wo das nötige Wasser und Kulturland zur Verfügung steht; an Alter und Dichte stehen die Siedlungen in den Kalkalpen hinter jenen im Bereich der kristallinen Schiefer, des sogenannten Urgebirges, zurück.

Das Kulturland im Kalkgebirge ist häufig beschränkt auf jene Stellen, wo eine Decke fruchtbaren Moränenschuttes oder lehmige und mergelige Gesteinsschichten der Niederlassung bessere Bedingungen gewähren.

Haldensiedlungen

Das Wasser der Talbäche vermag an sich nur Klammen auszuhöhlen; bevor sich eine Klamm aber zu einem bewohnbaren Tal ausweitet, muß die Erosion des Wasserlaufs ergänzt werden durch die Abschrägung der Seitenwände, also durch Verwitterung, Spaltenfrost und durch die spülenden Wirkungen des Regens. Das Ergebnis dieser natürlichen Abtragung ist zunächst die Anhäufung von Schutthalden am Fuße der Talwände, die allerdings aus ungemischtem grobem Gehängeschutt bestehen und nur einen dürftigen Ersatz für die flache Sohle entwickelter Täler bieten.

Die Haldensiedlungen sind daher zumeist auf unentwickelte klammartige Talabschnitte und auf die Ränder schlecht entwässerter Becken und Böden beschränkt.

Schuttkegelsiedlungen

Sehr große Verbreitung haben die Schuttkegelsiedlungen.

Das Regenwasser, das über die zunächst geschlossenen Talwände abläuft, spült Rillen aus, die sich nach unten hin vereinigen und so die Entstehung von Trichtertälern anbahnen. Sobald aber ein Talhang von solchen Trichtern durchfurcht ist, werden diese durch den Gebirgsschutt, der sich aus den weiten Karen nun ausschließlich in diesen Rinnen zu Tal bewegt, sehr bald zu Gräben und Tobeln (engen Schluchten) eingetieft.

Der schmale Saum von Sturzhalden, der den Fuß der Talwände säumt, wird daher an den Mündungen dieser Seitengräben von weit vorspringenden Schuttkegeln unterbrochen. Diese Tobeldeltas sind sanfter geböscht als die Sturzhalden, bestehen aus feinem Grus und erdigen Massen und werden auf ihrer ganzen Oberfläche mit dem durch den Tobel herabkommenden Wasser berieselt. Der im Wasser gebundene Schlamm wirkt, besonders bei geeigneter Gesteinsbeschaffenheit der Kare und der schuttliefernden Erosionsfurchen, wie ein natürlicher Dünger. So bieten diese Murkegel einerseits einen guten Ackerboden, andererseits erweisen sich nach großen Regengüssen die Muren als oft sehr verhängnisvoll.

Wenn auch den Bergbauern immer wieder Feld und Haus von Schutt- und Schlammassen vermurt werden, so haben sie doch meist um des gesteigerten Ertrages willen den Kampf gegen die Naturgewalten aufgenommen und immer wieder von dem gefährdeten, aber verjüngten Grund der Schuttkegel Besitz ergriffen. In allen Hochtälern, aus deren Hangtobeln ansehnliche Murkegel hervorquellen, ist zu beobachten, daß sich die Siedler von den Halden zurückziehen und auf dem fruchtbaren Schwemmland der Erosionstrichter zusammendrängen. Schuttkegelsiedlungen sind gegenüber dem Talboden auch meist klimatisch begünstigt: Der Rücken mächtiger, hoch ansteigender Schuttkegel ist den kalten Luftschichten entzogen, die sich im Herbst und Winter am Talboden sammeln, in nordseitigen Tälern genießen sie auch eine bessere und längere Besonnung.

Beckensiedlungen

Durch das Hervorbrechen von Schuttkegeln aus den Karen einander gegenüberliegender Talhänge wurden schmale Talabschnitte zuweilen durch die Vereinigung der Schuttströme abgeriegelt und zu Seebecken aufgestaut; neben Muren und Schuttkegeln können auch Bergstürze einen stauenden Querwall, einen Seeriegel, aufschütten.

Der Talbach und die Rinnsale der Talwände haben dann in jahrhundertelanger Arbeit diese Staubecken wieder mit Geschiebe aufgefüllt, anschließend den oberen Rand der Dammstufen aufgeschnitten, diesen Schnitt nach rückwärts verlängert und eine Rinne im Schwemmboden ausgespült, die die sumpfigen Becken entwässerte. Nur wo diese natürliche Drainage schon abgeschlossen war und wo notwendigenfalls zusätzliche planmäßige Trockenlegungsarbeit erfolgte, kam es zu den – relativ wenigen – Ansiedlungen auf diesen ebenen Talsohlen.

Staffelsiedlungen

Auch Staffelsiedlungen sind selten. Anhäufungen von Gehängeschutt können nicht nur Dammstufen aufbauen und Seebecken aufstauen, sondern im Talgrund auch die Ausbildung staffelförmiger Absätze einleiten. Große Bergstürze entziehen die Talstrecke, die sie selbst bedecken und jene, die sie in ein Seebecken verwandeln, auf lange Zeiträume der Erosion des Talbodens, gleichzeitig wird aber – durch die Steigerung des Wassergefälles – die Vertiefung des darauffolgenden Talabschnittes beschleunigt. Eine solche Zerlegung des Baches in Abschnitte gesteigerter und solcher unterbrochener Erosion kann unter bestimmten Umständen, z.B. durch wiederholtes Eintreten von Bergstürzen und Erdrutschen an dazu veranlagten Hangpartien zur Ausbildung von Stufen führen, die nach Abräumung des Oberflächenschuttes als hohe, scharf ausgeprägte Felsstaffeln erscheinen. Auf diese Ursachen wurde auch der voreiszeitliche Terrassenbau der meisten Hochtäler zurückgeführt, da die wechselweise Lagerung ungleich harter Schichten mit den Abweichungen des Talgrundes von der normalen Gefällekurve nur ausnahmsweise in ursächlichen Zusammenhang zu bringen ist.

Bodensiedlungen

Bleibt die Flußmündung eines Tales und mit ihr der Fußpunkt der natürlichen Drainage in ihrer Höhenlage lange Zeiten hindurch unverändert, so kommt die Erosion allmählich zum Stillstand. Die Talwände nehmen den der Festigkeit des Gesteins entsprechenden Böschungswinkel an, und das Gefälle der Talrinne und der Seitenrinnen wird so tief herabgedrückt, daß der Wasserlauf nicht mehr in den Grund einschneiden kann, sondern vielmehr sein Geschiebe fallen läßt und so den Talboden durch Auftragung erhöht und verbreitet: Die Talrinne entwickelt sich zu einem Graben mit ebener Sohle. Die hier anzutreffenden Bodensiedlungen, die den Beckensiedlungen naturgemäß nahe stehen, sind allerdings nicht gerade häufig; die Verzweigungen der großen Alpentäler stehen zumeist noch in voller Entwicklung und besitzen daher zwar viele Staubecken, aber nur ausnahmsweise schon echte Talböden.

Auch Überschwemmungen mit Überschüttung durch Geschiebemassen stellen in den Bodensiedlungen eine große Gefahr dar.

Terrassensiedlungen

Wird in einem Hochtal die Erosion wieder wirksam, sei es durch Absinken des Fußpunktes der natürlichen Drainage, sei es durch eine anhaltende Verringerung des vom Wasser zu bewältigenden, bremsenden Schuttes, so zersägt der Bach den vorher aufgeschütteten flachen Talboden der Länge nach in Terrassen, die für die Besiedlung sehr günstig sind. Die nahezu flachen Terrassen erleichtern den Feldanbau und bieten vollkommene Sicherheit vor Hochwasser. Die Güte des Bodens schwankt stark, Strecken vorzüglichen Weizengrundes wechseln mit unfruchtbaren Sandstrecken, die nur der genügsamen Kiefer eine Wachstumsgrundlage bieten.

Am dichtesten drängen sich die Siedlungen auf jenen Terrassen, die von den großen Eisströmen der Eiszeit aufgeschüttet oder von diesen mit Grundmoränen überzogen wurden, deren Blocklehm mit seinem regellosen Gemenge von Blöcken, Grus, Sand und feinstem Schlamm außerordentlich fruchtbar ist.

Leistensiedlungen

Hat die Entwicklung eines erosiven Tales mehrere Perioden der Auftragung und Vertiefung hinter sich, so läßt das Profil der seitlichen Talhänge öfters einen staffelförmig gebrochenen Abfall erkennen. Die schmalen, waagerecht vorspringenden Hangleisten, die an den Hängen mitunter weithin in übereinstimmenden Höhenlagen fortstreichen, aber oft bis auf geringe Reste abgenagt und zerstört sind, gehören älteren Talböden an, die durch die periodische Erosion entzweigeschnitten wurden. Die an solche Hangterrassen gebundenen Siedlungen werden zum Unterschied von den weit häufigeren Siedlungen auf den Geschiebeterrassen im Tal als Leistensiedlungen bezeichnet. Sind die Leisten breit und, wie so häufig, mit Grundmoränen bedeckt, eignen sie sich ebensogut für die Besiedelung wie die Geschiebeterrassen; dennoch sind Leistensiedlungen selten (Kauns, Au bei Ötz/Tirol, Karthaus im Schnalser Tal/Südtirol).

Da die Höhenlage der Talbodenreste dem Alter derselben entspricht, sind die obersten Leisten, die der Verwitterung und Erosion am längsten ausgesetzt sind, meist schlecht erhalten und bilden oft nur eine lückenhafte Reihe kleinerer Vorsprünge und Gesimse. Die tieferen Leisten bilden zuweilen noch zusammenhängende geschlossene, oft breite Felsterrassen, in die der Talbach nur eine schmale Klamm einschneiden konnte (Mühlwaldtal unterhalb Taufers/Südtirol).

Hangsiedlungen

Auch auf gleichmäßig abgeschrägten Hängen finden sich vereinzelt, aber auch in dichterer Häufung, oft weit zerstreute Berghöfe und Bergweiler. Durch ihre Namen erweisen sie sich zumeist als jüngere Zweigniederlassungen der Taldörfer: Kaunerberg ober Kauns, Sitzerberg, Ötzerberg (Tirol). Dieses Siedeln am Hang scheint namentlich den bajuwarischen Siedlern sehr gelegen zu haben. Voraussetzung waren allerdings eine nicht allzu steile Böschung, regelmäßig nicht über 30 Grad, eine ergiebige Bodenkrume aus weicherem Gestein oder fruchtbarem eiszeitlichem Geschiebelehm und günstige Besonnungsverhältnisse. Die Siedler in den hohen Hanglagen genossen die Vorteile der Inversion (Temperaturumkehr mit der Höhe) und die davon günstig beeinflußte Vegetation.

Die häufig vorkommenden Hangsiedlungen bleiben allerdings meistens auf die unteren Abschnitte der Täler beschränkt.

Rundhöckersiedlungen

Eine eigentümliche Erscheinung alpiner Talhänge sind die Rundhöcker, insbesondere sind steil herabziehende Seitengrate und Kammrippen bis zu einer bestimmten Höhenlage durchweg zu breitscheiteligen Kuppen und schildförmigen Höckern gebukkelt. Ob diese Rundhöcker als präglaziale Erhebungen aufzufassen sind oder ihren Ursprung der Eigenart periodischer Gletscherbewegung und Gletschererosion zu verdanken haben, scheint noch nicht völlig geklärt zu sein. Die Ackerkrume der Rundhöcker ist nicht aus der Zersetzung des anstehenden Gesteins hervorgegangen, sondern erweist sich entweder als Gehängedetritus oder sehr häufig auch als ein Rest des ursprünglichen Moränenüberzuges; wo dieser weggespült wurde, tritt der glattgescheuerte, blanke Fels zutage.

Mancher steile Berghang verdankt seine Besiedlung nur der sanft gerundeten Oberfläche seiner Rundhöcker, die die Gründung kleiner Höfe ermöglichte. Solche Berghöfe stehen den Leistensiedlungen sehr nahe, sie unterscheiden sich von ihnen nur durch die wechselnde Höhenlage und die regellose Anordnung der waagerechten Felsvorsprünge. Die Bergbauern versuchten vielfach, das fruchtbare Erdreich auf diesen Höckern gegen die Abspülung durch Regen zu sichern und errichteten daher auf deren steil abfallenden Flanken niedrige Ringmauern. Zuweilen wurden sogar nackte Schliff-Flächen durch mühsam herbeigeschaffte Erde nutzbar gemacht.

Die Talgründe haben im Gegensatz zu den Berghängen nur spärliche oder auch gar keine Rundhöcker aufzuweisen, da ihr Felsgrund unter einer zusammenhängenden Decke von Bachgeschieben und Hangschutt begraben liegt. Oft befinden sich Rundhöckersiedlungen im Tal nur auf den obersten Staffeln oder gar erst am Talschluß.

Geophysikalische Einflüsse

Ein entscheidender Faktor ist die geophysikalische Beschaffenheit des Siedlungsbodens, also seine mineralische Zusammensetzung, die sich auf den Pflanzenwuchs bestimmend auswirkt.

Urgestein (Granite, Gneise, Glimmerschiefer usw.) und tonige Gesteine erweisen sich für den Pflanzenwuchs viel nahrhafter als reines Kalkgestein, da Kalk kein Wasser aufspeichern kann. Die Gesteine, in denen Feldspat, Glimmer und Ton vorherrschen, sind »weicher« als solche, in denen Quarz, Hornblende und Kalk überwiegen; wenn sie verwittern, bilden sie sanfter geneigte, mehr rundliche Formen im Gegensatz zu den jähen Abstürzen der Kalkberge.

So erweisen sich Urgesteinsgebirge mit großer und hoher Massenerhebung und reicher, gleichmäßiger Talbildung für das Ansteigen menschlicher Siedlung in äußerste Höhen insgesamt am günstigsten. Aus diesem Grunde erreicht die Dauersiedlung in den Ötztaler Alpen auf allen ihren Abdachungen mit Höhen bis zu 2000 m die höchste Obergrenze in den Ostalpen. Allerdings ist dabei zu berücksichtigen, daß die höchsten Siedlungen im Gurgler, Venter und Schnalser Tal von den Bergkämmen nochmals um gut 1500 m überragt werden, jene im Kühtai und Rojen im Reschental (Südtirol) jedoch um kaum 1000 m. Im Kühtai und im Reschental sind dafür die klimatischen und morphologischen Verhältnisse besonders günstig. Im Kaunertal und im Pitztal (Tirol) sind Klima und Bodenaufbau wiederum etwas ungünstiger, daher erreichte dort die Dauersiedlung eine wesentlich niedrigere Höhengrenze. Aus den gleichen Gründen erreichte auch in der Ortlergruppe (Südtirol) – mit den höchsten Gipfeln der Ostalpen – die Siedlung keine besonders hohe Obergrenze; innerhalb der Ortlergruppe ist in dieser Hinsicht das sanfter gebaute und mit einer Seite mehr nach Süden geneigte Martelltal günstiger gestellt als das Sulden- und Trafoital mit ihren steiler eingeschnittenen und nach Norden gerichteten Talfurchen.

Die Zillertaler Alpen (Tirol), insbesondere die Talgründe auf der Nordseite, sind mit ihren härteren Gesteinen viel steilflankiger, daher geht hier die Dauersiedlung nirgends über 1300 m empor, während sie auf der Südseite Höhen bis zu 1600 m erreicht.

Die Tuxer Voralpen (Tirol), die weicheres Gestein und sanftere Geländeformen aufweisen, ließen Dauersiedlungen bis in Höhen von 1600 m zu, obwohl ihre Massenerhebung viel geringer ist als beim Zillertaler Hauptkamm.

Die Kitzbühler Alpen (Tirol) sind zwar nach Gestein und Formenbildung für eine Besiedlung sehr günstig, die geringe Massenerhebung hält hier jedoch die Obergrenze der Dauersiedlung bei etwa 1200 – 800 m unter der Kammhöhe.

In den Nördlichen Kalkalpen sind für Anbau und Siedlung in höheren Lagen nur diejenigen Gebiete geeignet, wo Mergel, also aus Kalk und Ton zusammengesetzte Gesteine, vorherrschen.

Diese Voraussetzung ist in den Lechtaler Alpen gegeben, hier reichen die Dauersiedlungen bis zu 1300 m und darüber. Im Karwendel und Wetterstein findet sich höhere Besiedlung hingegen nur an den Hauptsenkungen des Gebirges wie in der Leutasch, in Seefeld und im Achental, nicht aber in den vielen übrigen Seitentälern, obwohl diese auf lange Strecken auch nicht höher hinaufreichen als 1300 m. Diese Seitentäler liegen jedoch im harten Kalk, die darüberlagernden Mergelzonen in Höhen von 1500 – 1800 m werden nur noch als Almen genützt.

In den Südlichen Kalkalpen, den Dolomiten, gestattet wiederum die Verbreitung weicherer Gesteinsmulden zwischen den hohen und riffartig emporragenden Kalkstöcken eine Entfaltung der Höhensiedlung bis zu 1600 m und mitunter auch etwas darüber.

Der Einfluß des Klimas

Gewohnt, gemeinhin das Klima – im Gegensatz zu Wetter und Witterung – als unveränderlich anzusehen, lehrt doch die Geschichte, daß es auch hierbei bedeutenden Wechsel gegeben hat, der sich namentlich im Gebirge extrem und schicksalbestimmend ausgewirkt hat. Diese Klimaschwankungen der letzten Jahrtausende basierten keineswegs auf exakten Periodizitäten, so oft auch versucht wurde, sie aus Einzelerscheinungen zu erklären, sie waren auch keinesfalls ein rascher Übergang von einem klimatischen Dauerextrem ins andere. Vielmehr dürften bestimmte weltweite Häufungserscheinungen der Wetterelemente, die immer wieder von gegenteiligen Vorgängen unterbrochen wurden, von ungeregelter und zeitlich unterschiedlicher Auswirkung auf die Natur gewesen sein. Jedenfalls belegen zahlreiche geologische und botanische Fakten sowie chronikale Hinweise und Aufzeichnungen solche langzeitlichen Klimaschwankungen namentlich für die Alpen. So darf heute angenommen werden, daß in einem nacheiszeitlichen Klimaoptimum mit großer allgemeiner Wärme in mehreren Jahrtausenden vor Christi Geburt den ersten Siedlern im Alpenraum aus dem Reichtum an mannigfaltigen Wildarten keine Schwierigkeiten im Lebensunterhalt erwachsen waren. Ungünstiger mag das geworden sein in den letzten Jahrhunderten vor der Zeitenwende, als ein allmählicher Klimawechsel große Niederschlagsmengen und sinkende Temperaturen einleitete, woraus ein Vorstoß der Gletscher, ein Sinken der Schneegrenze und sicher auch eine stärkere Vermoorung der Täler folgerten. Wahrscheinlich war diese Klimaperiode der gegenwärtigen ähnlich. Klimatisch günstiger gestalteten sich wohl wieder die Jahrhunderte des Niedergangs des Römischen Reiches. Steigende Sommerwärme begünstigte damals auch die Durchquerung der Alpen und den alpinen Straßenbau. Einen außergewöhnlichen Höhepunkt stellt die vielfach belegte Klimabegünstigung dar, die etwa von 800–1200 n.Chr. reichte. Die große Häufung warmer Sommer mit verminderten Niederschlägen läßt ein langzeitlich gehäuftes Übergreifen des Azoren-Hochdruckgürtels auf die Alpen vermuten, in dessen Folge die Waldgrenze 200 m über die heutige anstieg und ein Gletscherrückgang bis weit hinter die jetzigen Höhen erfolgte. Ohne Zweifel schlug sich dieses Klima in einer optimistischen Siedlungsbereitschaft, in Verstärkung von Ackerbau und Viehhaltung nieder. Auf diese Zeit darf wohl auch die Tatsache einer ganzjährigen Besiedlung hoher Almen zurückgeführt werden. Die folgenden Jahrhunderte waren demgegenüber durch starke Schwankungen gekennzeichnet, die oft in wenigen Jahrzehnten von einem außergewöhnlichen Witterungsextrem ins andere umschlugen. Erhebliche Sommerniederschläge wechselten mit heißen Trockenzeiten und kalten Wintern ab, ohne daß die dauernde Klimagunst des Mittelalters je wieder erreicht wurde. Mag in diesen Zeiten der bäuerliche Mensch mit Fleiß und Hartnäckigkeit seinen in früheren Generationen gewonnenen Besitz noch gegen ein ungünstigeres Klima verteidigt haben, so mußte er sich doch in vieler Hinsicht beugen, als in der sogenannten »kleinen Eiszeit« eine kalte Klimaperiode über die Alpen hereinbrach, die etwa in das 16.–17. Jh. n.Chr. datiert werden kann. Zahlreiche Berichte, sorgfältige Aufzeichnungen und erste instrumentelle Beobachtungen bieten jetzt eine bessere Unterrichtung als Quellen aus den vorausgegangenen Jahrhunderten. Niederschlagsreiche, kühle Sommer und kalte, oft trockene Winter wurden damals vorherrschend. In der zweiten Hälfte des 16. Jahrhunderts wird ein rasches Vorrücken der Gletscher in den Alpen festgestellt, was mit den erheblichen Schneefällen in den Hochalpen während der kühlen Sommer und einem Sinken der Schneegrenze zusammenhängt. Die anhaltende Talbewegung der Gletscher blieb nicht ohne Auswirkung auf die Besiedlung, nachdem ganze Gemeinden ihren wirtschaftlichen Rückhalt verloren oder gar vereinzelt unter Eisströmen erstickten. Zeitgenössische Berichte und Darstellungen von sog. »Gletschermessen«, die einen Rückgang der Gletscherbewegungen beschwören sollten, zeigen augenfällig die Sorge vor den existenzvernichtenden Schlägen extremer Klimaverschlechterungen an der Obergrenze menschlicher Siedlung. Die um einige hundert Meter tiefer gesunkene Schneegrenze brachte die Wirtschaftlichkeit hoher Gehöfte und Dauersiedlungen zum Erliegen und erzwang selbst in tiefen Lagen manche ökonomische Umstellung. Das Klima des 18. Jahrhunderts machte kaum Mut zu wesentlichen Neubesiedlungen. Zwar brachte die erste Hälfte in etwas wärmeren Sommern ein Abschmelzen der Gletscher, doch war die 2. Hälfte eher wieder zu kühl, allerdings ohne spürbaren Gletscherwuchs. Dafür begann das 19. Jahrhundert mit einer Reihe von warm-trockenen Sommern, die vielleicht die militärischen Aufmärsche Napoleons beflügelten, aber es sollte für Jahrzehnte die letzte Periode »guter« Sommer sein, als sich gegen die Jahrhundertmitte alle Merkmale der Klimaverschlechterung des 17. Jahrhunderts erneut einstellten und die Gletscher in einem bis heute letzten großen Vorstoß zum Teil weit in ihr unter Agrarkultur stehendes Vorfeld einbrechen ließen. In einigen Tälern rutschten die Eismassen noch über die alten Geröllfelder der »kleinen Eiszeit« hinweg. Der bedeutende Vegetationsrückgang dieser Zeit wirkte sich namentlich auf die alpine Landwirtschaft sehr empfindlich aus. Die nachfolgenden Jahrzehnte zeigten die Gletscher wieder im Rückgang, was sich schließlich, will man von Verzögerungen oder kurzen Vorstößen absehen, bis in die Gegenwart fortsetzte. Das dabei vorherrschende Klima schwankte nur noch in kurzen Intervallen und näherte sich weitgehend dem heutigen Stand, in dem sich auftretende Witterungsextreme die Waage halten.

Aus klimatologischer Sicht darf auch der »Alpen-Föhn« (Südföhn) nicht vergessen werden, da auch er zweifellos seit jeher einen bedeutenden klimatischen Anreiz bei der Siedlung im Bereich der Nordalpen darstellte. Dieser warme und trockene Wind, der seinen physikalischen Ursprung – nach dem Abregnen der südlichen Strömung auf der Alpensüdseite – im Absinken der Luft von den Zentralalpen in die nördlichen Täler hat und im Frühling und Herbst seine größte Häufigkeit besitzt, trägt wesentlich zur Verlängerung der Vegetationsperiode bei, begünstigt Anbau und Ernte empfindlichen Obstes und ist sowohl als »Schneefresser« wie als »Traubenkocher« berühmt. Auf der Alpensüdseite sind bei umgekehrter Windrichtung zwar auch föhnartige Erscheinungen bekannt (Nordföhn), dagegen bleibt ihre vegetationsfördernde Auswirkung nur gering. Große Bedeutung gewinnt der Luftdruck in seinen Hoch- und Tiefdruckgebieten, deren gegensätzliche Auswirkung gerade das Gebirgsklima entscheidend kennzeichnet. Vor allem ist es das jahreszeitlich gehäufte Auftreten dieser Luftdruckgebilde, das weitere Klimamerkmale auslöst. So haben Wolken und niederschlagsreiche Tiefdruckperioden wesentlichen Anteil an der Höhenlage der Schneefallgrenze, zumal wenn sie auch in der wärmeren Jahreszeit in einen dauerhaften Kaltluftstrom aus polaren Breiten münden. Sie bestimmen ebenso den ersten Winterschnee wie gewitterhaften Sommerregen, oder sommerlichen Schneefall, deren jährliche Wiederkehr innerhalb einer zeitlich kalkulierbaren Schwankungsbreite die Klimanorm erkennen läßt. Von anderer klimatischer Bedeutung sind die über den Alpen besonders im Winter und in den Übergangsjahreszeiten aufkommenden Hochdruckgebiete. Ihr stabiles Gleichgewicht bringt oft lange Beständigkeit der Witterung, wobei trocken-warme, sonnenscheinreiche Höhenluft von einer feuchten, oft nebligen und sehr kalten Talluft getrennt ist. Dieser Gewinn an Sonnenschein in der Höhe macht sich schon im Frühling in raschem Ausapern auf den Sonnenseiten des Berglandes und in baldiger Abtrocknung und Erwärmung des Erdbodens bemerkbar. Hinzu tritt noch die mit der Höhe verstärkte Strahlungskraft von Sonne und Himmel, die sich aus der großen Luftreinheit und dem verringerten Wasserdampfgehalt ergibt und biologisch von erheblicher Bedeutung ist. Ohne Zweifel spielte diese eigenartige Temperaturverteilung, die sog. »Inversion«, bei der sich oft die durchschnittliche Temperaturabnahme nach oben in eine Zunahme vewandelt und auch eine deutliche Schwächung der mittleren Wintertemperatur hervorruft, eine entscheidende Rolle bei der bergbäuerlichen Siedlung.

Versteppung durch Austrocknung oder Beginn einer neuen Eiszeit – Begriffe, die die Presse in Schlagzeilen gerne ausbreitet, wenn wieder einmal die Witterung kräftig über die Stränge schlägt – mögen eine spätere Zukunft füllen. Inzwischen hat sich der Wirtschaftssinn der Bergbauern weit über die Bedeutung der bäuerlichen Wirtschaft hinaus erweitert, so daß das Klima, ähnlich wohl wie zu Anfang der Besiedlung, zweitrangig wurde und auch zeitweilige landwirtschaftliche Ungunst sich durch Fremdenverkehr, Wintersport oder auch Ausnutzung der Wasserkraft doch volkswirtschaftlich zum positiven Ertrag hin ausgleicht.

Die Bewirtschaftung des Bergbauernhofes

Weidewirtschaft

Während Ackerbau nur in den großen Haupttälern und den Becken der unteren Nebentäler in wirklich lohnendem Maße zu betreiben ist, wird in den übrigen Talsohlen sowie in den Höhenlagen fast ausschließlich Wiesen- und Weidewirtschaft betrieben. Man kann davon ausgehen, daß etwa vier Fünftel der landwirtschaftlich nutzbar gemachten Flächen der nordalpinen Tallandschaften Grasland sind, die nur Wiesen und Weideflächen abgeben. Hier bot sich seit jeher als naturgegebene Wirtschaftsform die Rinderzucht an. Die in ihrer Intensität sehr unterschiedliche Staffelung der Grünlandnutzung vom Talgrund über den mehrfach gestuften Almengürtel bis zu den höchsten Bergmähdern (Bergwiesen) ist eine außerordentlich ökonomische Nutzung der Wirtschaftslandschaft. Die Talgrundwiesen und meist auch hofnahes Grünland werden mit Stallmist, heute natürlich auch mit Kunstdünger gedüngt. Auf den feinerdigen, gut durchfeuchteten Böden wachsen saftgrüne Gräser und Kräuter, die sich farblich gegen die trockengrünen Töne der Hangvegetation abheben. Bei trockeneren Standorten wird vielfach künstlich bewässert, früher durch lange Wassergräben, heute meist durch Berieselungsanlagen. Die Talwiesen sind meist eingezäunt, die Steine sorgfältigst ausgelesen. Das Gras wird zweimal jährlich gemäht und bis zur Lagerreife vorgetrocknet.

Welche Bedeutung die Technik heute in der Landwirtschaft hat, mag man aus folgendem Vergleich ersehen: Zum Mähen von 100 qm Grünland brauchte man etwa

bis zum Jahre 1800: 1 Stunde mit der Sichel
um 1850: 15 Minuten mit einer Sense
um 1900: 2 Minuten mit einem Mähbinder
um das Jahr 1920: 40 Sekunden m. einem Mähbinder und einem Traktor
seit 1945: 35 Sekunden m. einem Mähdrescher, der gleichzeitig den früher gesonderten Arbeitsgang des Dreschens übernimmt.

Wo steile Hanglage oder Güterzersplitterung den Einsatz moderner Technik unmöglich machen, ist der Bergbauer auf Spezialgeräte oder aber historische Arbeitsmethoden angewiesen.

Getreidebau

Neben Viehzucht und Milchwirtschaft bildete der Getreidebau die Wirtschaftsgrundlage der Bergbauern. Wenn der Getreidebau auch im bergbäuerlichen Autarkiekomplex der am wenigsten lebenskräftige Zweig war, so stellte der Ackerbau gegenüber der Weidewirtschaft – wenigstens für die Zeit vor dem Anbau von Futtermitteln – die intensivere Form der Bodennutzung dar; ein mit Getreide bestellter Acker brachte jedenfalls wertmäßig größeren Ertrag als eine Wiese gleicher Größe. In Zeiten, da die bergbäuerliche Wirtschaft weitgehendst auf Selbstversorgung angewiesen war, war man daher überall, besonders aber auf kleinbäuerlichen Betrieben, bestrebt, die Brotfrucht für den eigenen Bedarf auf dem eigenen Gut zu gewinnen. Was die einzelnen Getreidearten betraf, so hat man sich mit jenen behelfen müssen, deren Anbau in den verschiedenen Höhenlagen möglich war. Wo Roggen in genügender Menge zur Verfügung stand, wurde Hartbrot aus Roggenmehl bereitet. Auf den Berghöfen war aber oft selbst Roggen recht knapp. Hafer, der auch in hohen Lagen auf schlechterem Boden noch gedeiht, ist daher früher viel stärker angebaut worden. Auch Gerste wurde früher weit mehr angebaut als heute, ja auf manchen Berghöfen in solchem Ausmaß, daß ein Teil der Ernte verkauft werden konnte. Im inneren Ötztal verwendete man Gerstenmehl statt Weizenmehl und bereitete davon fast alle jene Speisen, die anderswo mit Weizenmehl gekocht wurden. In Tälern, wo viel Mais (»Türken« = ital. grano turco) angebaut wurde, buk man früher auch »Türkenbrot«. Weizenmehl kam für die Bereitung des bergbäuerlichen Hausbrotes nicht in Frage, da Weizenanbau im Gebirge nicht oder nur in sehr beschränktem Maße möglich war. Mit dem Weizenmehl mußte man daher sehr sparsam sein oder es durch andere Mehlarten ersetzen. In allen jenen Bergtälern, in denen Klima, Höhenlage und Bodenbeschaffenheit den Getreidebau zuließen, dürften noch bis in die 2. Hälfte des 19. Jahrhunderts die meisten bäuerlichen Haushalte in der Hauptsache Selbstversorger in Getreide gewesen sein. In Bergtälern mit großer Massenerhebung, so etwa in den Ötztaler und Ortler Alpen, war der Getreidebau in Höhen bis zu 2000 m vorgetrieben worden. Auf dem einstigen Hof Mezlaun, der heutigen Untermair-Alm im Schnalstal, lag noch in 2043 m Höhe ein Getreideacker.

Kartoffel und Edelkastanie

Eine große Umstellung in der bäuerlichen Ernährung brachte die Kartoffel, die sich seit der 2. Hälfte des 18. Jahrhunderts auch den bergbäuerlichen Tisch eroberte und die früher üblichen Linsen-, Bohnen- und Erbsengerichte erheblich zurückdrängte. In den südlichen Alpenlandschaften, wo die Edelkastanie (Kösten) wächst, ist Kastanienmehl seit alters in großem Ausmaß als Zusatz bei der Brotbereitung verwendet worden.

Gemüsebau

Der Gemüsebau war die Hauptnahrungsquelle des deutschen Bauern der Tiefebene, spielte aber auch in der Ernährung der Bergbauern eine große Rolle. Der Anbau wurde seit alters in eingefriedeten Gärtchen gepflegt, die teils unmittelbar am Gehöft, teils in der Feldflur lagen. Gärten sind schon im baierischen Volksrecht erwähnt, in Tirol sind Gärten, aus denen an Grundherren Abgaben zu entrichten waren, seit dem 12. Jahrhundert belegt. Der Anbau von Hülsenfrüchten ist seit dem 13. Jahrhundert nachweisbar und wurde vor der allgemeinen Verbreitung der Kartoffel sicherlich weit mehr als heute gepflegt. Schon die tirolische Landesordnung von 1532 erwähnt die Hülsenfrüchte als lebenswichtige Nahrungsmittel und aus Nachlaßbeschreibungen aus dem 16. Jahrhundert geht hervor, daß Hülsenfrüchte auch auf Bergbauernhöfen in größerem Maße angebaut wurden. Neben verschiedenen Latticharten ist der Kopfsalat, aber auch die Fisole (grüne Bohne) und die rote Rübe seit alters her im Hausgarten bekannt. Verschiedene Küchenkräuter, die in lateinischen Texten als »oleva« bezeichnet werden, sind von Bauern im Unterinntal bereits im 12. Jahrhundert als Abgaben gefordert worden, ebenso Kren (Meerrettich) im 13. Jahrhundert. In Südtiroler Bauerngärten erschienen eine Reihe von Gartenpflanzen, die als Gewürze dienten, so im 16. Jahrhundert Petersilie, Majoran, Salbei und Basilikum; um diese Zeit wurden hier auch nachweislich Spinat, Kohl, Artischocken und Spargel angebaut, letzterer allerdings nur für den Verkauf. Da Heilmittel aus den Apotheken für den Bergbauern früher oft nur unter Schwierigkeiten zu beschaffen waren, pflanzte man früher in den Hausgärten vielfach Heilkräuter wie Kamille, Salbei, Wermut, Pfefferminze und Liebstöckl, die auch als Würze verwendet wurden.

Obstbau

In Südtirol kann auch der Obstbau auf eine uralte Geschichte zurückblicken. Wenngleich über Art und Ausmaß früher Obstkulturen wenig bekannt ist, so weiß man doch, daß über den Brenner schon in römischer Zeit Obst in den Norden verfrachtet wurde. Im 16. Jahrhundert wird vom Innsbrucker Hof ein »Fruchtmeister« mit der Aufgabe betraut, in Bozen das für den Hof benötigte Obst und Gemüse zu beschaffen. Wesentliche Voraussetzungen für einen Aufschwung des Obstbaus wurden aber erst in der 2. Hälfte des 19. Jahrhunderts geschaffen. Durch die Entwicklung des Transportwesens, die Trockenlegung der Talgründe und die Gründung von Facheinrichtungen, konnte der Obstbau nunmehr auch auf die Talsohlen ausgedehnt werden. Der Südtiroler Obstbau nahm seit der Jahrhundertwende solchen Aufschwung, daß er den Weinbau überflügelte und die durchschnittliche Jahresproduktion von 1960 bereits das 200fache gegenüber der Zeit um 1900 betrug. Die Hauptanbauflächen des Südtiroler Obstbaus liegen im oberen Etschtal, in der Gegend um Bozen und im Unterland, aber auch im mittleren Eisacktal und im oberen Vinschgau wird noch Obstbau in vorherrschend bäuerlichem Familienbetrieb in arbeitsintensiver Kultur in Höhenlagen bis zu 1600 m gepflegt. Der Obstbau hatte seit jeher auch für die Branntweinerzeugung eine große Rolle gespielt. Branntwein wird für Deutschland erst zum Ausgang des 13. Jahrhunderts erwähnt, er wurde hier zunächst aus Weinreben gewonnen, doch schon im 15. Jahrhundert wußte man Schnaps aus Obst zu brennen und bald auch aus verschiedenen Beerenarten zu bereiten.
In Tirol findet man Branntwein als »aqua viva« bereits in einem landesfürstlichen Rechnungsbuch 1322–1332 erwähnt. In Bozen wurde schon zur Zeit des Minnesängers Oswald von Wolkenstein (um 1377–1445) das reichlich vorhandene Obst zum Branntweinbrennen genommen.

Weinbau

Der Weinbau ist die intensivste Form landwirtschaftlichen Betriebes, man benötigt zwar viele Arbeitskräfte, erhält aber in guten Jahren auch große Erträge. Da hierbei auf verhältnismäßig kleiner Bodenfläche durchaus der Lebensunterhalt für eine Familie zu erringen ist, war es möglich, in den Weinbaugebieten die Bauerngüter weitgehend zu teilen. Aus klimatischen Gründen ist der Weinbau vornehmlich in Südtirol bedeutsam geworden, doch haben sich – zumindest im deutschsprachigen Landesteil – die Bauern niemals einseitig auf den Rebenbau eingestellt, sondern nebenbei stets Ackerbau, Viehzucht und Milchwirtschaft getrieben. So kam es dort auch nicht zu jenem Ausmaß der Besitzerspaltung wie im Trentino, die Bauerngüter sind im deutschsprachigen Gebiet noch etwa zweieinhalbmal so groß wie in den ausgeprägten Weinbaugebieten des italienischen Südtirol. In Südtirol ist der intensive Weinbau wesentlich älter als der Obstbau, schon in römischer Zeit wurden die rätischen Weine wegen ihrer Güte gelobt. Der erste urkundliche Nachweis des südtirolischen Weinbaus stammt aus dem Jahre 855.

Arbeit, Handwerk und Technik

Die Arbeit im Wandel der Jahreszeiten

Solange der Schnee im Frühling noch Wiesen und Äcker bedeckt, werken die Bergbauern in Haus und Hof: Brennholz hacken und Streu für den Stall herrichten, Werkzeuge schleifen und Geräte ausbessern, Bauholz richten und Schindeln »kliab'n«, Haus und Stadel reparieren. Äcker und Wiesen in lawinengefährdeten Hanglagen müssen von Lawinengeröll und -blöcken freigelegt werden. Das Ausbessern der Zäune mußte im Tirolischen nach altem Rechtsbrauch bis zum »Iritag« (St. Georg, 24. April) beendet sein.
Die erste typische Frühjahrsarbeit ist das Düngen; der Bergbauer bringt den Stallmist meist auf die noch schneebedeckten Hänge – dies bewirkt auch das schnellere Ausapern der Felder. Nach dem Ausapern gehen die Bauern ans »Klocken«, d.h. an das Zerschlagen und Zerkleinern des Mistes, danach wird der Mist »gebroatet«, also gleichmäßig über die ganze Fläche verteilt und schließlich »umribl'd«, d.h. feinzerrieben. Das Düngen in steilen Hanglagen gehörte früher zu den anstrengendsten Arbeiten.
Mit dieser Frühjahrsarbeit beginnt die Sorge um den Wuchs des Grases, um das Gedeihen von etwas Getreide und Kartoffeln. Eine weitere, ausschließlich am Hang notwendige Arbeit ist das »Erdaufziehen«. Die Erde trocknet an südseitigen Steilhängen besonders rasch aus, Regengüsse schwemmen den lockeren Humus zu Tal, Erdrutsche und Muren können ganze Ackerstreifen vernichten. Wo die Äcker in Hanglage liegen und die Furchen quer zum Hang verlaufen, mußte man vor dem Pflügen die Erde der untersten Furche an den oberen Rand des Ackers schaffen. Diese Arbeit war auch dort erforderlich, wo die Äcker wegen ihrer besonderen Steillage oder ihrer geringen Größe nur im Hackbau bearbeitet wurden; einzig beim Pflügen mit Bodenseilzug – wobei die Furchen von unten nach oben in der Fallinie gezogen werden – erübrigte sich diese Arbeit. Für dieses »Erdaufschinden« wurde oft der »Mistbock«, ein dreifüßiger Ständer aus Holzstangen, aufgestellt; die mit Erde gefüllten, überschweren Mistkörbe konnte man so leichter schultern. Bergbauern, die Jahr um Jahr und Korb um Korb bald ihre ganze Ackererde bergwärts getragen hatten, waren nicht selten. Zu den anstrengendsten Arbeiten gehörte aber das Pflügen am Hang, wenn Zugtiere fehlten. Noch vor dem Krieg war es gang und gäbe, daß sich auf steilen Hängen die ganze Familie des Bergbauern vor den primitiven Holzpflug spannte und ihn parallel zum Hang zog; die vor dem Pflug Gespannten versuchten dabei, sich mit Stöcken vor dem Ausgleiten auf dem rutschigen Boden zu schützen. Ebenso wurde auch die Egge gezogen. Beim Pflügen mit Ochsen wurde früher im Stubai ein bis zu 3 m langes »Baujoch« verwendet, damit sich die Tiere bei der Steilheit der Hänge nicht gegenseitig behinderten.
Ein vorgeschichtlich anmutendes Pfluggerät ohne Pflugschar und Streichbrett war der »Tuxer Vorpflug«, noch während des 2. Weltkrieges im Tuxertal zum Wiesenumbruch verwendet und meist von zwei »Weibersleuten« gezogen – der Bauer selber mußte mit aller Kraft das »Sech«, das Pflugmesser, »niederheben«, das starr an der Einradachse, mittig zwischen dem vorderen Baumscheibenrad und dem rückwärtigen Haltegriff, befestigt war.
Am Tage nach dem Pflügen folgte das Hauen der Ackerfurchen mit den drei- oder vierzinkigen »Kralen«.
Eine hochsommerliche Arbeit ist das »Heuen«. Die Art des Heueinbringens ist recht verschieden und

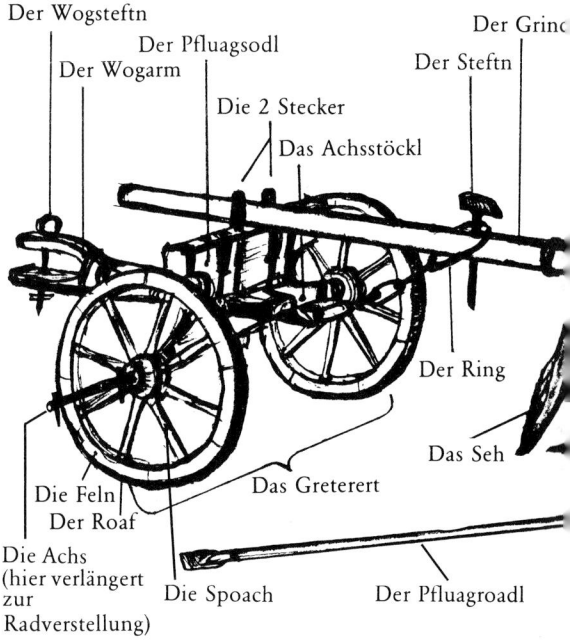

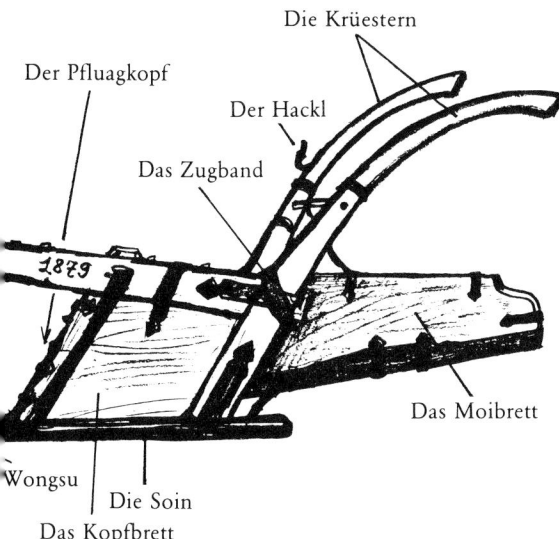

Holzpflug (Beetpflug) von 1879
(mundartliche Benennung aller seiner Einzelteile)

richtet sich nicht nur nach der Lage der Wiesen und des Hofes, sondern auch nach allerlei Gewohnheiten. Das Mähen der steilen und oft buckeligen Bergwiesen ist oft auch heute nur in altgewohnten Arbeitsgängen möglich: Mähen mit der Sense, Häufeln, Zusammenrechen... Neben der Verwendung der verschiedensten Arten von Wagen, Schlitten und Schleifen kann man selbst jetzt noch gelegentlich das Eintragen beobachten. Beim Heutragen wurde z.B. in Tux zunächst der »Kloben«, eine Holzschlaufe mit einem zugespitzten, leicht gebogenen Ende, fest in den Boden gesteckt und das Seil hangaufwärts doppelt ausgelegt. Dann wurde das Heu zusammengerecht und mit dem Rechen gleichmäßig zu beiden Seiten des Seiles aufgelegt, bis genügend beisammen war. Nun nahm der Bauer die Enden des Seiles, hing sie in den Kloben ein, zog fest zusammen und band so das »Traglan«, das er danach hochkantig aufstellte. Als Schutz gegen das kratzige, stechende Heu setzte er die »Heukappe« auf, ein gerades Stück Hausleinen, das kapuzenartig zusammengenäht war und genau in der gleichen Form auch im Wallis beim Heutragen verwendet wird.

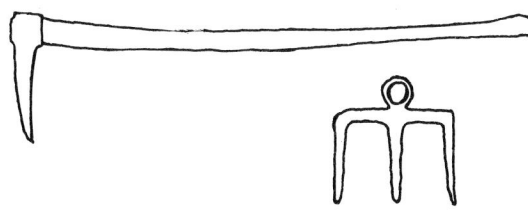

Der Kral ersetzt dem Bergbauern auf steilem Gelände neben der Haue den Pflug; er hat drei Zacken.

Nun ging er zum Aufnehmen des Traglans bei gebücktem Körper tief nach rückwärts und richtete sich langsam, meist aus dem Sitzen, über einbeiniges Knien zum Stand auf. Bei nicht sehr steilem Gelände half oft einer von rückwärts durch Schieben, um das Aufstehen unter dieser 90 und mehr Kilogramm schweren Last ein wenig zu erleichtern. Damit ging der Bauer nun zum Heustadel oder Futterstall, wo er über ein Brett oder über eine Leiter in das »Heuzimmer« gelangte. Ähnlich, nur oft über noch weitere Strecken, wird auf den Bergmähdern das Heu auch jetzt noch zu den Stadeln oder Triststellen getragen. Heute wird wohl auch schon auf steilen Bergwegen und Hängen mit dem Traktor oder Einachsschlepper eingeführt oder Fuder um Fuder mit dem Bodenseilzug direkt in den Stadel befördert.

Typisch winterliche Arbeiten sind das Heuziehen, eine oft gefährliche Arbeit, die Mut, Kraft und Ausdauer erfordert. Mit Laternen und den zum Heuziehen nötigen Geräten brach man in manchen Gegenden mit Schneereifen, den sog. »Harscht-Roaf«, an den Füßen schon bald nach Mitternacht auf, um möglichst früh die oft abenteuerlich hochgelegenen Bergheustadel, die sog. »Tristen«, zu erreichen; man mußte am Vormittag, bevor die Hänge durch Lawinen »lebendig« werden, schon über die gefährlichsten Stellen herunten sein. Auch beim Heuziehen stieß man früher in den einzelnen Tälern auf recht verschiedene Geräte und Arbeitsweisen. Die urtümlichste Form war wohl das Auflegen auf unbearbeitete und stark verästelte Zweige, wie dies z.B. in Muhr im Lungau üblich war. Als nächsthöhere Form könnte man die Stubaier »Wid-Anze« bezeichnen, bei der durch einen nicht entrindeten, vorne etwas aufgebogenen Ast zwei ineinandergreifende »Widn«, Reifen von etwa 1 m Durchmesser aus Weiden- oder Birkenzweigen, in neuerer Zeit oft auch aus Draht, gezogen waren. Die weitverbreitete »Ziach-Fergl« als nächste Form bestand aus 3 oder 4 etwa 2 m langen, gabelstieldicken »Stäben«, die vorne und hinten durch je ein »Jöchl«, ein Querholz, verbunden waren. Bei sehr kurzem Heu legte man oft Reisig, Almrosenstauden oder ein großes Stück Baumrinde auf die Fergl, bevor man das Heu auflud. Örtlich verschieden sprach man bei dieser Tragevorrichtung auch von »Ferkl«.

Nebenerwerb

Gewisse Bevölkerungsgruppen sind durch spezielle handwerkliche Tätigkeiten, durch ihren Handel oder bestimmte Dienstleistungen bekannt geworden. Diese Entwicklung ist in zwei Formen zu beobachten, die unmittelbar zusammenhängen, aber auch vollkommen unabhängig voneinander auftreten können. Einmal stellte sich etwa eine ganze Talschaft auf einen Nebenerwerb ein, wobei der landwirtschaftliche Betrieb beibehalten wurde. Dieser Vorgang kennzeichnete auch meist den Anfang einer weitergehenden Umstrukturierung. Im anderen Fall kehrte sich eine größere Gruppe innerhalb eines Ortes oder eines Tales völlig von der Landwirtschaft ab und ging zu einem anderen Haupterwerb über. Die Leinenweberei in den Alpen, die heute kaum mehr für den eigenen Bedarf ausgeübt wird, ist ein gutes Beispiel für den reinen Nebenerwerb, wurde sie doch innerhalb der Familie nur von den Frauen betrieben, ohne daß die landwirtschaftliche Betriebsstruktur verändert wurde. Andere Gewerbe, wie etwa die Schnitzerei, Bildhauerei oder der Musikinstrumentenbau, haben zur vollkommenen Spezialisierung der Dörfer geführt, besonders, wenn gleichzeitig der Handel mit diesen Erzeugnissen hinzugenommen wurde. Daneben muß noch der ausgesprochene Hausierhandel der Gebirgsbevölkerung als typisch erwähnt werden.

Die Männer zogen gelegentlich mit ihren selbstgefertigten Erzeugnissen als Hausierer durch halb Europa, arbeiteten zusätzlich unterwegs, wo sie nur Arbeit finden konnten und kamen erst zur Heumahd zurück. Einen ausgesprochenen Wanderberuf brachte auch der starke deutsch-italienische Durchzugsverkehr mit seinen Rodfuhren mit sich, die Rodleute waren stets von einer Rodstelle zur anderen unterwegs. Die Rod (auch Rott) war vor allem auf den Salzstraßen eine wichtige Ordnung im Ablauf und der Bewältigung schweren Lastverkehrs durch Aufteilung der einzelnen vorzunehmenden Verrichtungen auf bestimmte Männer bzw. Gruppen.

Alle diese Wanderberufe brachten natürlich Probleme eigener Art auf den Bergbauernhof: die Frauen waren einen großen Teil des Jahres allein, die schwersten körperlichen Arbeiten lasteten auf ihnen, sie mußten Feld und Flur bestellen. In vielen Gegenden betätigten sich die Männer – gar nicht selten auch die Frauen – als »Kraxenträger« (Warenträger). So vermittelten im Passeier solche Träger den Verkehr im Bereich des Tales, aber auch über das Jaufen- und Timmelsjoch. Die Männer trugen auf ihren Kraxen zuweilen Lasten bis zu 1 Zentner, sie schafften beispielsweise über das 2509 m hohe Timmelsjoch Getreide, Branntwein und Obst in das Ötz- und Zillertal, als Rückfracht trugen sie Schmalz aus dem Ötztal nach Passeier und Meran oder über das 3017 m hohe Niederjoch nach Schnals. Der Verdienst betrug bestenfalls 2 Gulden »Ganggeld« und die Verpflegung. So mancher Kraxenträger ist im Schneesturm erfroren oder zum Krüppel geworden.

Eine eigene, noch heute weit verbreitete Form bergbäuerlichen Nebenverdienstes ist die Holzknechtarbeit. Im Sommer, wenn das Holz geschlagen wird, gibt es den Hauerlohn, im Herbst, wenn das gefällte Holz an die winterlichen Schlittenwege herangeschafft wird, folgt der Rückerlohn. Der winterliche Bringerlohn wird unter Lebensgefahr verdient. Dem oft mehrstündigen Aufstieg mit dem geschulterten, fast zentnerschweren Hörnerschlitten über steile Fahrrinnen folgt eine verwegene, oft lebensgefährliche Talfahrt, die nicht selten mit der Errichtung eines Marterls ihr Ende fand. Nur der Herrenlohn im Frühjahr ist leichter verdientes Geld: Arbeit in forstamtlichen Pflanzungen, beim Brückenbau, Hütteninstandsetzung, Wegeausbesserung. Alle Formen des Holztransportes bis zur abenteuerlichen Flößerei waren gesuchte bergbäuerliche Nebenverdienste.

Auch das Schmiedehandwerk und das Kohlenbrennen, das Steinölbrennen, Branntweinbrennen und Wurzelgraben waren eigene Erwerbszweige, ebenso war die Leinwand- und Wollweberei weit verbreitet. Die Frauen verdienten vielerorts hinzu: mit Strikken, Klöppeln, Flechten von Strohhüten, Bleichen, Sticken, Ketteln und dem Basteln von Kunstblumen.

In vielen Gegenden ist der früher weit verbreitete Bergbau – Salz und Metalle – für viele Jahrhunderte zum Haupterwerb der bergbäuerlichen Bevölkerung geworden; neben den berühmten Bergwerksorten gab es einst eine Unzahl kleiner und kleinster Bergwerke, die heute noch in jeder besseren Bergwanderkarte gekennzeichnet sind. An den alten Handelsstraßen lieferte das Gastgewerbe seit jeher einen guten Nebenverdienst.

Handwerkliche Nebentätigkeiten

Die außergewöhnlich schwierigen Verkehrsbedingungen und der Drang und Zwang zur Selbstversorgung haben von alters her die Erfindungsgabe des Bergbauern angeregt und ihn ungewöhnliche Geschicklichkeiten auf technischem Gebiet erwerben lassen. So mußte er fast alle Haushalts- und Feldgeräte eigenhändig anfertigen, vor allem die Holzbestandteile der älteren Pflüge und Eggen und die Stiele für Äxte, Beile und Sensen, Rechen und Heugabeln, Traggeräte wie »Kraxn« und »Fergln« ebenso schnitzte er auch Teller und Löffel, Schüsseln und Melkkübel, Buttermodeln, Mohnstampfen, Wäscheschlägel, Sensenscheiden, Wetzsteinkumpfen, Jochbogen, Wiegenbogen, Schellenringe und anderes mehr. Sogar Truhen und Kästen, Grammeln zum Brechen des Flachses und Windmühlen zur Reinigung des Kornes stellte mancher Bauer her. Gerüste und Geräte zur Heutrocknung werden auch heute noch von den Bergbauern selbst angefertigt. Neben dem Prinzip der vollkommenen Selbstversorgung auf fast allen Gebieten des täglichen Bedarfs sind aber auch Anfänge der Spezialisierung zu beobachten – eine Selbstversorgung des weiteren Kreises von Gemeinde oder Talschaft. In manchen entlegenen Bergdörfern verstand sich jeder Bergbauer zumindest auf ein Handwerk, im Bedarfsfalle half man sich gegenseitig ohne Verrechnung aus. Auch heute noch findet sich fast auf jedem Bergbauernhof eine Bastelkammer, auch »Mach«- oder »Machlkammer« genannt, entweder in einem Kellerraum, im Oberstock, oder vielfach auch im Erdgeschoß des alten »Troadkastens«.

Haus-, Wege- und Brückenbau

Der Bergbauer führte – wie andere Bauern auch – in besonders großem Umfang ursprünglich alle anfallenden Bauarbeiten und den gesamten Bauunterhalt allein mit seiner Familie und dem Gesinde durch, wobei man Baustoffe verwendete, die leicht zu beschaffen waren. Erst später zog man Handwerker, vor allem Zimmerleute hinzu. So war der Holzblockbau vom Behauen der Grundschwelle bis zum Spalten der Legschindeln in früherer Zeit fast jedem Bergbauern geläufig und konnte ohne besonderen Geldbedarf ausgeführt werden, zumal nach altem Brauch die Nachbarn beim Bauen mithalfen, Baustoffe bereitstellten, oder zumindest die am Bau Arbeitenden verköstigten.

Einfache Heustadel aus Rundhölzern und sonstige einfachere Behelfsbauten zimmert sich der Bergbauer auch heute noch ohne fremde Hilfe zusammen.

Selbst der Bau von Wegen und Straßen wurde vorwiegend durch bäuerliche Arbeitskraft bewerkstelligt. Der Bauer mußte den Weg zu seinem Einödhof bauen und instandhalten, Zugänge zu seinen Bergmähdern und Almweiden schaffen sowie Vorkehrungen für die Holzbringung aus seinem Eigenwald treffen.

Zur Durchführung der schwierigen Bauten, die zur Sicherung gegen das Hochwasser der Flüsse und Wildbäche errichtet werden mußten, waren bergbäuerliche Gemeinden in älterer Zeit ebenfalls ausschließlich auf die Arbeitskräfte der Gemeindeangehörigen angewiesen.

Künstliche Bewässerung

Namentlich in den trockenen Gebieten des Oberinntals mußte man oft kilometerlange künstliche Bewässerungsrinnen schaffen, um das notwendigste Wasser der Bäcker und Rinnsale gleichmäßig über die Almweiden zu verteilen; tiefere Gräben wurden dabei oft mit hochgestelzten Holzleitungen überbrückt. Diese teilweise noch mittelalterlichen »Waale« – eine merkwürdige Wortverstümmelung des romanischen »aquale« – wurden mit größtem Arbeitsaufwand erbaut und führten in fast unmerklichem, erstaunlich gleichmäßigem Gefälle parallel über die Hänge. Der Waal der 7 Höfe des Weilers Stumpfseich bei Ötz in Tirol erforderte jährlich 50 Tagschichten Bauunterhalt.

Seilwegebau

Der Aufwand an Arbeitskraft von Mensch und Tier bei der Überwindung der Transport- und Arbeitsprobleme am Hang ist beim Bergbauernhof etwa doppelt so groß wie im Flachlandbetrieb, was zu den verschiedensten Konstruktionen von Winden und Seilaufzügen anregte.

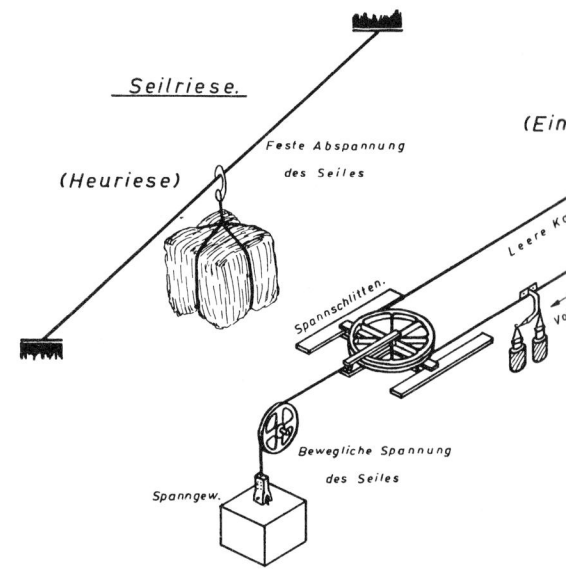

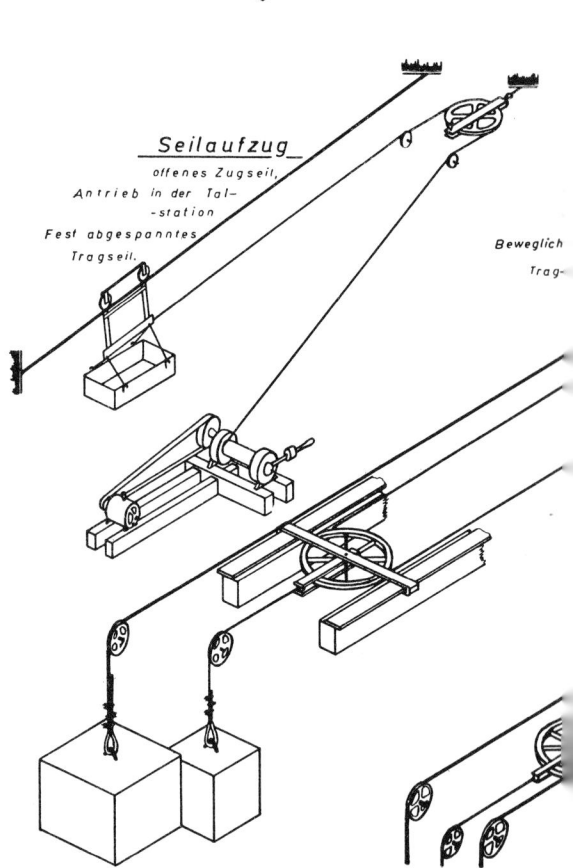

Mit der Bodenwinde konnte der Bergacker in der Fallinie sowohl bergauf wie diagonal gepflügt werden. Viele Bergbauern haben solche Anlagen allein konstruiert und hergestellt, so daß größere Geldausgaben nur für die Beschaffung des Drahtseiles nötig waren.

Heute sind fast alle Bergbauernhöfe und Bergdörfer Tirols durch Seilaufzüge mit den Straßen im Tal verbunden, so daß die Möglichkeit der Frischmilchlieferung an die Molkerei besteht. Auch die Bodenwinde ist auf vielen Bergbauernbetrieben zu finden und wird ständig zum »Erdaufführen«, Düngen, Pflügen, Häufeln, Eggen und anderen Feldarbeiten verwendet. Dennoch begann man wohl erst kurz vor 1930 mit der systematischen Entwicklung technischer Seilgeräte, Seilaufzüge und Kleinseilbahnen.

Seilriesen sind eigentlich nur gebahnte Luftwege; ein Seil wird über eine Gefällstrecke straff, also unbeweglich, gespannt, an einfachen Hakenvorrichtungen werden verschiedene Lasten in freier, oft sehr schneller Fahrt zu Tal geschickt, wobei Schluchten, Gräben und Steilabbrüche überbrückt werden. So können Heuballen von schwer zugänglichen Bergmähdern gefahrlos auch auf steilen Bahnen zu Tal befördert werden; am Talort genügen Puffer aus Astwerk, da die Fracht unempfindlich ist. Bei den Seilriesen werden im Heutransport Geschwindigkeiten von 30 m/sec erreicht. Gefüllte Milchkannen werden, an kleinen Laufrädern hängend, bei flacheren Steigungen ebenfalls mühelos am Seilweg zu Tal geschickt. Auch Holztransporte einfacher Art sind auf Seilriesen möglich, hier sind bisweilen Sand- und Erdpuffer üblich. Die sich am Talort ansammelnden Tragrollen oder Förderhaken werden meist wieder zum Kopfpunkt des Seilweges hinaufgetragen, bei geeignetem Gelände auch mit einfachem Draht am Transportseil hinaufgehaspelt.

Bei den *Seilzügen* wird eine Last an einem beweglichen offenen Tragseil über eine Seilumführungsscheibe hochgezogen bzw. abgelassen. Diese im Prinzip ebenso einfache wie raffinierte Arbeitserleichterung über eine denkbar einfache Mechanik geht zurück auf das »Schinderseil nach Väterart«. Ein aufwärts schreitender beladener Träger hatte sich das hinauflaufende Seilstück – meist aus Hanf – um den Leib geschlungen, der leer abwärts gehende Träger sich an das andere Ende des Seiles gespannt. Er erleichterte so dem anderen das mühsame Emporsteigen. Der oben Angekommene legte seine Last ab und ging nun leer am selben Seilende wieder bergab, wodurch dem anderen, jetzt voll beladenen Träger, der Aufstieg erleichtert wurde. Die Umführung des Schinderseiles erfolgte über einfache, oft aus Holz gefertigte Rollen, die an einem eingeschlagenen Holzpflock angehängt waren.

In Osttirol hat man oft noch je ein Paar drehbare Holzwellen für die spurgetreue Ausführung des Zugseiles in die Scheibenrillen angebracht, anderswo benützte man zwei einfache starre Führungsstangen. Mit einem frei aufstellbaren Dreifuß-Ankerbock ließ sich die ganze Anlage rasch umsetzen, da nur bergseits Holzpflöcke oder Eisenstangen in den Boden eingesteckt werden mußten. Da unregelmäßiges Gelände, z.B. Buckelwiesen, zu sehr unregelmäßiger Gangart führte, gab es für die Träger oft einen starken Ruck, der sie fast aus dem Stand riß oder zu wilden Sprüngen zwang. Dabei hatte der Beladene mit der Schwere der Last und mit dem Gleichgewicht zu kämpfen. Der Bauer, der in der Ebene seine Fluren bearbeitete, ahnte nichts von der Härte solcher Bedingungen.

Neben »menschlichem Antrieb« wurden für viele schwerere Arbeiten auch Zugtiere eingespannt, die jedoch parallel zum Hang zogen.

Heute verwendet man meist *Motorseilzüge* mit Diesel- oder Bezinmotoren, neuerdings auch Elektromotoren, auf hölzernen Tragen oder fahrbaren Untersätzen.

Seilwege mit geschlossenem Zugseil, sog. Kleinseilbahnen, unterscheiden sich technisch vom altväterlichen Schinderseil durch das in sich geschlossene, »endlose« Zugseil, an dem die auf starrem Tragseil befestigten Laufwagen rollen. Für Gegenlast werden zwei Tragseile in festem Abstand nebeneinander verspannt.

Bei sog. *Seilgeräten* wird ein Zugseil mit Hilfe eines Motorantriebes am Kopfpunkt der Anlage über Winden und Seilscheiben gezogen. Sie dienen zur Fortbewegung von Feldgeräten oder Fahrzeugen im Arbeitsgang, insbesondere beim Pflügen steiler Äcker in der Fallinie (Seilpflügen am Hang), aber auch beim Einwalzen, Eggen, Furchenziehen und für andere Arbeiten. Da in der Fallinie bergaufwärts gearbeitet werden kann, erübrigt sich die Berglieferung von abrutschender Ackererde und die Flur läßt sich abwechselnd in sich kreuzenden Richtungen, in Schichtenlinie und Fallinie, pflügen.

Seilaufzüge (Seilwege mit offenem Zugseil) sind primitive Seilbahnanlagen in meist behelfsmäßiger Ausführung. Sie dienen dem Transport von Förderlasten. Zwischen Berg- und Talstation wird ein Tragseil straff gespannt verankert, das Fördergerät ist meist ein Laufwagen, der an einem offenen Zugseil über eine Seiltrommel aufgezogen und abgelassen wird; bei längeren Förderstrecken sind regelmäßig Zwischenstützen mit Laufrollen notwendig. Der Antrieb solcher Aufzüge konnte grundsätzlich von Hand oder mit Zugtieren oder fallweise auch mit Wasserkraft erfolgen, in aller Regel werden heute Antriebsmaschinen eingesetzt. Als sog. Wirtschaftsaufzüge dienen Seilaufzüge für die Beförderung von Dünger, Feldprodukten aller Art, abgeschwemmter und hinuntergepflügter Erde, Saatgut und Baustoffen, als Ortschaftsaufzüge neben der Versorgung von Einzelgehöften auch dem Transport von Gütern aller Art auf und von hochgelegenen Weilern und Dörfern.

Nutzung der Wasserkraft

Die technische Geschicklichkeit der Bergbauern wird schon in der ältesten Volkskunde Tirols

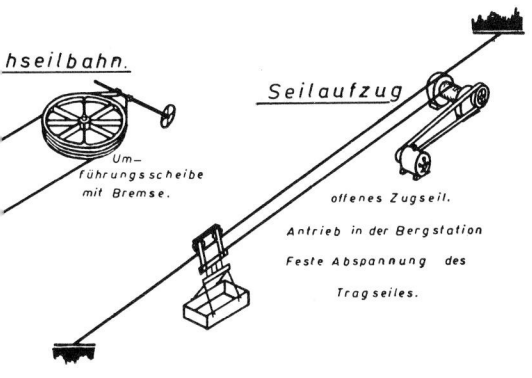

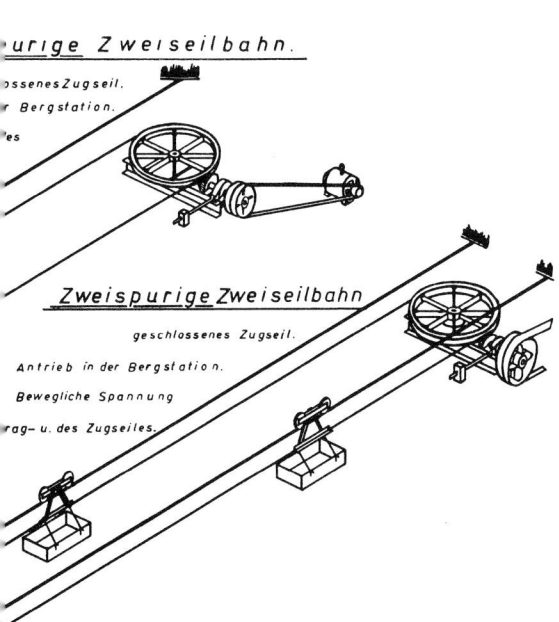

erwähnt: »Jede Sennhütte beynahe hegt in ihrem Schatten einen mehr oder weniger geschickten Mechaniker...« und: »Vorbeyfließende Bergwasser werden nutzbar gemacht, um ohne Zutun von Menschenhänden die fette Milch im Trüllkübel zu Butter zu rühren«. Schon lange vor der Elektrifizierung haben sich viele Bergbauern die Kraft reißender Wildbäche, aber auch kleiner Rinnsale, für alle möglichen Zwecke unmittelbar zu Nutzen gemacht. Kompliziertere Vorrichtungen ermöglichen es, die kreisende Bewegung des Wasserrades für die wichtigsten landwirtschaftlichen Arbeiten einzusetzen. Mittels langer Drahtseiltransmissionen und Seilscheiben aus Holz erzielte man Zugkräfte für vielerlei Transportvorrichtungen, so auch für verschiedene Seilwege; über zusätzliche Exzenter setzte man auch die Nockenwellen mancher Maschinen in Bewegung.

Ein Bauer im Unterinntal soll sogar eine Dreschmaschine erfunden haben, die mit Wasserkraft betrieben wurde, ebenso eine Maschine zur Benagelung der volkstümlichen breiten Ledergürtel mit Zinnstiften.

Wieder anderen Bergbauern wird die Idee zugeschrieben, das abfließende Wasser des Laufbrunnens in Schaukelbewegungen für die stets gefüllte Kindswiege umgesetzt zu haben und andere schaffen es, die Wasserkraft zur Düngerausbringung – mit einem Selbstentleerer –, zum Erdaufführen, ja sogar zum Seilpflügen zu überlisten. Auch der Bau der wirkungsvolleren Turbine ist manchen Bergbauern gelungen. Zu ganz besonderem Ansehen gelangte als Konstrukteur Anton Gufler, Bauer am Schnittlerhof auf Matatsch im Passeier. Ihm verdankt sein Heimattal die Verbreitung raffinierter wassertechnischer Behelfe. In der Jugend bekam er einmal einen kleinen technischen Kalender in die Hände, woraus er seine späteren Ingenieursfähigkeiten entwickelt haben soll.

Auch die ersten Elektrizitätswerke am Bauernhof entstanden im Eigenbau. Bergbauern in der Wildschönau erfanden um 1940 einen Motormäher, der noch auf Steilhängen bis zu 38 Grad vortrefflich arbeitet, ferner eine »Heusäge« zum Abschneiden der Heustöcke; Tiroler Bergbauern konstruierten Maschinen für die Reihensaat, für die Unkrautbekämpfung und für das Erdaufführen einen kippbaren kleinen Wagen, den sog. Erdgratten. Bis zum Ende der zwanziger Jahre lag die Entwicklung bergbäuerlicher Technik fast ausschließlich in den Händen der Bauern selbst. Erst 1927 setzte dann in Österreich durch Staat und Agrarbehörden die Förderung bergbäuerlicher Technikbehelfe in Form von Beihilfen ein. Aber auch heute noch basteln sich vielfach manche Bergbauern ihre eigenen Seilbahnen und verrichten zahlreiche Arbeiten unmittelbar mit Hilfe von Wasserkraft.

Das Almwesen

Zur Geschichte des Almwesens

Wo jetzt oberhalb der Baumgrenze nur noch Bergmähder und Almen liegen, waren die Berghänge vor 4000 Jahren hoch hinauf mit Wald bedeckt. Auch noch vor Jahrhunderten reichte der Wald weiter empor, Baumstrünke von mächtigen Lärchen, Fichten oder Zirben oder gar rindenlose, abgestorbene Stämme mit abgedörrten Aststümpfen finden sich als Zeugen dafür oberhalb des geschlossenen heutigen Waldgürtels. Das Sinken der Waldgrenze ist aber nur teilweise auf die seither eingetretene Klimaverschlechterung zurückzuführen, auch der Mensch hat im rücksichtslosen Kampf um Almwiesen und Bergmähder mancherorts erheblich zum Rückgang der Waldgrenze beigetragen. Dennoch gehört die frühe Entwicklung der Almwirtschaft im Hochgebirge zu den größten kolonisatorischen Pionierleistungen der ältesten Siedler; die schicksalhafte Verbindung des Bergbauernhofes mit seinen Almen und Bergwiesen zu einer selbständigen Wirtschaftseinheit wurde zur Existenzgrundlage bergbäuerlichen Lebens überhaupt.

Da der auf Viehzucht angewiesene Bergbauer seinen Rinderbestand so groß wie möglich halten mußte, sah er sich schon früh gezwungen, zusätzliche Sommerweiden zu schaffen und die Ernte der um das Gehöft liegenden fetten Wiesen als Wintervorrat zu speichern; erst im Herbst, nach dem Almabtrieb, darf das Vieh auf diesen Wiesen abweiden, was nach dem zweiten Schnitt nachwächst.

Durch die Einbeziehung der Almweiden in das wirtschaftliche Konzept konnte dem Bergbauern die Ausdehnung seiner Wirtschaftsform an die Grenzen des zeitbedingt Möglichen gelingen, nur so konnte er dem kargen Boden und dem rauhen Klima seiner Bergheimat den größtmöglichen Wirtschaftsertrag abringen.

In den Tälern der Alpen ist an höchstens 165 Tagen im Jahr Weidegang möglich. Eine Alm mit einer geeigneten Voralm erlaubt an reichlich 120 Tagen Almweide. Dies bedeutet eine Entlastung der Talweide von mehr als 70% und gestattet eine um etwa 30% erhöhte Viehhaltung. So hatten dann auch die Almbauern stets einen wesentlich größeren Viehbestand als die anderen Bauern und brachten es dadurch des öfteren zu bescheidenem Wohlstand.

Die Erschließung vieler Hochweiden über hochalpine Übergänge (Joche) und Pässe hinweg ist eine in den östlichen Zentralalpen weit verbreitete geschichtliche Tatsache, die schon vor mehr als 2000 Jahren von den vorromanischen Siedlern eingeleitet wurde und noch heute hochinteressante siedlungsgeschichtliche Zusammenhänge auftut.

Der erstaunte Bergsteiger kann im Juni oder September mitten auf dem Gurgler Ferner oder auch auf dem Niederjoch- oder Hochjochferner großen Schafherden begegnen. Es sind Schafe aus Schnals, dem Vinschgau und sogar aus dem Ultental auf dem Weg zu den sommerlichen Weidegebieten von Vent und Gurgl, oder auf dem Rückweg. Bis zu 4000 Schafe queren auch heute noch jährlich von Schnals her den Hauptkamm der Ötztaler Alpen. Es sind die Reste einst viel größerer Viehtriebe, bei denen früher auch Großvieh mitzog. Dieses Übergreifen uralter Weiderechte von Süden her über die Wasserscheide und derzeitige Staatsgrenze beleuchtet die ganze Siedlungsgeschichte des inneren Ötztales. Über das Timmelsjoch und auch über das Hoch- und Niederjoch führen seit alters her Paßwege über den Alpenhauptkamm nach Süden ins Passeier Tal und nach Meran, bzw. nach Schnals und in den unteren Vinschgau. Das Gefälle des Bevölkerungsdruckes, der sich in den Anfängen der Besiedelung gegen unbevölkerte Gebiete richtete, war vom relativ dicht bevölkerten Etschtal aus unvergleichlich stärker als vom Inntal, das damals noch weite ungenutzte Landstriche aufwies. Deshalb trachtete schon in vorgeschichtlicher Zeit die bergbäuerliche Bevölkerung der südtirolischen Täler danach, ihre Schafe und auch ihr Großvieh aus dem sommers sehr dürren Etschland auf die grünen Almen jenseits des Alpenhauptkammes hinüberzutreiben. Viele der Hochtäler waren ursprünglich über die relativ flachen Joche auch leichter zu erreichen als durch die wilden, unzugänglichen Mündungsschluchten und Klammen an den Talausgängen. Über solche uralten Almweidewege erfolgte später häufig auch eine Dauerbesiedlung. Merkwürdige kirchliche und politische Grenzziehungen erinnern allenthalben oft noch heute an uralte Weiderechte und daraus resultierende Besiedlungsgänge. So nimmt man heute an, daß im Zillertal das Tux über das Tuxer Joch vom Wipptal her besiedelt wurde, der innerste Zillergrund von den Ahrntaler Gemeinden, und der Zamser- und teilweise auch der Zemmgrund von der Gemeinde Pfitsch.

Die in Serfaus und Fiß ansässigen Rätoromanen sind zur Gewinnung weiterer Sommerweideplätze wohl auch schon sehr früh über das 2744 m hohe Furglerjoch gezogen, um die im Paznauntal gelegenen Almflächen in Besitz zu nehmen. Serfaus und Fiß besaßen auch später noch lange das Recht, von ihren im Paznauntal gelegenen Almen bei »Schneeflucht« ihr Vieh bis hinab zur Trisanna zu treiben. Aus diesem Schneefluchtrecht kann man mit Sicherheit schließen, daß das Weidegebiet der uralten rätischen Gemeinde Serfaus geschlossen bis zur Talsohle des Paznaun reichte und daß von den Serfausern hier dann nach und nach Dauersiedlungen angelegt wurden. Diese hochalpinen Almweidegänge werden besonders im Samnaun verständlich – die abenteuerliche Straße hoch über der gähnenden Tiefe der Schergenbachschlucht wurde erst 1911/12 erbaut und mußte durch zahlreiche Tunnel und Felsgalerien geführt werden.

Ähnliche Verhältnisse sind auch aus den Nördlichen Kalkalpen bekannt. Aus den Wechselbeziehungen zwischen dem ehemaligen Erzstift Salzburg und dem gefürsteten Stift Berchtesgaden ist es erklärlich, daß bis in die jüngste Zeit hinein 9 Salzburger Bauern in Berchtesgaden almberechtigt waren, während andererseits 30 Bauern der Gemeinde Ramsau das Recht zur Sömmerung von 600 Stück Großvieh im »Bayerischen Salforst« auf österreichischem Boden hatten und dort 4 Eigentumsalmen besaßen.

So gehören beispielsweise auch Pfafflar und Gramais, die in Nebentälern des Lechs liegen und einst Almen der Bauern von Imst waren, zur Pfarre und zum Gericht in Imst, das jenseits des Hahntennjoches im Inntal liegt.

In Gerstruben bei Oberstdorf bestanden noch im 15. und 16. Jahrhundert Tiroler Hoheitsrechte. Soweit die Quellenlage erkennen läßt, dürfte dieses Alpgebiet gegen Ende des 14. Jahrhunderts von Tiroler Bergbauern aus dem Lechtal besiedelt worden sein.

Auch heute noch hat das Vieh oft weite Wege von den Talorten zu den Almen zurückzulegen, besonders wenn Bergkämme zu überschreiten sind; so haben einige Gemeinden des Inntals zwischen Kematen und der Ötztalmündung und beispielsweise das Kloster Stams gegenwärtig noch Almbesitz im Sellrain- und Needertal.

Die Anlage der Alm

Die Almlichte umfaßt neben dem gedüngten, gemähten und eingefriedeten Almanger offene Weideflächen und meist noch einen Almwald. Wichtige Voraussetzungen für die Anlage einer Alm sind geeigneter geologischer Untergrund und entsprechende Bodenbeschaffenheit, günstiges Lokalklima, sanfte Hangneigung, gesicherte Wasserversorgung, gefahrloser Zugang und lawinensichere Lage. Besonders nachhaltig wirken sich die geophysikalischen und geomorphologischen Verhältnisse aus. In den westlichen bayerischen Alpen besteht zumeist ein vielfältiges Übereinander von geologischen Überschiebungseinheiten mit komplizierten Verfaltungserscheinungen. Die über weite Strecken gleichförmigen Triasgesteine tragen an verschiedenen Stellen Reste von Transgressionssedimenten – Jura, Untere und Obere Kreide. Diese oft inselartig verstreuten Transgressionsgesteine verwittern wegen ihres Tongehaltes schneller und in weicheren Formen und ergeben, eingeebnet, weiche Almböden, die bevorzugt als Almstandorte gewählt wurden. Oft sind solche Almlichten – typische Plateau- und Sattelalmen – sogar mit den geologischen »Inselvorkommen« deckungsgleich. Gute Almböden sind also stets tiefgründig, gut wasserhaltig und nährstoffreich.

Karalmen liegen in ehemals vergletscherten Karmulden, deren flache Form durch die Schürfarbeit des Gletschers entstanden ist. Charakteristisch für diesen Almtyp sind Hangschutt und Moränenmaterial, das oft in großen losen Blöcken auf dem Almboden liegt.

Dachsteinkalk und Ramsaudolomit sind beispielsweise flachgründig, nährstoffarm und schlecht wasserhaltig; erfahrungsgemäß wurden daher solche Almstandorte am häufigsten verlassen. Da die notwendigen Voraussetzungen für den Almbetrieb keineswegs überall gegeben sind, ist die Verteilung und Dichte der Almen sehr unterschiedlich. Ebenso unterschiedlich ist auch ihre Höhenlage, sie schwankt in den verschiedenen Alpenregionen je nach geographischer Lage, Massenerhebung der Gebirgsstöcke und speziellen Geländeverhältnissen und der dadurch bedingten Pflanzen- und Waldgrenze.

Typen der Almsiedlung und ihre Bewirtschaftungsdauer

Die Almen werden nur zeitweilig und stets nur von einzelnen Angehörigen oder Bediensteten eines Hofes oder auch mehrerer Höfe bezogen. Sehr häufig besitzt ein Hof zwei oder auch drei Almen in verschiedenen Höhenlagen, die als Nieder-, Mittel- und Hochleger (auch Oberleger) bekannt sind und eine bestmögliche Weidenutzung aller beweidbaren Höhenstufen erlauben. Diese Almen werden nur wenige Monate, meist von Anfang Juni bis Ende September »befahren« oder »bestoßen«, die höchstgelegenen Almen oft nur 3–4 Wochen im Juli oder August. Almen in Höhen über 1400 m werden in den Nördlichen Kalkalpen meist nur für 80–100 Weidetage befahren und haben meist eine Voralm, so daß reichlich 120 Weidetage zusammenkommen. In den häufigsten Fällen ergeben sich folgende Beweidungsdauern:

2–4 Wochen Vorweide auf der Voralm
4–6 Wochen auf dem Niederleger*
3–6 Wochen auf dem Hochleger*
3–4 Wochen auf dem Niederleger*
2–4 Wochen Nachweide auf der Voralm

* = eigentliche Almweide, vielfach auch dreistufig mit zeitlich entsprechend verschobener Weidedauer

Im allgemeinen bringt demnach eine Bergbauer sein Vieh durch 10–16 Wochen des Jahres, bei Voralmen sogar durch ein halbes Jahr, aus dem Heimstall und verwertet dabei auf einfachste Art jene abgelegenen Grasflächen, die auf andere Weise wohl kaum mit ähnlichem Erfolg zu nutzen wären. Eine Eigentümlichkeit namentlich des Zillertals und Unterinntals sind die Voralmen oder Asten. Sie liegen tiefer als die eigentlichen Almen, innerhalb des geschlossenen Waldgürtels also, zwischen 1200–1500 m, und bestehen aus einer durch Rodung geschaffenen Wiese mit Kaser, Hag und Stadel. Die Wiese wird gemäht, das Heu an Ort und Stelle überwintert und im nächsten Frühjahr, meist im Mai, an einen Teil des Almviehs, das vor dem Auftrieb auf die eigentliche Alm dort eingestellt wird, verfüttert. Im Herbst wird die Aste nochmals abgeweidet. Auch auf diese Voralmen ziehen nur einzelne Angehörige oder Bedienstete des Hofes.

Ein wesentlich anderer Typ der Almsiedlung sind die Halthuben in der Steiermark und Kärnten sowie die Maiensäße (auch Vorsäße) in Vorarlberg und in der Schweiz, wo sie auch als Sommerdörfer bezeichnet wurden. Die Halthuben waren größtenteils ursprünglich selbständige Hofstellen gewesen, die Maiensäßen eigentlich Zugüter tiefer gelegener Höfe. Maiensäße wurden den Sommer über von der ganzen Familie mit dem ganzen Viehbestand bezogen und neben dem Weidegang auch im Wiesenbau bewirtschaftet. Die Behausungen gleichen eher einfachen Hofstellen als Almhütten. Der Bergbauer nomadisierte hier regelrecht innerhalb seines Besitzes. Das Dorf Samnaun war beispielsweise eine solche sehr frühe Maiensäß der Engadiner Bergbauern, die das Samnauntal erstmals über die fast 3000 m hohe Muttlerscharte betraten.

Die Bergmähder oder Hochmähder, die zum Teil über dem Almgürtel liegen und wegen ihrer Steilheit nicht beweidet werden können, waren die Stätten höchstgelegener zeitweiliger Behausung; zur Zeit der Heumahd zog ein großer Teil der Bevölkerung auf mehrere Wochen »auf den Berg« und hauste dort in primitiven Hütten. Das Heu wurde in einfache Hütten (»Pillen«) oder in offene Schober (»Tristen«) eingebracht und erst im Winter mit dem Schlitten zu Tal gefahren. Die höchstgelegenen dieser Bergmähder wurden nur jedes zweite oder dritte Jahr gemäht.

Manche Formen der Bergmahd leben noch heute fort. So liegen in Prais ober Pfunds noch heute Steigeisen zum Mähen bereit. Ein alter Bauer berichtete 1978, daß früher sogar in den lebensgefährlichen felsdurchsetzten Steilgrashängen weit oberhalb von Prais gemäht wurde, wobei sich fast jedes Jahr tödliche Unfälle ereigneten.

Bewirtschaftungsformen

Nach der Art des Weideviehs und dem dadurch modifizierten Wirtschaftsbetrieb unterscheidet man zwischen Schafalmen, Galt- und Kuhalmen, daneben gibt es auch eigene Stieralmen; zahlreiche Almnamen geben ein sprechendes Bild von der jeweiligen Viehtrift.

Auf den höchstgelegenen unwirtschaftlichsten Weideflächen konnte man nur Schafe halten. Oft sind es weitläufige, stundenweit ausgedehnte Bergflanken oder felsige Kämme und steinige Rücken, auch abgelegene Hochtäler und Kare, angefüllt mit Geröll und Felsenschutt, wo sich nur in vereinzelten Oasen zusammenhängende Grasnarben finden. Auf der Galtalm weidete das »Galtvieh«, darunter versteht man in Tirol Ochsen und Jungkühe, die noch keine Milch geben. Für die Galtalmen mußte sanfteres Gelände gefunden werden, man bevorzugte dafür die höchsten ebenen Böden. Der »Galterer« oder »Ochser« hatte etwa die gleiche Aufgabe wie der »Schafer«. Die größte Bedeutung hat überall die Kuhalm, die an einem sanften Hang in einer grasreichen Mulde, in einem breiten Kar- oder Hochtal in der Nähe einer Quelle oder eines Baches angelegt wurde. Sie dehnt sich niemals über so weitläufiges Gelände wie die Schafalm aus, und die Kühe weideten daher selten weitab von der Sennhütte. Den »auffahrenden« Rindern, aber auch den Schafen wurden früher regelmäßig auch einige Ziegen und Schweine mitgegeben. Besonders die Schweine gediehen auf der Alm prächtig, da man ihnen die bei der Milchwirtschaft abfallende Molke verabreichte; die Molke von zehn Kühen ernährte jeweils ein Schwein.

Die Milch wurde früher auf den tirolischen Almen auf dreierlei Art verarbeitet: Man gewann entweder ganz fetten Käse, sogenannten »Schweizerkäse«, außerdem halbfetten Käse, oder den »ordinären« mageren Käse. Bei der sog. »Schweizerei« war die Buttererzeugung nebensächlich, die ganze unabgerahmte Milch wurde zu Käse verarbeitet.

Die Zahl des Heimviehs war in den verschiedenen Gegenden und in verschiedenen Jahren sehr wechselnd. Wo man früher, besonders in der Nähe großer Orte, die Milch zu guten Preisen verwerten konnte, ließ man verhältnismäßig viel Heimvieh im Stall. Anderswo behielt man nur die Kühe für den täglichen Milchbedarf des eigenen Hauswesens im Heimstall. Ärmere Bauern schickten zur Einsparung des Sommerfutters, wenn möglich, alle ihre Kühe auf die Alm und deckten den Milchbedarf des eigenen Hauswesens von einigen Ziegen, die sie im Tal behielten.

Eigentumsformen

Im Laufe der Geschichte haben sich bei den Almen sehr verschiedene Eigentumsformen und Rechtsverhältnisse entwickelt. Allein in Bayern gibt es sechs Rechtsformen.

Privatalmen befinden sich im Eigentum eines einzelnen oder einer Erbengemeinschaft. Diese Almen weisen daher meist nur einen Bewirtschafter auf. Staatsalmen gehören dem Freistaat Bayern, die Flächen sind verpachtet.

Berechtigungsalmen befinden sich ebenfalls im Eigentum des Freistaates Bayern oder sonstiger Nutzer und sind mit Almweiderechten belastet. Meist teilen sich mehrere Berechtigte in das Nutzungsrecht. Die Berechtigten sind untereinander z.T. wieder genossenschaftlich organisiert.

Gemeinschaftsalmen befinden sich im Bruchteilseigentum (ideeller Flächenanteil). Jeder Miteigentümer bewirtschaftet eigenständig einen Teil der Gesamtalm und unterhält meistens eine eigene Almhütte.

Almen im Eigentum von Gemeinden oder von Körperschaften des öffentlichen Rechts haben meist mehrere Bewirtschafter, die unter sich genossenschaftlich organisiert sind. Genossenschaftsalmen sind entweder Gemeinschaftseigentum (eingetragene Genossenschaften, Zuchtverbände u.a.), Bruchteilseigentum der Genossen (Deutschrechtliche Genossenschaften) oder Eigentum sonstiger Genossenschaften.

Die Arbeit und die Bräuche auf der Alm

Die scheinbare »Unberührtheit« vieler Almlandschaften täuscht leicht darüber hinweg, daß dieser gepflegte Zustand alljährlich wieder neu erarbeitet werden muß. Der lange Winter mit seinen erdrückenden Schneemassen, die starke Verwitterung und die hohen Niederschläge machen einen im Vergleich zum Tal sehr viel höheren Pflegeaufwand für Weideflächen und Baulichkeiten erforderlich.

Die wichtigsten Arbeiten sind heute die Reparatur der Zäune und die Düngung, danach folgen die Erhaltung von Wegen und Gebäuden, die Unkrautbekämpfung, das Entfernen von aufkommendem Jungholz (»Schwenden«), das Entsteinen (»Putzen«) und die Narbenpflege. Dazu kommt natürlich die Melkarbeit. Auf vielen Almen war es früher üblich, daß Senn oder Sennerin mit Kübel und untergebundenem Melkschemel eine Kuh nach der anderen auf der Weide aufsuchten, an Ort und Stelle ausmolken und die Milch nach wenigen Melkvorgängen dann mühsam zur Sennhütte schleppten. Heute verrichten Melkmaschinen auch schon auf vielen Almen die mühevolle Handarbeit. In Oberbayern wird die Hauptarbeit auf der Alm meist von Frauen besorgt. Der immer seltenere »Halter«, ein junger Bursche, ist nur Helfer der Sennerin oder »Schwagerin« (von Schwaige?) und hat sich hauptsächlich um die Ziegen und Schafe zu kümmern. Heute sind nur noch wenige und meist nur ältere Frauen bereit, diese harte, mühsame und auch verantwortungsvolle Arbeit von Sonnenaufgang bis zum letzten Tageslicht zu verrichten.

In Tirol, wo auf den Almen meist die »Männerwirtschaft« vorherrscht, ziehen die Burschen neuerdings ebenfalls einen leichten »Job« im Fremdenverkehr den Entsagungen auf der Alm vor.

Während der Almauftrieb heute eher im stillen vor sich geht, ist der Almabtrieb nach wie vor ein festlicher Anlaß im Leben der Sennen und vielerorts ein richtiges Volksfest, die einzelnen Spielarten dieses Brauches und die Formen des Kopfschmuckes sind ein beliebtes volkskundliches Thema. Ist während des Almsommers Menschen oder Tieren ein Unglück zugestoßen, kehren die Kühe ohne Kopfputz heim, an den Glocken hängen breite Trauerbänder. – Die erste Erwähnung vom Schmücken des Almviehs findet sich bereits in einem Pustertaler Inventar von 1746. Ein volkskundlich hochinteressantes Relikt aus heidnischer Zeit ist der mancherorts noch in den Kopfschmuck eingesetzte Stirnspiegel, Überest eines uralten Abwehrzaubers: Böse Geister sollten, durch ihr eigenes Spiegelbild erschreckt und entsetzt, verscheucht werden.

Die Zukunft der Almwirtschaft

Wenn sich auch die Almen der Kalkalpen nach den geologischen Verhältnissen und den Flächengrößen wesentlich von solchen auf Juragestein oder Flysch unterscheiden, so unterliegen sie doch alle gemeinsamen ökologischen Gesetzen, unter denen eine intensive und dennoch naturschonende Viehwirtschaft zu erfolgen hat.

Dort, wo der Wald zur Anlage von Almen gerodet werden mußte, ist die Almlichte nur dann zu erhalten, wenn die Wiederbewaldung verhindert und dafür ein Mindestmaß an Arbeit aufgewendet wird. In Gebieten mit hohem Waldweideanteil treten auch noch Konflikte mit den wichtigen Schutzwirkungen des Waldes hinzu. Die Waldweide behindert

Sennerin beim Buttern.

insbesondere durch Tritt und Verbiß vielerorts die Verjüngung von Bäumen und Sträuchern und beeinträchtigt außerdem die Fähigkeit des Waldes, Niederschläge zurückzuhalten, was zu starken Erosionen führen kann. Diese aus ökologischen und wirtschaftlichen Gründen auf den Almen notwendige hohe Arbeitsintensität führt zum zentralen Problem heutiger Almwirtschaft, der Verteuerung menschlicher Arbeitskraft. Die Folgen sind Einschränkung, ja Einstellung der nötigsten Pflegearbeiten, sowie die Umstellung des Viehbesatzes von Milchkühen zu »pflegeleichtem« Jungvieh. Soll die Almwirtschaft auch in Zukunft lebensfähig bleiben, sind daher verschiedene Bedingungen zu erfüllen. So müssen die negativen Auswirkungen der Almnutzung auf den Naturhaushalt so gering wie möglich gehalten werden, was insbesondere eine weitgehende Trennung der Lichtweideflächen vom umgebenden Wald bedeutet, ferner die größtmögliche Schonung gefährdeter Bereiche, sowie die Einschränkung der Schafweide, die in der Vergangenheit insbesondere an der Waldgrenze erhebliche schädigende Auswirkungen auf den Wald hatte. Auf den Almlichten sollte auch die Verwendung chemischer Mittel, wie Mineraldünger und Herbizide, schon aus hydrologischen Gründen weitgehend eingeschränkt, die Produktivität vielmehr durch behutsames Intensivieren geeigneter Flächen und eine planmäßige Weideunterteilung erhöht werden. So würden auch wertvolle oder gefährdete Flächen, wie z.B. Moore oder Steilhänge, von Belastungen durch das Almvieh verschont bleiben. Eine finanzielle Förderung des Almbetriebs durch öffentliche Mittel, wie z.B. durch das EG-Bergbauernprogramm, ist nur dann gerechtfertigt, wenn dies auch eine Verbesserung der ökologischen Situation auf den Almen bewirkt. Die ökonomische Notwendigkeit, die Weideflächen der Talbetriebe durch Almen zu ergänzen, wird zusammen mit Kräften der Tradition die Zukunft der Almen bestimmen und sichern.

Sennerin auf der Zelleralm.

Siedlung, Flur und Gehöft

Siedlungsformen

Die aus frühgeschichtlicher Zeit bekannten ältesten Höhensiedlungen im Ostalpenraum besaßen offenbar geschlossene Siedlungsformen. Innerhalb dieser befestigten Höhensiedlungen waren die Wohnhütten eng aneinandergebaut, um die Verteidigungslinien möglichst kurz zu halten. Insgesamt waren diese vordeutschen Siedlungen in Tirol nur Punktsiedlungen auf Plätzen, die von Gelände, Klima und Verkehrslage her begünstigt waren, eine geschlossene Besiedlung ist für diese Zeit noch nicht anzunehmen.

Wo die Abgeschiedenheit einer Landschaft vorgermanisches Volkstum bewahrte, ist auch die alte enge Ortsform teilweise bis heute erhalten geblieben – selbst wenn die typisch romanische Traufstellung der Gebäude und die völlig geschlossenen Straßenfronten inzwischen aufgegeben wurden und die Giebelfronten der Gehöfte heute nach deutscher Art fast durchwegs zur Straße gerichtet sind.

Auch wenn die Umwallungen schon längst gefallen sind, prägt doch im obersten Inntal, im rätoromanischen Engadin und im Vinschgau diese geschlossene wehrhafte Siedlungsform bis heute das abweisende Gesicht einiger typisch rätoromanischer Dorfanlagen, so vor allem Compatsch und Laret im Samnaun, Ladis, Fiß, Serfaus, Fendels und Nauders im Oberinntal, Planail im obersten Vinschgau, aber auch das walserische Ischgl und Galtür im Paznauntal.

Die Siedlungsform auf der späteren, bajuwarischen Grundlage unterscheidet sich augenfällig vom alten romanischen Siedlungsgedanken; die erst in späterer Zeit erschlossenen Täler und Siedlungsplätze kennen fast nur die Streusiedlungen im weiteren Sinne. In den Alpen sind wiederholt die völkischen Verhältnisse für die zwei verschiedenen Formen der Siedlung veantwortlich gemacht worden.

Der Deutsche bevorzugt offenbar die lockere Siedlung und klare Abgrenzung seines Besitzes. Siedelt er in geschlossenen Dorfanlagen, so bezieht er immer den Garten in die Siedlung mit ein, richtet sein Haus, ohne den Lauf der Straße zu beachten, nach der Sonne und entwickelt so das scheinbar regellose Haufendorf. Der Weg dient ihm nicht als städtebaulicher Orientierungsfaktor, sondern offenbar hauptsächlich als Möglichkeit, die Ernte ohne Schwierigkeiten in die Scheune zu bringen. Kam in der romanischen Siedlung stets die Unterordnung und Eingliederung des einzelnen unter das Ganze zum Ausdruck, so ist in den deutschen Siedlungen stets die Eigenart und das Eigeninteresse des einzelnen vordergründig.

Dieser unterschiedliche Charakter zwischen jenen älteren, geschlossenen, ehemals rätoromanischen Dorfbildern und den verstreuten, typisch bajuwarischen Einzelgehöften wurde vielfach verallgemeinert: Die spröden Germanen hätten grundsätzlich nur in Einzelhöfen, die geselligen Romanen nur in geschlossenen Dörfern gesiedelt. Mag diese Annahme auch vielfach zutreffen, so wird sie doch beispielsweise durch die Einzelhöfe der ladinischen Dolomitentäler im Südtiroler Raum, ja sogar durch große Einzelhofgebiete auf dem Apennin widerlegt.

Eine stetig vorrückende planmäßige Besiedlung, die sich in den Talsiedlungen mit Erfolg um die geschlossene Bauweise bemühte, erfolgte vielfach erst mit der Gründung von Klöstern, welche in die Zeit des sog.»zweiten Landesausbaues« fallen, also in die Zeit der großen Siedlungsbewegung des Mittelalters, die vom 11.–13. Jahrhundert ihre Hochblüte erreichte.

Dabei wurden versumpfte Überschwemmungsgebiete erschlossen und waldreiche Gegenden nach einheitlichen Richtlinien gerodet; die Grundherrschaften waren aus rein wirtschaftlichen Gründen an einer intensiven Bodennutzung interessiert.

Ein planmäßiger Ausbau der Kolonisation wurde daher von den geistlichen und weltlichen Grundherren systematisch betrieben. Diese Entwicklung läßt sich beispielsweise im Berchtesgadener Land durch das dort gegründete Augustiner-Chorherrenstift verfolgen, eine ähnlich rege Kolonisations- und Rodungstätigkeit entfalteten in der gleichen Zeit im Schwarzwald die Klöster St. Blasien, St. Märgen, St. Peter, Hirsau sowie Niederaltaich, Frauenzell und Gotteszell im Bayrischen Wald, die ausgesprochene Rodungsklöster waren. Im inneralpinen Raum standen dieser Kolonisation vor allem weltliche und geistliche Grundherren aus dem schwäbisch-bayrischen Alpenvorland wie die schwäbischen Herren von Schwangau und von Ronsberg, ferner die Welfen, das schwäbische Kloster Ottobeuren und das baierische Stift Frauenchiemsee. Das Stift Wilten hatte Besitzungen im inneren Sellrain. Auf der Alpensüdseite sind im Passeier im 11. Jahrhundert zunächst ebenfalls die Welfen genannt, ansonsten saßen die Grundherren jedoch im Bereich des Vinschgau.

Auf der Alpensüdseite haben sich noch in besonders reicher Zahl Zeugen dieser adeligen und geistlichen Grundherrschaften und Gerichte in Gestalt von Burgen und Klöstern erhalten. Diese Besitzverhältnisse hielten sich der Form nach teilweise noch bis ins 19. Jahrhundert hinein.

Im Rodungsgebiet der Berghänge bot sich hingegen auch bei der weiteren Neubesiedelung der Einzelhof inmitten seiner Flur als die sinnvollste Siedlungsform an. In den feuchten Berggebieten, wo das Klima für den Ackerbau zu rauh war und zur intensiven Viehwirtschaft zwang, bedingte die Wirtschaftsart mittelbar die Siedlungsform: Einzelhöfe mit zusammengefaßten Wirtschaftsflächen erweisen sich hier als das günstigste. Im altbairischen Siedlungsgebiet, so auch im tirolischen Nordosten, reicht diese Siedlung im Einzelhof in ältere Zeiten zurück.

Flurformen

Die alten Flureinteilungen zeigen deutlich das Bestreben der Siedler oder der Grundherren, den einzelnen Wirtschaftseinheiten der Dorfgemeinschaft möglichst gleichwertige und gleichartige Landteile zuzuweisen; verschiedene Bodengüten versuchte man offenbar durch entsprechende Größenverhältnisse einzelner Fluranteile auszugleichen.

Die älteste und häufigste Flurform auf alpinem Gebiet und auf deutschem Siedlungsboden überhaupt ist die Blockflur, die durch eine unregelmäßige, eng gefügte Gemengelage der einzelnen Feldblöcke gekennzeichnet ist. In den mittelalterlichen Streusiedlungen der alpinen Rodungsgebiete wurde sie zur Einödblockflur weiter ausgebildet. Die Flächen der Flurblöcke sind unregelmäßig und passen sich dem Gelände an. Die Flächeninhalte sind verschieden groß, in Gebieten gleicher Bodengüte aber einander angeglichen. An vorwiegend sonnseitigen Hängen der Talzüge gelegen, erscheinen die Blockfluren als ein sehr planvoll zusammengefügtes Netz von Siedlungseinheiten, das von den Talsohlen über die Hänge bis tief in die Bannwaldzone hinaufreicht; oft glaubt man zu spüren, wie dem Boden unter einheitlicher Führung Flur um Flur abgerungen wurde.

Das einzelne Gehöft liegt in der Regel inmitten der zugehörigen Flur, die oft von strauchbewachsenen Riedgrenzen gesäumt wird; meist liegen einige Höfe auf Rufweite voneinander entfernt. Ein völlig einsamer Hof ist sehr selten – die Bauern waren vor der Erschließung des Landes durch Straßen und Wege mit all ihren Bedürfnissen weitgehend auf sich selbst gestellt und bei mancher Arbeit oder auch bei Notfällen im Stall auf nachbarliche Hilfe angewiesen. Daher sind auch in den abgelegensten Gebieten oft 2 oder 3 Höfe in nicht allzu großer Entfernung voneinander anzutreffen.

Gelegentlich sind in den Blöcken Streifen zu erkennen oder die Blöcke sind streifenförmig gefügt, so daß sie planmäßig geprägt wirken. Hier ist anzunehmen, daß dies auf eine Teilung des ursprünglichen Anwesens oder auf eine spätere Rodungstätigkeit zurückzuführen ist; diese Flurform wurde auch als Blockstreifenflur bezeichnet. In den Talsiedlungen findet man meist die Einödstreifenflur. Hier liegt das jeweilige Gehöft am Rande des länglich gestreckten Riedes. Die Größe dieser Fluren geht mitunter auf uralte Rechtsverhältnisse zurück. So wurden im Berchtesgadener Land die Fluren den Siedlern vom Stift verliehen und als »Lehen« bezeichnet. Ihre Größe wechselte mit der Bodengüte und wurde urbarialen Angaben zufolge von der Menge der Naturallieferungen bestimmt.

Die Bezeichnung Lehen hat sich im Berchtesgadener Land trotz der völlig veränderten Rechtslage bis heute als Zusatz zum Hofnamen erhalten und kennzeichnet oft die topographische Lage eines Gehöftes inmitten seiner Flur.

Gehöftformen

Die heutigen Gehöftformen sind das Ergebnis jahrhundertelanger Entwicklung. Als der Mensch die Kulturstufe der Jäger und Sammler allmählich verließ und sich zum Ackerbauern und Viehzüchter entwickelte, entstanden mit den neuen wirtschaftlichen Bedingungen auch neue Raumbedürfnisse. Man brauchte eine Wohnstatt, Ställe, Scheunen, Speicher und verschiedene Arbeits- und Produktionsstätten. Aus einer Vielzahl von Hütten wuchs allmählich ein Hofgebilde. Auf seine Ausformung wirkten verschiedene Ursachen ein, vor allem Klimafaktoren, Bodenbeschaffenheit, naturgegebene Baustoffe und die Form der Siedlungslandschaft, ferner stammeskundliche Merkmale der Siedler sowie politisch-rechtliche Bindungen.

Der unmittelbare Nachweis vor- und frühgeschichtlicher Hof- und Hausformen im inneralpinen Raum ist noch nicht erbracht; die römischen Siedlungs- und Bauformen in den bekannten Grabungsorten geben für die bodenständige Entwicklung keine Hinweise. Nach den bisherigen Ergebnissen der frühgeschichtlichen Hausforschung sind in den inneralpinen germanischen Siedlungen Gehöfte aus einer mehr oder weniger großen Anzahl von Einzelbauten wahrscheinlich. Im inneralpinen Raum ist aber noch keine Siedlung aus der Zeit vor dem 11. Jahrhundert zuverlässig ausgegraben worden. Die Ausprägung bestimmter Formengruppen von Hofanlagen zu sog. »Hauslandschaften« – richtiger: Bauernhoflandschaften – erfolgte erst im Hochmittelalter.

Haufenhof oder Gruppenhof

Der Haufenhof ist die urtümlichste Form einer Hofanlage, wie sie bis ins späte Mittelalter in ganz Mitteleuropa vorherrschend war. Das Wohnhaus und die verschiedenen Wirtschaftsgebäude stehen ohne gleichbleibende regelhafte Beziehung zueinander als lockere Gruppe von Baulichkeiten in einer fallweise sehr unterschiedlichen Ordnung, die stark durch die örtliche Geländesituation bestimmt ist. Jeder dieser nur einräumigen Einzelbauten konnte – unabhängig vom anderen ohne fremde Hilfe in einfachster Bauweise errichtet – jederzeit erweitert werden und diente ursprünglich nur einem einzigen Zweck: es war die geeignete Hofform für die Kolonisation. Gewiß waren auch bei dieser Hofform Wege- und Sichtverhältnisse, Arbeitsabläufe und andere wichtige Raumbeziehungen berücksichtigt, doch ist die regellose Gruppierung für den Außenstehenden nicht immer sofort als funtionsgerecht erkennbar. Auf die Dauer aber überwogen doch die Nachteile dieser Hofform: weite Wege im Freien, unwirtschaftlich große Außenflächen mit erheblichem Verschleiß durch Witterung und schlechten Wärmehaushalt. So begann man, einzelne Bauten sinnvoll zusammenzufassen, aus den Einzweckbauten wurden Mehrzweckgebäude.

Heute ist diese Hofform als »innerösterreichischer Haufen- oder Gruppenhof« noch in der Steiermark und in Kärnten zu finden, sonst jedoch bis auf spärliche Reste verschwunden.

Bei den Stadeln der urtümlichen Berchtesgadener Zwiehöfe findet sich noch eine uralte sprachliche Erinnerung an die ehemalige Vielhaus-Hofanlage. Aber auch die fast allen Zwiehöfen und Einhöfen zugehörigen freistehenden Getreidekästen und andere, weniger häufige Nebengebäude sind noch bauliche Relikte aus der Zeit des Haufenhofes.

Der Zwiehof oder Paarhof

In den hochmittelalterlichen Rodungsgebieten als primäre Siedlungsform entwickelt, charakterisiert der Paarhof noch heute ausgedehnte alpine Siedlungslandschaften.

Die beiden Hauptgebäude, das Wohnhaus (»Feuerhaus«) und die Stallscheune (»Futterhaus«) sind meist annähernd gleich groß, stehen in regelhafter Zuordnung parallel nebeneinander und sind vor allem in Hanglagen im rechten Winkel zur Fallinie situiert.

Neben den beiden größeren Hauptbauten charakterisiert in manchen Zwiehofgebieten regelmäßig der vom Hof etwas abgerückte Getreidekasten (»Feldkasten«) das Hofbild, daneben findet man gelegentlich noch andere freistehende Einzelbaulichkeiten – Erinnerungen an die ältere Haufenhofanlage: Backofen, Dörrhaus, Wagenschupfen, Mühle, Bad, dazu kam oft noch eine Hauskapelle. Völlig abseits in der Flur befindet sich häufig ein Feldstadel (»Feldscheune«).

Beim Zwiehof sind die Wege gegenüber dem älteren Haufenhof schon wesentlich verkürzt, der Hof mit den beiden nicht allzu großen Haupthäusern läßt sich gegenüber dem späteren großen Einhaushof noch relativ leicht in Hanglagen einfügen.
Der Zwiehof steht somit entwicklungsgeschichtlich wohl zwischen dem älteren Haufenhof und dem meist jüngeren Einhaushof und ist in den gesamten Ostalpen in einzelnen kleineren Hauslandschaften verbreitet, vor allem in den höheren Siedlungslagen. So charakterisiert er Pinzgau, Pongau und Lungau, das Berchtesgadener Land und Teile des Südtiroler Raumes. Mit dem Einhof vermischt findet sich der Zwiehof im Lande Salzburg, in Alpbach in Tirol, in der steirischen Ramsau und im oberösterreichischen Gosau.

Der Einhof

Der Einhof ist entwicklungsgeschichtlich offenbar die jüngste, letzte Entwicklungsstufe des alpinen Gehöfts, der Endpunkt in der Entwicklung vom »Mehrhausbau aus Einzweckbauten« zum »Einhausbau als Mehrzweckgebäude«. Der Einhof begegnet in vielfältigen, z.T. stark unterschiedlichen Typen und in primären und sekundären Formen. Zu den charakteristischen primären Einhoftypen zählt der Mittertennhof im Umland von Innsbruck, dessen Urformen schon um das späte 13. Jahrhundert nachweisbar sind. Mittertennbauten dieses Typs beherrschen auch große geschlossene Teile des oberschwäbisch-bayerischen Raumes, so u.a. das Werdenfelser Land. Wohn- und Stadelteil sind unter einem First nebeneinandergebaut, die giebelseitig erschlossene Mittertenne, meist mit großem, rundbogigem Tennentor, verläuft in der Firstlinie zwischen den beiden Gehöftteilen, die sich schon äußerlich durch verschiedene Bauweise betont auffällig voneinander unterscheiden und dem Gehöft eine unverwechselbare Giebelfront geben.
Die vielleicht verbreitetste und bekannteste Form des Einhofes ist der mitunter außergewöhnlich prächtige sekundäre Einhof Südbayerns und Nordosttirols. Hier liegen Wohn- und Wirtschaftsteil hintereinander, unter einem profilgleichen Dach zu einem einzigen, oft sehr langen Haus zusammengefaßt; häufig findet man aber auch – insbesondere in Gebieten, die ursprünglich vom Paarhof beherrscht wurden – Einfirsthöfe, bei denen Wohn- und Wirtschaftsteil noch verschieden hohe Dächer haben. Sofern diese gestalterisch etwas unbefriedigende Gehöftform nicht aus späteren Umbauphasen resultiert, ist sie noch ein entwicklungsgeschichtlicher Hinweis auf den sekundären Zusammenschluß von Wohn- und Wirtschaftsteil. Diese Entwicklung vom Zwiehof zum Einhof setzt schon im 17. Jahrhundert ein und wandelt im 18. Jahrhundert teils zaghaft, teils durchgreifend das Bild ehemaliger Zwiehoflandschaften. Der sekundäre Einhof des Berchtesgadener Landes zeigt noch deutlich seine Herkunft aus dem Zwiehof: Wohn- und Wirtschaftsteil wurden immer näher aneinandergerückt, schließlich mit einer Kommunwand und einem zweisatteligen »Grabendach« aneinandergebaut und zuletzt – unter Drehung des Firstes um 90° und gleichzeitger Aufstockung – zu einem Einhaus vereinigt; der noch traufseitig erschlossene Grundriß verrät hier oft den Zwiehof-Kern. Diese auch im Lungau nachweisbare Gehöftform wurde oft als »Streckhof« bezeichnet. Im tirolischen Oberinntal haben sich sogar einige Gehöfte erhalten, die die Übergangsform vom Zwiehof zum Einhof verkörpern. Der Einhof ist wegen seiner beachtlichen Längenausdehnung nur auf einigermaßen ebenem Gelände zu verwirklichen, weshalb er sich in Tirol im wesentlichen in den breiteren Haupttälern und auf den zahlreichen Mittelgebirgsterrassen ausbreiten konnte, doch findet man ihn in kleinerer Form auch in steilere Hänge eingebunden. Das Hauptverbreitungsgebiet liegt jedoch im bayerisch-nordosttirolisch-salzburgischen Raum und in dessen Nachbargebieten – daneben findet man verschiedene Einhofformen in den voralpinen Regionen von Frankreich bis ins Salzkammergut.

Der Streuhof

Der vielfach verwechselte Begriff des Streuhofes ist ein Oberbegriff für die Hofform der extensiven alpinen Viehwirtschaft, bei der einzelne Gebäude entsprechend ihrer nur jahreszeitlichen Nutzung auf verschiedene Höhenlagen »verstreut« sind. Zu den Streuhöfen gehören also die Hütten auf den verschiedenen Almen, ferner die in manchen Gebieten der Alpen in den Wiesen verstreuten sog. Futterstadel, Feldstadel und Futterstätten.

Typischer Einhof. Jägerhaus in Kreuth.

Die baulichen Anlagen des Hofes

Das Wohnhaus

Lage zum Hang

Die planerischen Schwierigkeiten, die sich durch die Lage eines Gehöftes am Hang ergeben, sind in verschiedenen Gegenden auch unterschiedlich gelöst worden. Allgemein ist zu beobachten, daß in extremer Hanglage Paarhöfe häufiger sind als Einhöfe und daß sie mit ihren relativ kurzen Firsten in der Fallinie des Hanges stehen.
Die langgestreckten Einhöfe des tirolischen Unterinntals und auch des Wipptales stehen hingegen mit ihren Firsten quer zur Fallinie des Hanges – sie sind für die Hanglagen weniger anpassungsfähig.
In Villgraten beispielsweise errichtete man bei den ältesten Bauten sehr hohe Unterbauten aus Trockenmauerwerk, Blockwänden oder Ständerbohlenwänden, um bei Bauten am steilen Hang eine ausreichende waagerechte Bodenfläche zu gewinnen. Der Unterbau diente als Keller, Stall oder Bastelkammer oder nahm zuweilen den Backofen auf.
Bei vielen Berghöfen sind die Wohnräume unmittelbar von der Bergseite her zugänglich, oder es leitet ein offener Laubengang von der Bergseite her zu dem auf der Langseite des Hauses höher liegenden Eingang.
Der Berghof ist im allgemeinen an möglichst geschützten Stellen, oft in Mulden oder Gruben errichtet, die gegen Wind und Wetter halbwegs gesichert sind, oder es werden wenigstens die Wirtschaftsgebäude gegen die Hauptwindrichtung gestellt, um das Wohnhaus etwas abzuschirmen. Der Hauseingang liegt meist auf der windabgekehrten Seite, er wird allenfalls auch durch einen Vorbau geschützt. Es scheint überall darauf geachtet worden zu sein, daß der wichtigste Wohnraum, die Stube, möglichst zur Sonne hin lag.
Ganz allgemein ist auf Südhängen eine viel intensivere Besiedlung zu beobachten als auf den Nordhängen, den sog. »Schattenseiten« – allein das frühere Ausapern der Hänge kann von schicksalsbestimmender Tragweite sein. Zum Schutze gegen Lawinen hat man gelegentlich gewaltige Trockenmauern aufgeführt oder die Bauten hinter schützenden Felsbrocken oder auf Geländeerhebungen aufgestellt, die von Lawinen nicht erreicht werden. Gelegentlich wird sogar die Dachfläche so zum Hang

Die Entwicklung der baulichen Raumordnung

Die Grundrisse der im oberen Zillertal auf engstem Raume angesiedelten Häuser lassen den Werdegang der inneren Raumordnung des Tiroler Bauernhauses noch sehr deutlich erkennen.

Der erste Typus des mittelalterlichen alpinen Hauses ist vermutlich ein dreiräumiges Seitenflurhaus, bei dem Kochhaus, Herdhaus und Vorratshaus der älteren Vielhaus-Hofanlage unter einem Dach vereinigt wurden. Diese alte Grundrißform ist heute noch in manchen Kasern lebendig.

Man tritt dort gleich in den Koch- und Wirtschaftsraum, der zum Dach hin offen ist, die Hälfte der ganzen Hausfläche einnimmt und zwei offene Feuerstellen aufweist, den Herd zum Kochen und die Esse zur Käsezubereitung.

Die andere Haushälfte ist in zwei auch nach oben abgeschlossene Räume unterteilt, in die Stube mit Ofen und Schlafstelle und in den Vorratsraum für Milch, Butter und Käse, den sog. »Kasten«. Die Forschung nimmt teilweise an, daß der in sich geschlossene Blockkasten der uralten Badstube – der »stuba« aus der Lex Alamannorum – den Anstoß für das Einfügen der ebenfalls allseits geschlossen gezimmerten Stube in die offene Einraumhalle gegeben hat. In dieser Form des in die Haushalle hineingestellten Kastens hielt sich die Stube bis ins 15. Jahrhundert. Bei dieser Stube mag wohl der Vorratshaus-Kasten der Vielhaus-Hofanlage mit in die Einraumhalle dazugestellt worden sein. Aus dem so entstandenen urtümlichen »Dreiraum-Würfel« ist wohl die Entstehung des oft die halbe Hausfläche einnehmenden Seitenflures in den ältesten Grundrissen zu erklären. In den Küchenflurhäusern des Bregenzer Waldes und im Rheintalhaus Vorarlbergs ist der Seitenflur noch lange Zeit Küche geblieben, nur wurde später ein eigener Treppenraum abgetrennt.

Auch in den Höfen des Arlbergs ist der Seitenflur vielfach noch als Küche genützt, wobei auch hier ein Treppenraum abgetrennt wurde. Bei den tirolischen Höfen läßt sich zwar im Seitenflur nirgends mehr die Spur einer Feuerstelle feststellen, doch trifft man vereinzelt auf das Seitenflurhaus selbst noch in jenen Gebieten Tirols, in denen sich das Mittelflurhaus allgemein durchgesetzt hat. Der Stubenkasten blieb in solchen Fällen an der ursprünglichen Stelle, der Vorratskasten wurde zur Küche und an diese neue Küche reiht sich, von dieser zugänglich, ein neuer Vorratsraum ab – in manchen Fällen noch als späterer Zubau erkenntlich.

Nachdem die Stube und die – aus dem Vorratskasten entstandene – neuere Küche mit den entsprechenden Feuerstellen ausgestattet waren, hatte die ursprüngliche große Ausdehnung des uralten Küchenflures (Flurküche) ihren Sinn verloren, man fügte also in diesen Flur einen weiteren Raum ein, so daß sich nunmehr ein Eckflurhaus mit drei geschlossen Räumen (»Gaden«) ergab. Dieses »Dreigadenhaus« ist z.B. im Zillertal in einigen Abarten zum herkömmlichen Grundriß des Kleinbauernhauses, des Zu- oder Söllhauses, geworden.

Durch Einbau zweier nebeneinander liegender Kammern auf der Außenseite des Küchenflures entstand dann wohl das Mittelflurhaus, im Zillertal früher auch Viergadenhaus genannt.

Die im Berchtesgadener Land vor dem Krieg allgemein gebräuchliche Bezeichnung »Haus« für den durchgehenden Mittelflur des Wohnspeicherhauses ist wohl noch ein beredtes sprachliches Zeugnis des verschollenen Einraum-Hallenhauses.

Die Hintereinanderordnung von Stube und Küche auf der einen Seite des ehemaligen Küchenflures und die häufige Ungleichheit der Raumtiefen zu beiden Seiten dieses Flures gerade bei den ältesten Häusern wurden vielfach als Bestätigung für diesen Entwicklungsgang herangezogen. Später dürfte diese Raumfolge zugunsten der richtigen Lage der Räume zur Sonne, zur Eingangssituation und zur Hanglage aufgegeben worden sein.

Das Mittelflurhaus mit giebelseitigem Eingang zeigt heute in den meisten Fällen, wo Sonne und Aussicht es verlangen, zu beiden Seiten des Eingangs Stube und Küche. Die ursprüngliche Hintereinanderordnung dieser beiden Haupträume wählt man noch in Hanglagen und bei Zwiehöfen. Mit der weiteren Entwicklung kam es schließlich zur Ausbildung eines Obergeschosses, wobei das Mittelflurhaus regelmäßig vier weitere Schlafräume hergab. Nur im Gebiet der Güterteilung wurde im Oberstock eine zweite Wohnung eingerichtet, die dann meist einen eigenen Zugang über eine Außentreppe erhielt.

In den Almhütten ist der entwicklungsgeschichtliche Vorgang der beschriebenen Raumabtrennungen oft noch gut ablesbar.

Der Vorraum, der Überrest der Einraumhalle, ist noch zum Dach hin offen, hier entweicht der Rauch der offenen Feuerstelle. Stube und Kasten sind als allseitig begrenzte Raumeinheiten in dieses Hallenhaus hineingestellt.

In älteren zweigeschossigen Viergadenhäusern tritt der Rauch der geschlossenen Feuerstelle der Stube auch heute noch vom Ofen aus in den Mittelflur, ebenso zieht der Rauch der offenen Feuerstelle der Küche durch eine Luke unterhalb der Decke in diesen Flur. Erst von hier – vom Ort der primären Feuerstelle – kann der Rauch mittels breiter hölzerner Rauchrohre und eines hölzernen Rauchfangs über das Dach geleitet werden. Auch diese umständlich wirkenden Rauchabzugsvorrichtungen deuten darauf hin, daß dieser Mittelflur ursprünglich noch zum Dach hin offen war und daß der Rauch – wie bei den alten Almhütten – durchs Dachgebälk und das Legschindeldach entwich.

Die Stube war durch Jahrhunderte der zentrale Wohn- und Lebensbereich, in dem sich das gesamte häusliche Leben abspielte. Sie diente ursprünglich sogar als Schlafraum für die Eltern, worauf gerade bei den Berghöfen kleine, abgesonderte Schlafnischen hindeuten. Bei allen alpinen Bauernhaustypen ist die Einteilung und Einrichtung der Stube von erstaunlicher Einheitlichkeit. Ofen und Tisch mit Herrgottswinkel liegen sich stets diagonal gegenüber. Der Ofen hat seinen festen Platz in der der Innenseite des Hauses zugekehrten Ecke, der Tisch steht an der Außenecke gegenüber.

Längs der beiden Außenwände sind fest eingebaute Bänke. Neben der Eingangstür befindet sich, oft in einer originellen Uhrennische, die große Wanduhr; sie hat sich nach dem Dreißigjährigen Krieg auch

Die auf engstem Raum im oberen Zillertal heute noch gebrauchten Grundrisse lassen den Werdegang der Tiroler Bauernhausgrundrisse vom Seitenflurhaus bis zum Mittelflurhaus in der hier gezeigten Form erkennen.

auf Bergbauernhöfen einzubürgern begonnen. Zwei Vorbänke am Tisch und ein fest eingebauter Wandkasten ergänzen die sparsame Ausstattung; Stühle waren, mit Ausnahme eines einfachen niederen Sessels für die stillende Mutter, nicht üblich. Mit der Einführung des Sparherdes gewann die vorher unwohnliche »Kuchl« vielerorts allmählich Wohnküchencharakter, sie wurde zum zweiten Wohn- und Aufenthaltsraum.

Die schrittweise Vermauerung des Grundrisses, die, von der »Kuchl« ausgehend, zunächst nur zögernd einzelne Räume des Erdgeschosses erfaßte, sich dann jedoch über das gesamte Erdgeschoß ausbreitete und zuletzt das ganze Haus eroberte, hat das traditionelle, konstruktionsbedingt feste Raumgefüge des Blockbaus nach und nach aufgelöst. Vor allem aber hat die Güterteilung eine teilweise völlige Verunklärung der ehemaligen Grundrißtypen nach sich gezogen. Die Hausforschung bezeichnet die unter dem Zwang der Besitzersplitterung verquetschten Grundrisse stellenweise als »verwelkte Typen«.

Herd und Ofen

Bestimmenden Einfluß auf die Entwicklung des inneren Raumgefüges, aber auch auf die gesamte bäuerliche Lebensart, Wohngesittung und Wohnkultur nahmen die beiden Feuerstätten im Haus: Herd und Ofen.

Beide Feuerstätten nahmen den gleichen Ausgangspunkt: die aus dem gewachsenen Boden ausgehobene Feuergrube, mit einer Stein- oder Lehmmantelmauer umfaßt – eine Vorrichtung, die sich im Freien, bei Wind und Wetter als zweckmäßig erwiesen hatte. Im windgeschützten Inneren der Hütte verlegte man wohl bald die Feuerstelle auf eine Erdaufschüttung, die man jedoch zweckmäßigerweise auch mit einer Stein- oder Holzumfassung umgab; zuletzt wurde die Feuerstelle zum gemauerten Tischherd.

Die durch die offene Feuerstelle in Holzbauten drohende Brandgefahr führte nach und nach fast überall zur schrittweisen Ausmauerung und Überwölbung des Küchenraumes. Diese feuerbeständige Umfassung der Küche wiederum ließ nun ihrerseits zumeist den Herd aus der Raummitte an die Wand oder in eine Ecke rücken. Nur in den urtümlichsten Almbehausungen ist vereinzelt noch ein Herd in der Mitte des Raumes anzutreffen.

In der »Rauchküche« hat sich die offene Feuerstelle – der Prototyp des »Herdes« – vereinzelt noch bis auf den heutigen Tag erhalten. Kennzeichen dieses alten Herdfeuers ist die offene Flamme auf mehrseitig zugänglicher Fläche oder Vertiefung; in einer Feuergrube neben der eigentlichen Feuerstelle wurde die Glut unter schützender Asche bis zum nächsten Morgen bewahrt und dann zu neuem Feuer entfacht. Die häusliche Revolution durch den sog. »Sparherd«, einen Eisenherd mit verschlossenem Feuer, leitete schließlich auch am Bergbauernhof die Ära der feuerlosen Kochstelle ein.

Im Gegensatz zum Herd ist der Ofen ein geschlossener Feuerraum mit einer feuerbeständigen Ummantelung, der die Hitze längere Zeit speichert. Die Entwicklung führt – in groben Zügen – vom »Vorderlader«, der als Rauchofen, Kochofen und Backofen diente, zum »Hinterlader«, der als Stubenofen und Kachelofen zum Inbegriff bäuerlicher Wohnkultur und Behaglichkeit geworden ist.

Ein hauskundliches Phänomen sind die inzwischen wohl fast völlig ausgestorbenen Rauchstuben, urtümlich wirkende Hauptwohnräume, in denen sich Elemente aus Küche, Kammer und Stube vereinigten. Die Rauchstuben waren durch eine Doppelfeuerstätte gekennzeichnet, die sich aus dem offenen Herd und aus einem damit eng verbundenen großen Ofen zusammensetzte, der meist aus Steinen gemauert war, jedoch nie aus Kacheln gebildet wurde. Es handelte sich hier nicht um eine Verkümmerungsform, sondern um einen namentlich in Kärnten und in der Steiermark neben der Küche und Stube ehedem heimischen Raumtypus, dessen Grundstock von den Slawen in die Ostalpen gebracht wurde. Aus der slawischen Form der Kochofenstube haben die das slawische Element überlagernden deutschen Siedler vom 9. Jahrhundert an die ostalpine Rauchstube weiterentwickelt.

Stadel

Über allen grundlegenden Wandel der landwirtschaftlichen Bau- und Betriebstechnik hinweg hat sich auch auf den Bergbauernhöfen die Stallscheune, der sog. »Stadel«, als Grundform des Hauptwirtschaftsgebäudes durchgesetzt und bis heute behauptet. Im Gegensatz zum Haupthaus, dem »Feuerhaus«, wird der Stadel oft auch als »Futterhaus« bezeichnet. Der Gebäudetyp des Stadels ist entwicklungsgeschichtlich durch Zusammenlegung mehrerer kleiner einzweckbestimmter Einzelbauten entstanden und hat sich schon sehr früh, in manchen Gebieten sicher schon seit dem Hochmittelalter, zu einem ausgesprochenen und sehr differenzierten Mehrzweckbau entwickelt. Er ist in seiner heutigen hauslandschaftlichen Typenvielfalt das Ergebnis jahrhundertelanger Überlegung, Entwicklung und Bewährung.

Typisch für den voll entwickelten Stadel ist seine deutliche Aufteilung in ein Ober- und Untergeschoß. Er bringt in diesem baulichen Verband die wesentlichsten Funktionen auch der bergbäuerlichen Wirtschaft in des Wortes wahrstem Sinne unter ein Dach und verbindet Stallungen sowie Scheunenräume samt Zugängen und Zufahrten, aber auch mit den wesentlichsten Arbeitsplätzen, zu einem klar gegliederten Großbau. Der Grundtyp des ostalpinen Stadels birgt in seinem meist massiv gemauerten Erdgeschoß sämtliche Stallungen, während sich darüber, oft in mehreren Etagen, die gesamten Scheunenanlagen mit Vortenne, Dreschtenne, Garbenböden, Zufahrten und Zugängen zu den Bansen- und Lagerräumen befinden.

Bei verschiedenen Stadeltypen stellen Stiegen und Gänge, Wurflöcher mit Futterkasten oder Tiefbansen die notwendige Verbindung zwischen Stall und Scheune her.

Das Überbauen des Stalles mit der Scheune brachte gerade am Berghang die größten Vorteile: Das Einbringen der Ernte über Hocheinfahrten, sog. »Tennbrücken«, die unter Ausnützung der Hanglage oft ohne Steigung ausgeführt werden können. Bei aller Typenvielfalt lassen sich bestimmte Hauptmerkmale in den Grundrissen erkennen.

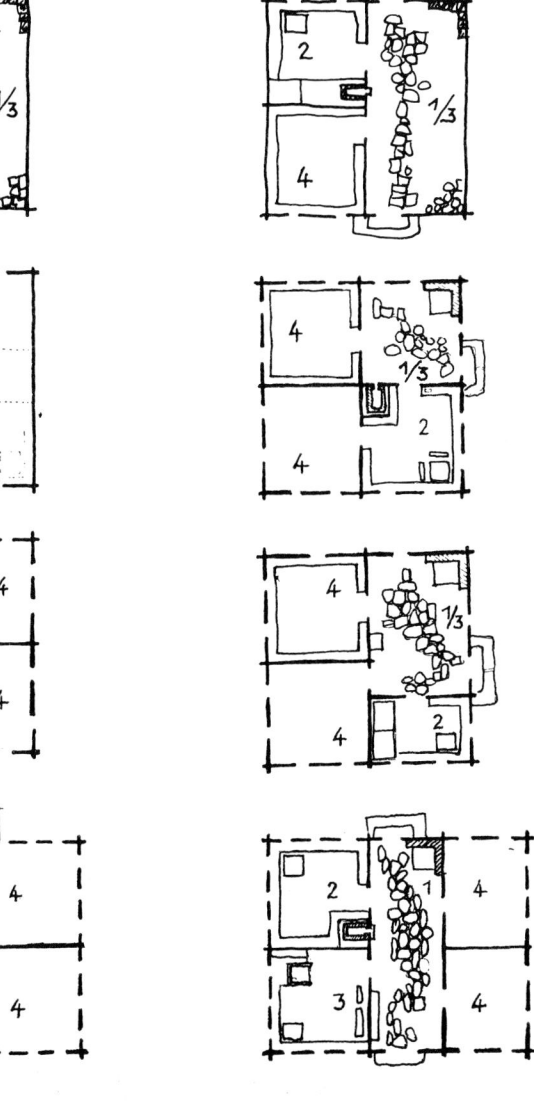

1 Haus (Flur)
2 Stube
3 Küche
4 Gaden, Kasten, Kammer

Nach der Einrichtung der Ställe unterscheidet man Quer- oder Längsställe, nach der Einrichtung der Scheunen Quer- oder Längsscheunen, wobei sich die Richtungsangaben jeweils auf den Verlauf der Arbeitsachsen zum First beziehen.

Im allgemeinen findet man die Queraufstallung mit Scheunenaufbauten, deren Tennen und Einfahrten in der Längsrichtung des Firstes liegen, und – umgekehrt – Längsaufstallungen mit Quertennen.

Die Forschung orientiert sich grundsätzlich an der Lage der Haupttenne – der ehemaligen Dreschtenne – zum First, da die deutlich richtungbestimmenden Tennen- und Hocheinfahrten das äußere bauliche Gesamtbild kennzeichnen; man spricht also stets nur von Längs- oder Querstadeln. Daneben spielen für den Gesamtcharakter der Stadel selbstverständlich auch andere Merkmale eine große Rolle, vor allem Betriebsgröße und Umfang des überwinternden Großviehbestandes.

Für das Berchtesgadener Land wurde der Stadel das interessanteste und altartigste Gebäude genannt. Er war ursprünglich durchgehend in Holzblockbau gefügt, der Stall in dichtem, festem Verband aus waldkantigen Balken, die Scheune in offenem Blockbau aus unbehauenen Stämmen. Das Tragwerk des Pfettenrofendaches zeigte eine merkwürdige konstruktive Vermengung von Blockbau und Ständerbau. Charakteristisch für den Berchtesgadener Stadel ist auch die Quertenne; wo sich alte Längstennen finden, steht der Stadel stets senkrecht zum Hang – eine Einfahrt kannte man bei diesem urtümlichen Stadeltyp noch nicht, Heu, Stroh und Laub wurden über eine Leiter in die Scheune getragen.

Besonders interessant ist die Benennung der einzelnen Stadelteile, die eine Erinnerung an die ursprüngliche Vielhaus-Hofanlage bewahrt. Die Dachbinder teilen den Bergeraum der Quertenne in sogenannte »Bidel«, und zwar in Heu-, Stroh- und »Gschnoadbidel«. Der »Erdstadel« ist zweigeschossig, reicht also vom Erdboden quer durch das ganze Gebäude bis unters Dach, wird von oben befüllt und ist mit dem Stall durch eine Tür verbunden. Dieser horizontal nicht unterteilte Raum bildet vielleicht noch den baulichen Überrest eines ursprünglich eingeschossigen Einzweckbaus. Die ebenfalls vom Stall aus zugängliche »Laubhütte« liegt meist längs der Traufseite des Stadels, sie ist 2–3 m breit, in Ständerbauweise errichtet und verbrettert, zuweilen mit einem gemauerten Sockel versehen und reicht bis unter das herabgeschleppte Dach des Stadels. Wenn die »Laubhütte« sich auch vielfach als jüngerer Anbau erwies, so bewahrte sich doch in ihrem Namen eine uralte Erinnerung an den ursprünglichen Haufenhof.

Ebenso deutlich erwies sich dies mit dem Vorplatz, der vereinzelt noch mit »Viehhof« bezeichnet wird; hier steht auch noch der »Brunnen«. Eine fast rüh-

Fachausdrücke im Zimmermannshandwerk, wie sie im Zillertal gebräuchlich sind (vergleiche hierzu die eingetragenen Zahlen auf dem Querschnitt).

1 Voerloatte, erste Dachlatte an der Traufe, die kantig und stärker ist.
2 Das Geloatte, Dachlatten, meist Rundstangen in Abständen von 40–50 cm. Faustmaß des Zimmermanns von der Ferse bis zum Knie.
3 Fiacht, Firstpfette.
4 Trogar, Träger, Mittelpfette.
5 Rofnar, Sparren, meist Rundhölzer.
6 Loattpfoeschn, Holznägel zur Befestigung der Dachlatten.
7 u. 8 Schwarstonge, mit Rütschar, Schwerstange mit eingezapftem Holznagel, der Abrutschen verhindert.
9 Woandhöachar, die beiden übereinanderliegenden Fußpfetten, die an den Giebeln 1,50–2 m vorspringen, zur Aufnahme des Vordaches über die Blockwand.
10 Soeldrstonge, Söllerstange, Querstange zwischen den Söllersäulen zum Aufhängen von Wäsche oder Früchten.
11 Brüschtbam, Brüstungsholz oder Handlauf, in dem die Brüstungsbretter des Söllers eingelassen sind.
12 Fueßbam, Querholz über den Söllerkonsolen, an denen die Brüstungsbretter mit Holznägeln befestigt sind.
13 Schroatköpfe, Vorsprünge der überkämmten Eckverbindungen in der Blockwand.
14 Schwöllar, Schwelle, ein oder zwei verstärkte Blöcke, die auf dem Steinsockel liegen.
15 Miesrecht, Moosrecht, eine etwa 1 cm starke Hohlkehle zwischen zwei Balken zur Abdichtung mit Moos.
16 Wöllschpar, Unterzug als Unterstützung des Fußbodens bzw. der Decke.
17 Ibrbödn, genutete Fußbodenbretter, die zugleich die ganze Decke bilden. Die Aussteifung und Dichtigkeit erfolgt durch das Eintreiben des Zwingers von außen. Am Wandauflager sind sie in einer Nut der Blockwand eingeschoben. Daher auch die zum Teil unterschiedlichen Deckenhöhen.
18 Untrbödn, dasselbe wie das Vorhergehende.

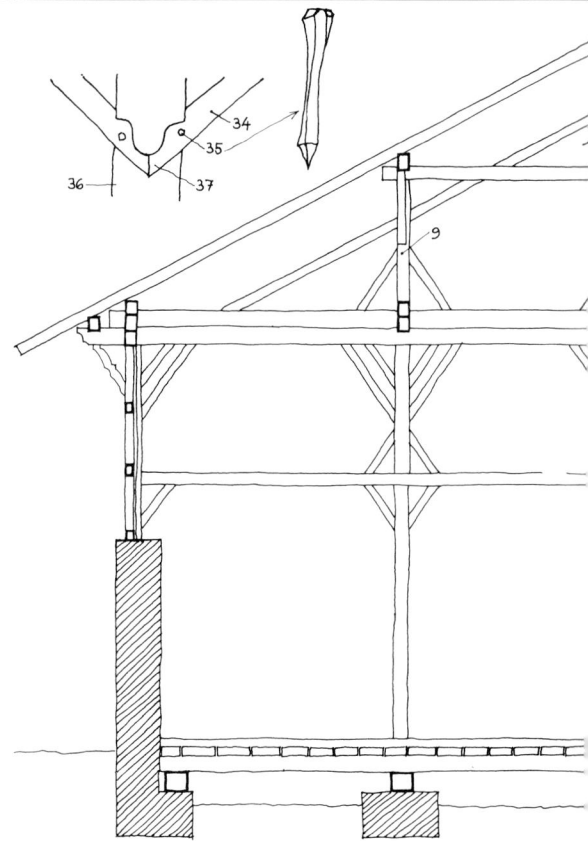

19 Trischhibl, Türschwelle, gebildet aus dem Balken, der zur Versteifung der Blockwand unter der Tür durchläuft.
20 Ibrhöachar, Überhöher, der erste Balken über Tür- und Fensteröffnung.
21 Tirsäule, Türsäule, der senkrechte Pfosten links und rechts der Tür, in die die Blockwand eingezapft ist.

Zimmermanns-Bezeichnungen für die Konstruktionshölzer eines Stadels im altbayerischen Bereich:

Alte mundartl. Bezeichng.	Heutige techn. Bezeichng.
1 Die First-Tennsäuln	First-Tennensäule
2 Die Mitter-Tennsäuln	mittlere Tennensäule
3 Die Seitensäuln	Seiten- oder Wandsäulen
4 Das Stroafholz	Streifholz
5 Der Bretten	Bund- oder Binderbalken
6 Der Hochbretten	Binderzange / Kehlbalken
7 Das Strebenbandl	Strebe
8 Die Firstsäuln	Firstsäule
9 Die Mittelsäuln	Mittelsäule
10 Das große Tennbandl am Bretten	großer Kopfbug
11 Das kleine Tennbandl am Bretten	kleiner Kopfbug
12 Das Brettenfußbandl	Fußbug
13 Das Zierbandl unterm Brettenkopf	Zierbug unterm Binderbalkenkopf
14 Das Firstbandl am Längsverband	Firstbug
15 Das Mittergloadbandl am Längsverband	Kopfbug an der Mittelsäule
16 Der ober Riegl	oberer Riegel
17 Der unter Riegl	unterer Riegel

22 Sölderstackl, Auskragung der Söllerträger.
23 Zwingar, Zwinger, das mittige Fußbodenbrett eines Raumes, das von außen zum Keilen des Fußbodens als letztes eingetrieben wird. Der Zwinger steht über die Außenwand vor und wird in den ersten Jahren nachgetrieben.

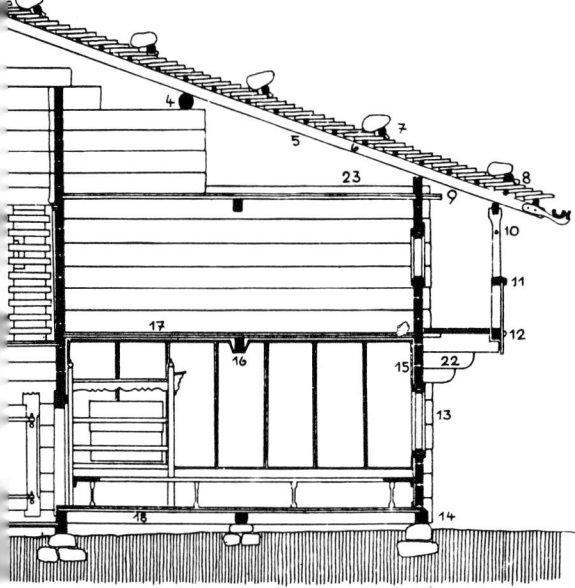

Schoarhölzer, kurze verzapfte Querbalken der Blockwand zwischen zwei Öffnungen.

Windlodn, Dach und Hoalteleiste bilden den stirnseitigen Dachabschluß.

Windlodnholtar, über die Sparren gekämmtes Halteholz, durch das vor den Windladen ein Keil gesteckt wird.

Windbruegge, verschalte Untersicht der Dachvorsprünge. In älteren Gebäuden d. engere Lattung gebildet.

18 Die Mauerbänk	Mauerbank
19 Der First	Firstpfette
20 Der Jungfirst (Unterfirst)	untere Firstpfette
21 Das Mittelgload	Mittelpfette
22 Das unter Mittelgload	untere Mittelpfette
23 Der Hochbrettenkopf	Binderzangenkopf
24 Das Seitengload	Seiten- oder Fußpfette
25 Das unter Seitengload	untere Seitenpfette
26 Der Spatzenbaum	Flug- oder Freipfette
27 Der Schwimmer	Längsverbandsbalken
28 Der Brettenkopf	Binderbalkenkopf
29 Der Rofern (Rafen)	Sparren
30 Die Schwelln	Schwelle oder Lager
31 Das Tennstöckl	gemauerte Einzelfundamente
32 Die Tennplattn	Bohlen-Boden
33 Die Tennganter	Auflagebalken für den Boden
34 Das Bandl (immer ein Blattbandl)	
35 Der Bandlnagl (war immer aus Hartholz und wurde schräg »auf Zug« eingebohrt und eingeschlagen)	
36 Die Säuln	
37 Die Heirat (diese Fuge wurde sauber zusammengeschnitten; diese Arbeit nannte man »Heiraten«. Paßte die Fuge nicht genau, so entstand eine »Klumpsn« oder es wurde ein »Weibe«).	

rende Erinnerung an alte Vorratswirtschaft bewahrten die kräftigen Kerben, die man vielfach in den Zwischenräumen der »Bidel« an den unterteilenden Elementen findet. Damit haben die Bauern früher den für konstanten Viehstand auch konstanten Futterverbrauch festgelegt und überprüft. Die festgelegte Futtermenge wurde mit »Moa« oder »Moahd« bezeichnet. Nach Angaben alter Bauern unterschied man das »Frauenmoahd«, das vom Almabtrieb bis zu Maria Empfängnis, am 8. Dezember, reichen mußte. Das »Weihnachtsmoahd« wurde bis Maria Lichtmeß, am 2. Februar, verfüttert. Das »Lichtmeßmoahd« mußte bis zum Georgitag am 23. April reichen. Die Restmenge wurde im »Georgi-Bidel« verwahrt, es bildete die eiserne Reserve, falls das Vieh durch schlechte Witterung erst spät ausgetrieben werden konnte. Für den Stallgrundriß ist der als »Hof« oder »Mitterhof« bekannte, den ganzen Stall durchquerende breite Mittelgang kennzeichnend. Von hier führen Türen in die einzelnen, vom Geviert des Blockverbandes gebildeten, relativ großen Stallzellen an den Außenwänden. Am Berghang sind diese Blockbaustadel durch bergseitige Tenneinfahrten oder Eintragestege gekennzeichnet.

Futterstall

Der z.B. in der Wildschönau beheimatete Futterstall kommt in Funktion, Aufbau und Erscheinung dem Stadel am nächsten. Auf einen in Blockbauweise gefügten Stall ist ein Bergeraum in leichterer Ständerkonstruktion, meist etwas vorkragend, aufgesetzt. Dieser Bautyp ist die einfachste Verbindung von Stall und Bergeraum und wird nur zeitweise genutzt. Das Vieh wird im Frühjahr, vor Beginn des Almauftriebs, hier mit den Futterreserven der umliegenden Wiesen für einige Wochen gehalten, ebenso im Herbst nach dem Almabtrieb. Einen fast gleichartigen, nur noch einfacheren Bautyp trifft man auch auf den Asten der Wildschönau. Die Bauweise zeigt noch sehr altertümliche Formen der Blockbautechnik mit Vollrundhölzern und einfachsten Eckverbindungen, gelegentlich findet man sogar noch das altartige Ansdach.

Feldscheune und Heustadel

Solide Feldscheunen und Heustadel, aber auch provisorisch wirkende Heuschupfen und zahlreiche untergeordnete Bergeräume aller Art und oft primitivster Bauweise dienen durchwegs als vorläufige Aufbewahrungsräume für das Heu im Nahbereich des Graslandes und der Mahdwiesen. Wegen der weiteren Entfernung vom eigentlichen Hof ist hier eine Zwischenlagerung des Heus zweckmäßig.

Es handelt sich fast immer um Einraum- und Einzweckbauten. In Berglagen hat man die Heustadel stets im untersten Bereich der Mahdflächen errichtet, in lawinengefährdeten Lagen die hangseitige Giebelwand oft hinter einem Schutzwall von ausgelesenen Felsbrocken in den Hang gebaut. Vielfach beobachtet man einen sehr sinnvollen Bezug der Bauweise und Einrichtung zum Arbeitsablauf der Heuernte, zur Art der ortsüblichen Beschickung und späteren Heuentnahme. Die wenigsten dieser Heustadel sind befahrbar, meist wird das Heu von Hand durch eine bergseitige, große Wandöffnung in mittlerer Höhe eingeworfen.

In Kärntner Heustadeln kommen auch zwei fensterartige Öffnungen in verschiedener Höhe der Giebelwände vor, durch die man das Heu bis unter die Dachfläche hineinstoßen kann. Die Öffnungen sind meist nur mit Brettern verschlossen, die waagerecht in die Nuten zwischen seitlich angebrachten Wandhölzern eingeschoben werden.

Die überaus reichen und vielfältigen Formen von Heustadeln und Heuschupfen aller Art charakterisieren weite Strecken des alpinen Berglandes als intensiv genutzte Siedlungsräume, jene oft einfachsten allseits geschlossenen Blockbauten sind ein überaus reizvoller und wechselhafter Bestand altertümlichster Blockbautechnik und urtümlichster Details. Sie leiten über zu den offenen Bauformen der Trockengerüste.

Kleinviehställe

Einraum- und Einzweckbauten der Viehhaltung

sind die noch vielerorts erhaltenen Schweineställe. Diese meist sehr kleinräumigen und niedrigen, fensterlosen Bauten bewahrten oft noch altartige Bauweisen wie den Ständerbohlenbau, aber auch primitive Formen der Stalltierhaltung. Fast immer sind sie an das Wohnhaus angebaut, manchmal haben sie noch einen verriegelbaren Futtertrog, bei der die Molke durch eine eigene Öffnung in der Blockwand der Küche über eine hölzerne Rinne unmittelbar hineingeschüttet werden konnte.

Freistehende oder an den Stadel herangerückte Schweine- und Kleinviehställe gibt es z.B. noch im unteren Lavanttal, wobei sich auch dort vielfach altertümliche Holzbauweisen erhalten haben. In anderen Landschaften ist hingegen eine Einbeziehung des Schweinestalles in den Hauptstall üblich. In manchen Gegenden waren hölzerne Hühnerverschläge in der Stube oder Küche die Regel, teils auf dem gemauerten Herd, teils unter der Sitzbank.

Speicherbauten

Im Rahmen der bäuerlichen Eigenversorgung mußten auf dem Hof größere Mengen von Getreide und anderen Nahrungsmitteln über längere Zeit aufbewahrt werden.

Die Vorräte im Hause selbst, also in unmittelbarer Nähe des Menschen aufzubewahren, dürfte zwar das ursprünglichste und älteste Speicherverfahren und hinsichtlich der Diebstahlsgefahr auch das sicherste sein; es hatte aber auch bedeutende Nachteile: zum einen war die Vorratsmenge wegen der Enge des vorgeschichtlichen Einraumhauses beschränkt, zum anderen bestand die große Gefahr, daß bei einem Brand des Wohnhauses die gesamten Nahrungsmittel mit vernichtet wurden. Aus diesen Gründen ging man dazu über, Vorräte und Saatgut außerhalb des Wohnhauses zu speichern. So wurde der Speicherbau zum Aufbewahrungsort der lebenswichtigsten Habe des Bauern. Hier im Speicher lagerten also für mehr als ein Jahr die Kornvorräte in verschiedenen Sorten als Saatgut und als Brotgetreide, sowie Mehl in fest eingebauten Behältern oder freistehenden Truhen. Von der Decke herab hingen Rauchfleisch, Speck und Wurst, sowie in einem besonderen Gestell (»Brothengl«) das Fladenbrot für mehrere Monate. Auf Wandbrettern reifte der Käse, und die Geräte für die Milchverarbeitung hatten hier ihren Platz. In vielen Gegenden wurde im Speicher auch die Sonntagskleidung der Familie in Truhen aufbewahrt, ferner Vorräte, Loden, Leinwand, Wolle, Garn, Flachs und Leder, verschiedenes Werkzeug und schließlich sogar Bargeld, Urkunden und andere Wertsachen. Alte Inventare, meist aus Übergabeverträgen, geben genaueste Auskunft über alle Einzelheiten.

Entwicklungsgeschichtlich sind die verschiedensten Speicherungsformen festzustellen, von den unterirdischen Getreidegruben über Korbspeicher und Lattenspeicher bis hin zu den herkömmlichen hölzernen und gemauerten Speichergebäuden.

Der hölzerne Speicher ist fast überall in Europa verbreitet, wo Holz als Baustoff vorherrscht. Aber auch wo der Holzbau längst vom Steinbau abgelöst wurde, sind die Speicher häufig noch aus Holz. Sie können in Blockbauweise oder Ständerkonstruktion errichtet sein, zu ebener Erde oder als Pfahl- bzw. Pfostenspeicher und haben meist quadratischen Grundriß. Sie sind ein- bis zweigeschossig, können aber, wie in Kärnten und in der Schweiz, auch bis zu drei Geschosse aufweisen. Ihr Hauptverbreitungsgebiet erstreckt sich von den osteuropäischen Ländern durch den gesamten Alpenraum mit seinem nördlichen Vorland und über Niederdeutschland bis nach Skandinavien.

Eine sehr eigenwillige Gestalt haben auch die verschiedenen Formen der Feldkästen des Berchtesgadener Landes, die fester Bestandteil der dortigen Zwiehofanlagen und auf einheitlicher Basis aufgebaut sind. Der ältere Typus ist ein zweistöckiges, in besonders sorgfältigem Blockbau errichtetes Gebäude mit einem beinahe kubischen Erdgeschoß von 3 – 3,5 m im Geviert, darauf sitzt, allseits 40 – 60 cm vorkragend, der Holzblock-Kubus des Obergeschosses. Hier standen die Truhen für das Getreide, hier wurden Rauchfleisch, Dörrobst und Brot aufbewahrt, während das Erdgeschoß zur Aufbewahrung von Flachs, Schafwolle und dgl. diente. Jede Kammer ist für sich durch eine nach Möglichkeit sommerseitig gelegene Türe zugänglich. Sie weist noch das hohe »Trischbei« (die Hochschwelle) auf, ist besonders kräftig ausgebildet und hat ein handgeschmiedetes Schloß, dessen Umgebung häufig mit Eisenstücken benagelt ist, um ein Herausschlagen des Schlosses durch Diebe zu verhindern. Das Obergeschoß ist nur von außen durch eine Leiter zu erreichen. Zuweilen laden die beiden obersten Schrotbalken des Erdgeschosses so weit aus, daß rings um das Obergeschoß noch ein Gang gebildet werden kann. Eine konisch zulaufende Verbretterung zwischen dem weiter ausladenden Dach und dem Kranz der Konsolen schützte den Gang und die darin aufbewahrten Geräte und Erzeugnisse, ebenso wie den dahinter liegenden Kastenstock. Konnte man auf einem Hof mit einem eingädigen Kasten auskommen, wählte man eine andere Konstruktion, die jedoch in ihrem äußeren Bild dem des zweigeschossigen Blockhauses fast völlig entsprach: Auf das kubische, ebenfalls in Blockbau gefügte Erdgeschoß ist ein allseits weit vorkragender Überbau in leichter Ständerkonstruktion aufgesetzt. Das auf Kragbalken sitzende Ständerwerk ist stark nach außen geneigt und mit einfachen Brettern verschalt, ein verbindender Pfettenkranz wirkt als Zuganker und trägt den Stuhl für das flache Legschindeldach. Dieses scheunenartige Obergeschoß diente zur Aufnahme der Garben und dient heute zur Unterbringung von Schlitten und von Zaunholz oder ist als Werkstatt eingerichtet. Nur im Gebiet von Schellenberg, das durch viele Misch- und Sonderformen auffällt, findet man auch einstöckige Feldkästen, wie sie im Salzburgischen bei kleinen Anwesen üblich sind.

Gemauerte Speicher finden sich im Alpenraum auch innerhalb des Gebietes der hölzernen Speicher, namentlich aber im Gebiet der südalpinen Steinbauüberlieferung. Sie zeichnen sich durch größere Feuersicherheit, besseren Einbruchsschutz und erhöhte Dauerhaftigkeit aus, haben meist ein bis zwei, zuweilen auch drei Geschosse und sind gelegentlich ornamental bemalt. Vielfach sind auch Mischformen anzutreffen, bei denen das untere Geschoß gemauert, das obere jedoch in Blockbau gezimmert ist.

Badstube und Brechlbad

In Mitteleuropa überlagerten sich im Laufe einer fast zwei Jahrtausende währenden Badekultur zwei grundverschiedene Badesitten: das aus der Antike stammende und im Mittelmeerraum gepflegte Warmwasser-Wannenbad und das aus dem ostgermanisch-slawischen Raum stammende Dampf- und Schwitzbad nach Art der finnischen Sauna.

Im gesamten Alpenraum war einst das Dampfbad weit verbreitet und die privaten bäuerlichen Hitzsteinbäder genauso häufig anzutreffen wie jetzt noch in Finnland.

Ein Bericht aus dem Rauriser Bezirk vom Jahre 1793 spricht davon, daß sich fast bei jedem Bauern, auch bei Kleinhäuslern, ein hölzern gebautes Schwitzbad befände, in Rauris allein solle es etwa hundert davon gegeben haben.

Diese Badesitte ist für die gleiche Zeit auch im Erzbistum Salzburg überliefert, die letzten typischen Badestuben im Höglgebiet des Rupertiwinkels wurden erst kürzlich abgebrochen. Dennoch findet man auch heute noch vereinzelt allenthalben im Gebiet immer wieder verfallende Baulichkeiten, denen noch der Name »Brechlbad« anhaftet, obwohl hier seit 200 Jahren gewiß niemand mehr gebadet hat. Die einst überaus beliebte Sitte des allwöchentlichen samstäglichen Schwitzbades ist seit zwei Jahrhunderten untergegangen und dermaßen in Vergessenheit geraten, daß selbst namhafte Volkskundler früher ernsthaft bestritten, daß sie überhaupt jemals existiert habe; sie erklärten, die sog. Brechlbäder seien nie zu Badezwecken, sondern stets nur zum Dörren des Flachses benutzt worden. Tatsächlich sind zu späterer Zeit Flachsbrechlhütten gebaut worden, die man zwar nie zum Baden

Feldkasten aus Vorderbrand bei Berchtesgaden; Querschnitt.

Ehemaliges Brechlbad aus dem Landkreis Miesbach.

Backofen aus dem Landkreis Miesbach.

benützte, aber immer noch beharrlich »Bad«, »Brechlbad« oder »Hoarbad« nannte – wie vielleicht schon 1200 Jahre lang zuvor.

Das beklagte Aussterben der bäuerlichen Sauna gegen Ende des 18. Jahrhunderts hatte vielfältige Gründe: Das Zeitalter des Pietismus und der aufgeklärten Empfindsamkeit sah darin einen Verstoß gegen die guten Sitten, es kam zu regelrechten Badeverboten.

Das äußerlich meist recht unansehnliche Badhaus stand wegen der Feuergefahr meist weit vom Hofe abgerückt. Es war in Holzblockbauweise errichtet, hatte einen giebelseitigen Eingang mit weit vorgezogenem Vordach, das oft von zwei Schrägstützen oder freistehenden Stützen abgesichert wurde; in Kärnten sind auch mehr oder minder geschlossene Vorlauben anzutreffen. Der etwa quadratische Baderaum ist meist fensterlos, eine kleine Luke dient für den Abzug des Dampfes. Die Seite, an der der Steinofen stand, war massiv aus Bruchsteinen gemauert. Der Ofen selbst, ursprünglich wohl ein Lehmofen, später gewöhnlich aus Granit oder Gneis roh aufgemauert und mit Rollsteinen belegt, wurde stets von außen beheizt, die Feuerungsöffnung lag etwa einen halben Meter über dem Boden. Eine herausragende Steinplatte oder eine kleine Nische diente zum Abstellen einer Lichtquelle. Im Inneren befand sich ursprünglich noch eine hölzerne Schwitzbühne.

Backofen und Backhaus

Das Brot gilt als das älteste zubereitete Nahrungsmittel der Menschheit. In den Urzeiten des Ackerbaus wurde das eingebrachte Getreide zunächst nur zu Brei verkocht. Doch schon vor 5000 Jahren ging man dann zum Backen des Brotes in einfachster Form über und bereitete es in der Aschenglut der häuslichen Herdgrube zu einer festen Wegzehrung. Man erhitzte im Feuer der Herdgrube runde Feldsteine und überstrich sie mit dem dicken Mehlbrei, der rasch zu einer wohlschmeckenden Kruste durchbuk.

Grabungsfunde beweisen das Vorkommen zweier verschiedener vorgeschichtlicher Typen von eigentlichen Backöfen, die man nach ihrem Standort als Feldback- und Stubenbacköfen bezeichnen könnte. Wenn auch über die frühgeschichtliche Entwicklung des alpinen Backofens fast jegliche Hinweise fehlen, so kann man annehmen, daß man den späteren Stubenofen aus dem jahrtausendealten Backofen entwickelte, nachdem man seine Speicher- und Strahlungswärme kennen und schätzen gelernt hatte.

Die ältesten alpinen Stubenöfen lassen jedenfalls heute noch die schmucklose Walzen- oder Kuppelform erkennen, zudem wurde ja, in ähnlicher Weise wie der Herd, früher auf dem Lande auch der Stubenofen zum Backen benutzt.

Als Backöfen konnte man übrigens nur solche Stubenöfen verwenden, die aus Lehm, Steinen oder Kacheln bestanden, sobald Eisenöfen in Gebrauch kamen, wurde ein eigener Backofen erforderlich, sofern man das Prinzip der Selbstversorgung nicht überhaupt aufgab.

Die Stubenbacköfen erfuhren später mitunter auch eine sehr kunstvolle Ausgestaltung, wie etwa der prächtige Barock-Kachelofen im Werdenfelser Museum in Garmisch-Partenkirchen zeigt.

Der Gebrauch des Stubenofens als Backofen scheint sich auch in einigen alpinen Landschaften noch erhalten zu haben, so fehlt beispielsweise das freistehende Backhaus in Kärnten völlig; hier befindet es sich stets innerhalb des Wohngebäudes. Auch in Tirol ist der Backofen noch vielfach innerhalb des Hauses untergebracht, daneben finden sich aber auch noch zahlreiche freistehende Backöfen. In Osttirol war der Backofen mitunter sogar in den Keller eingebaut. Eine eigenartige Zwischenstellung nehmen die sogenannten Herdbacköfen oder »Backherde« ein; kleine gemauerte Tonnengewölbe unter alten massiven Herdstellen weisen noch auf die ursprüngliche Nutzung als Backofen hin. Später stapelte man in diesen Unterhöhlungen Brennholz, auch wurden diese stets warmen Mauerwölbungen als Brutplatz für Glucken und als Unterschlupf für ausgeschlüpfte Küken benutzt.

In vielen Gegenden ist jedoch eine frühe Trennung von Herd, Ofen und Backofen zu beobachten; vor allem dürften feuerpolizeiliche Verordnungen den allmählichen »Austritt« des Backofens aus dem Hause bewirkt oder zumindest beschleunigt haben. Eine interessante Entwicklungsstufe zwischen Stubenbackofen und freistehendem Backhaus sind wohl die erkerartig aus der Umfassung des Hauses auskragenden Backöfen des Oberinntals. Sie werden von der Küche aus bedient, die aus Lehm geformte Tonne schließt nach außen apsisförmig ab und ruht meist auf einer primitiven hölzernen Stützkonstruktion.

Seine letzte Entwicklungsstufe hat der Backofen als selbständiges freistehendes Bauwerk erreicht. Auch hier sind noch mehrere Zwischenstufen zu beobachten: das tonnen- oder kuppelförmige Backgewölbe mit offen aufgesetztem Schutzdach in Pult- oder Sattelform als primitive, aber deutlich ablesbare Ausgangsform, das gemauerte Backhaus mit mittelsteilem Satteldach als Endform.

Das freistehende Backhaus ist vielerorts zu einem sehr typischen Bestandteil der Hofanlage geworden, es ist jedoch entwicklungsgeschichtlich nicht als Überrest des alten Haufenhofes zu sehen, sondern hat sich im allgemeinen in jüngerer Zeit zu einem selbständigen Gebäude entwickelt.

Dörröfen und Dörrhütten

In Obstbaugebieten findet man mitunter noch Dörrhütten oder Dörröfen, auch Obstdörren oder »Dörrbadl« genannt.

Aus den alten Weistümern ist bekannt, daß man früher vielfach Obst und Getreide, ja sogar Flachs im Backofen innerhalb des Hauses dörrte. In Brandschutzverordnungen ist immer wieder vom Verbot des Dörrens im Hause die Rede, so daß man annehmen kann, daß die freistehenden, wie die Brechlbäder meist weit vom Hofe abgerückten Dörranlagen erst relativ spät aufgekommen sind. Dörrhütten sind in Funktion, Bauweise und Aussehen den Brechlbädern sehr ähnlich, jedoch noch kleiner, sie bestehen aus einem tief liegenden Feuerraum, dem eigentlichen Dörrofen, über dem ein kleiner Trockenraum, meist ein schlichter Holzblockkasten, errichtet ist. Ein Satteldach mit weit vorkragendem Vordach schützt die Zureichtüre in den Trockenraum, in den bis zu vier Laden aus Rutenlängsgeflecht mit kufenförmigen Seitenwangen auf Querstangen dicht übereinander eingeschoben werden können. Auf dem Rutengeflecht dieser sog. »Dörrhuden« breitete man das Obst, meist Birnen oder Zwetschgen, locker aus, verschloß die Tür und ließ das Obst durch die aus dem steinernen Ofen aufsteigende, rauchfreie Unterhitze bei etwa 70° C mehrere Stunden dörren.

Zuhaus und Austragsstüberl

Vielerorts waren seit altersher rechtsverbindliche Vereinbarungen zwischen den »Austraglern« und dem Hoferben üblich, die den Eltern die Führung eines eigenen bescheidenen Haushalts ermöglichten. Eine Altersversicherung gab es nicht; waren die Eltern auf die Versorgung im Hauswesen des Hoferben angewiesen, zögerten sie die Hofübergabe so lange wie möglich hinaus. Die Folge später Gutsübergabe waren aber wiederum verzögerte Eheschließungen, später Kindersegen und oft ein besonders unerfreuliches Verhältnis zwischen der alten und der jüngeren Generation.

Bei größeren, wohlhabenderen Anwesen wurde in manchen Gebieten für die Austrägler ein eigenes kleines Haus neben dem eigentlichen Hof errichtet, die Eltern waren dann in der Lage, in diesem »Zuhaus« mit Hilfe der ihnen bei der Gutsübergabe eingeräumten Naturalrenten ein eigenes Hauswesen für den Rest ihrer Tage zu betreiben.

Gerichtliche Aufzeichnungen und die Hausbriefe mancher Bauernhöfe überliefern zahlreiche, vor Gericht abgeschlossene Übergabeverträge mit einer Fülle von Formen der Altersversorgung.

Der Bau eines eigenen kleinen Zuhauses, oft in Form eines verkleinerten und stark vereinfachten Abbildes des Haupthauses, war jedoch keineswegs überall üblich. Manchmal wurde nur ein bereits bestehendes Nebengebäude, meist ein nicht mehr benötigter Speicherbau, zu diesem Zweck umgebaut. Wesentlich dürftiger waren die Lebensverhältnisse der Austrägler, wo sich der Altenteil im Bauernhaus selbst befand, häufig wurde eine Stube und eine Stubenkammer, zuweilen aber auch nur »der warme Winkel hinterm Ofen« als Austrag ausbedungen.

In Lappach im Pustertal und in Schnals standen auf einzelnen Berghöfen neben dem Bauernhof kleinere, aus Wohn- und Wirtschaftsteil bestehende Zuhäuser. Sie dienten der Unterkunft eines verheirateten Knechtes, dem vom Bauern Teile des Hofes – gegen die Verpflichtung zur dauernden Arbeitsleistung – zu selbständiger Nutzung zugewiesen worden waren. Man nannte hier solche Bauernknechte die »Stucker« – nach den Stücken Grundes, die ihnen vom Bauern zugeteilt waren und die gelegentlich vier bis fünf Kühe ernähren konnten; die Zuhäuser selbst hießen einfach »Häusln« (Heisl) und waren nach dem Hof benannt, zu dem sie gehörten und dessen Eigentum sie waren.

Auch in der Umgebung von Bruneck gab es früher bei etlichen Höfen solche Zuhäuser mit einer Wiese, die die Haltung einer Kuh ermögliche.

Brunnen und Waschhaus

Gerade der Alpenraum mit seinen verschiedenen Wasservorkommen bietet eine große historische Vielfalt von technischen Brunnentypen und gestalteten Brunnenformen. Grundsätzlich unterscheidet man zwischen Schöpfbrunnen und Laufbrunnen.

Der Schöpfbrunnen ist im Prinzip ein ausgekleideter Schacht zu einem unterirdischen Wasservorkommen, der je nach Tiefe mit Feldsteinen oder Balken eingefaßt oder auch sorgfältig gemauert wurde. Ein abgebundener Kantholzkasten bildet die Brüstung. Das Wasser wurde im einfachsten Falle mit einem Schöpfeimer hochgezogen, eine Weiterentwicklung war der Zugeimer auf einer einfachen Seilwinde. Auch richtige Ziehbrunnen mit langen Hebelstangen auf einer Säule gab es früher häufig. Im Gegensatz zu den einfacheren »Hausbrunnen« waren Dorfbrunnen mitunter sogar mit einer Radwinde versehen, mit einem eigenen Häuschen überdacht und in seltenen Fällen sogar als Zisternen- oder Tiefbrunnen gebaut. Schöpfbrunnen sind vor allem in Innerkärnten häufig; dem eigentlichen Bergland sind sie fremd.

Bei den einfachen Laufbrunnen der Bergbauernhöfe wird das Wasser aus einer Quelle mit offenen, seltener auch geschlossenen Holzröhren, sog. »Deicheln«, in einen aus einem Baumstamm ausgehackten Brunnentrog geleitet, von wo es aus einer seitli-

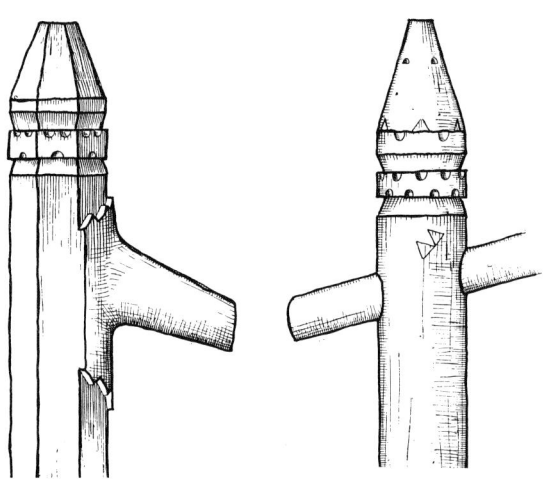

Brunnensäulen aus Alpach in Tirol, bei deren Formgebung neben Breitbeil, Ziehmesser, Stecheisen und Hohleisen auch die Säge Anwendung fand. Spuren der letzteren jedoch nur, wo sich je ein Ring um eine Kehle legt. Kanten mit dem Hohleisen bestochen. Beim linken Beispiel wurde ein Aststumpf in die Umformung miteinbezogen.

chen Kerbe wieder abfließt. Diese schlichte zeitlose Brunnenform ist im ganzen Alpenraum beheimatet, sie findet sich vor allem auf den Almen, wo auch zwei oder drei Brunnentröge hintereinander oder nebeneinander aufgestellt sein können. Eine Weiterentwicklung ist der Laufbrunnen mit hölzernem Standrohr, dem sog. »Stantner«; häufig wurde dabei die Brunnensäule durch eine aus dem Stamm geschnitzte Figur gekrönt, etwa durch einen sog. »Türkenkopf«, oft aber auch nur durch einen einfachen Holzknauf. Das senkrechte Standrohr und das waagerecht abstehende oder schräg abseits gerichtete Laufrohr sind vielfach aus einem gewachsenen Stamm genommen.

Ein Charakteristikum der rätoromanischen Massendörfer ist der große »geschaffelte«, d.h. aus vielen Holzdauben (»Taufen«) zusammengesetzte Brunnen, der von Eisenreifen zusammengehalten wird. Die hölzerne Brunnensäule ist dort vielfach von einer kunstvoll geschnitzten und farbig gefaßten Heiligenfigur gekrönt. Aus der Brunnensäule ergießt sich das Wasser oft in zwei abwärtsgebogenen Eisenrohren.

Ein mittlerweile fast völlig abhanden gekommenes Bauwerk der bäuerlichen Dorfgemeinschaft ist das Waschhaus, meist eine kleine, unscheinbare, bretterverschalte Ständerkonstruktion mit einfachem, schindelgedecktem Sattel- oder Pultdach; der Waschtrog oder Waschbottich war im Prinzip ein Laufbrunnen.

Hausmühlen

Bäuerliche Hausmühlen werden als Zubehör urkundlich bereits zu Beginn des 15. Jahrhunderts erwähnt, sie waren jedoch wahrscheinlich schon seit dem 13. Jahrhundert üblich. Die später von den einzelnen Grundherrschaften angelegten Mühlenbeschriebe bestätigen eine Fülle von bergbäuerlichen Hausmühlen und geben auch Einblick in deren Besitz- und Nutzungsverhältnisse. Besonders altartig und interessant sind die sog. »Stockmühlen« oder »Stotzmühlen«, die meist aber Flodermühlen genannt wurden. Der Name Stockmühle weist auf die vier oder mehr »Stöcke«, also die Pfähle hin, auf denen das Mühlhaus wie ein Pfahlbau über dem Wasserlauf errichtet werden mußte. Die Bezeichnung »Floder« bedeutet soviel wie Flatter. Diese Mühlen waren einfachste Drehmühlen mit Unterwasser, mit horizontalem Schaufelrad (»Floder«) und senkrechtem »Achsstock«, also mit starrer Achsverbindung zum Läuferstein. Schon um die Mitte des 17. Jahrhunderts gibt es datierte Mühlen dieser Bauform. Erst später wurden sie durch ein Beutelvorgelege zur Siebung des Mahlgutes und durch andere zusätzliche Einrichtungen technisch vervollkommnet.

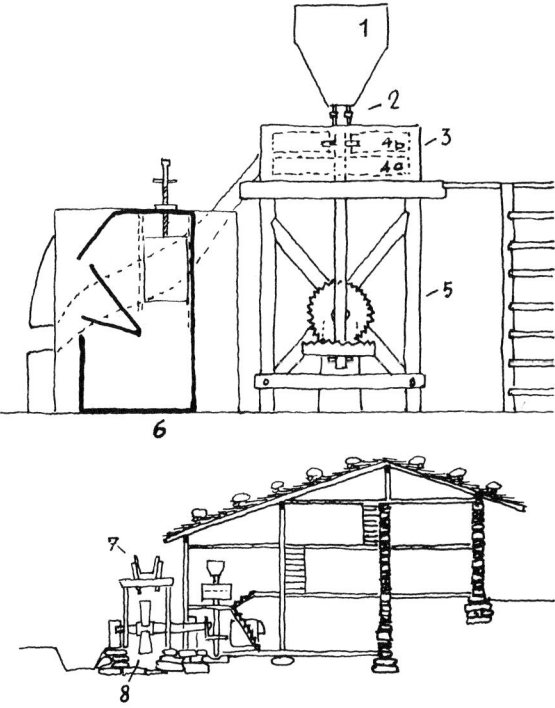

Mühle in Vorderlanersbach, Zillertal.
Übersetzungen aus Holz gefertigt.
Lager mit Wasser geschmiert.
1 Einschüttöffnung (Goesche), 65 cm breit und 70 cm hoch.
2 Schüttelvorrichtung, die das Getreide in das Gehäuse (Spoatl) streut, in der die Mühlsteine laufen.
3 Gehäuse (Spoatl), 38 cm hoch und 1,1 m breit, mit den beiden Mühlsteinen (Mielschtoane).
4a Der feste Mühlstein unten (Leger = Leagar).
4b Der bewegliche Mühlstein oben (Läufer = Lafar).
5 Traggestell (Stachze), auf dem Gehäuse und Mühlsteine montiert sind.
6 Sortiervorrichtung – Beuteltruhe (Beitlruehe) 1,35 m hoch und 52 cm breit.

Das Mühlengebäude ist stets ein Blockhaus auf einem Ständergerüst, der Hinterboden ist nach oben abgesetzt, um dem Laufrad Spielraum zu geben. Diese meist sehr kleinen, würfelförmigen Baukörper mit Satteldach und giebelseitiger Tür bestehen aus dem vorderen Mühlenraum mit dem »Beutelwerk« sowie aus dem erhöhten, über eine Leiter oder Treppe erreichbaren »Mühlenboden« mit dem Laufwerk und dem Mehlhaus.

Eine andere Form der Mühle sind die Radmühlen mit Seitenwasser, wobei wohl die Mühle mit unterschlächtigem Wasserrad und mit einfacher, gerade abstehender Beschaufelung die älteste Bauart darstellt. Für den Antrieb genügt eine ausreichend tiefe Strömung, das aufwendige Gerinne erübrigt sich. Die wenigen, heute noch vorhandenen Radmühlen haben meist oberschlächtige Wasserräder mit notwendigerweise hohem Gerinne von allerdings geringem Querschnitt. Diese Bauart dürfte aber erst relativ spät üblich geworden sein. Alle Radmühlen verfügen bereits über ein Zahnradgetriebe, das in der einfachsten Form mit »Kamprad« und Laternenwalzen zwischen der horizontalen Welle des Wasserrades und dem vertikalachsigen Mühlsteinantrieb eingebaut werden muß. Die Radmühlengebäude haben vielfältige Formen, sie reichen von kleinen, einfachen Holzblock- oder Ständerbohlenhütten bis zum massiven Zweigeschoßbau. Auch die kleinsten Hausmühlen haben ein »Mühlstübl« für den Müller mit den notwendigsten Einrichtungen für eine zeitweise Bewohnung, was auf eine andere, länger dauernde Art des Mühlbetriebes hinweist.

Im übrigen war früher Kärnten in bezug auf Häufigkeit und Technologie der Hausmühlen eine der interessantesten Landschaften Zentraleuropas. Im Hochtal Villgraten lagen beispielsweise am Ronnebach im Bereich einer Gehstunde 11 Hausmühlen.

Taubenkobel

»In Österreich wie in den umliegenden Ländern hat die Taubenzucht von Anfang an allein der Gewinnung des schmackhaften Fleisches gegolten, da hier im Gegensatz zum Orient niemals Mangel an Düngemitteln herrschte. Doch unsere Bäcker und Brauer dürften bald herausgefunden haben, daß winzige Mengen des Taubendungs, in Wasser aufgelöst (Lauge), die Semmeln lockerer und wohlschmeckender, das sauer gewordene Bier wieder trinkbar machten. Wie im übrigen Europa, so waren auch in Österreich die ersten Züchter von Tauben Mönche. Von den Abteien und Klostergütern ausgehend, verbreitete sich die Taubenhaltung nach und nach bei den Edelleuten, Bauern und Gasthausbesitzern.

Die Verbreitung der Taubenkobel in Österreich ist nicht nur von der Landschaft, sondern auch von den Hofformen abhängig. Man kann sagen, daß das Vorkommen der Taubenkobel sich mit den Hauslandschaften der Dreiseit-, Vierseit- und Streckhöfe deckt, sich somit auf das flache Alpenvorland, also auf den nördlichen und östlichen Teil Niederösterreichs, das Burgenland, den südöstlichen Teil der Steiermark, den nördlichen Teil Oberösterreichs und den Flachgau des Landes Salzburg beschränkt. In den hochalpinen westlichen und südwestlichen Bundesländern, wo Paar- und Einhöfe vorherrschen, findet man fast keine freistehenden Taubenkobel, höchstens die an Wänden von Scheunen und Stadeln hängenden einfachen Taubenkästen oder für diese Zwecke ausgebaute und mit Einfluglöchern versehene Giebel.«
(aus: Otto Swoboda *Österreichische Taubenkobel* in Volkskunst, München, 2/Mai/1978)

Trockengerüste

Trocknungsverfahren aller Art hatten früher im inneralpinen Raum eine noch wesentlich größere Bedeutung als heute. Vor allem mußte das von Viehzucht und Milchwirtschaft weitgehend verdrängte Getreide eine gewisse Zeit nachtrocknen, bevor es gedroschen werden konnte. In manchen Gegenden der Alpen genügte es, das Getreide in Form von Garbenbündeln auf dem Feld aufzustellen.

Mehrere solcher Bündel lassen sich entweder auf einer waagerechten Fläche stapeln oder an einem senkrechten Gerüst aufhängen. Das Stapeln ergibt die Form des kreisrunden Schobers, auch »Dieme«, »Triste« oder »Feime« genannt. Der primitive Schober steht noch auf dem Erdboden, größere Schober erhalten mitunter eine Reisigunterlage und werden um eine eingegrabene Mittelstange herum aufgebaut.

Mancherorts erhält der Schober ein leichtes Schutzdach aus Reisig, Schilf oder Stroh.

Der erste Schritt in der Entwicklung des Schobers zum Bauwerk ist der Ersatz der Reisigunterlage durch eine hochgestellte Pfahlbühne, die in der einfachsten Form aus vier eingegrabenen Gabelhölzern besteht, die durch Querbalken verbunden sind und einen Boden aus Stangenhölzern tragen. Auf diese urtümliche Bauform des gestelzten Schobers dürfte sich bereits das »horreum sine tecto« der Lex Salica beziehen.

Das Untergeschoß einer derartigen, entsprechend hoch aufgesetzten Konstruktion bot sich als Schutzdach für das Vieh. Eindeutig ist die Pfostenscheune eine völlig folgerichtige Weiterentwicklung dieses gestelzten Schobers.

Ein anderer technischer Entwicklungsverlauf wurde durch das Aufhängen der Garbenbündel vorgegeben. Die einfachsten Aufhängegerüste sind die fast allerorts im Alpenraum bei der Heuernte noch weitverbreiteten »Hifler«, »Heinzen« oder »Stiefler«, das sind kleine, unten zugespitzte Stämme, an deren abstehenden Aststümpfen sich Stroh- und Heubündel gut aufhängen lassen. Ein längeres Trockengerüst ergibt sich, wenn man mehrere »Hifler« in größeren Abständen aufreiht, in die Astgabeln waagerechte Stangenhölzer einlegt und diese mit Erntegut behängt.

Diese nur zeitweilig, bei unmittelbarem Gebrauch aufgestellten Trockenständer sind wohl die Urform der »Harfe«, »Harpfe« oder »Histe«, die in ihrer ausgeprägten Form bereits einen festen, dauernden Standort hat. Die ausgewachsene Harfe ist ein leiterartiges Stangengerüst mit hohen kräftigen Pfosten, in deren in regelmäßigen Abständen ausgestemmten Löchern die eigentlichen Trockenstangen eingelegt sind.

Die Getreidegarben oder Heubüschel werden nach oben in die Stangenwand »eingeharpft«, wobei man die Ähren möglichst der Sonne zukehrt. Dazu verwendet man in Kärnten einen kleinen Gerüstboden, den »Harpfstuhl«, der mit zwei Holz- oder Eisenhaken in die Harpfstangen eingreift und leicht übergehängt werden kann, sowie eine langstielige »Reichgabl« mit zwei kleinen Zinken.

Das bauliche Grundprinzip der Harfe findet sich in der Entwicklung der Wirtschaftsbauten bei allen getreidebauenden Völkern, wo das Klima eine Nachtrocknung erfordert. Die Gleichartigkeit der Einrichtungen wird jedoch in erster Linie nicht in ethnischen, sondern in klimatologischen Ursachen zu suchen sein.

Die Harfen sind im gesamten Alpenraum in teilweise vielfältig weiterentwickelten, im Grunde teilweise jedoch sehr ähnlichen Formen verbreitet.

Als sog. »Histen« kennzeichnen diese Trockengerüste in der Schweiz das Tessin, Graubünden und Wallis als einheitliche alpine Siedlungsbilder. Während die Urformen allmählich völlig zu verschwinden drohen, sind Sekundär-, Übergangs- und Schwundformen noch häufig.

Die wichtigste ostalpine Verbreitungszone der Heuharfen ist Kärnten, dort vor allem das Drau-, Möll-, Isel-, Gail- und Lesachtal sowie Villach. So ist auch die bauliche Fortentwicklung der einfachen Harfe namentlich in Kärnten in zahlreichen Spielarten gut zu verfolgen. Die freistehende Harfe erhielt hier vor allem im oberen Möll- und im obersten Drautal – ebenso wie im osttirolischen Pustertal – Schrägstützen, sog. »Spreizn«, zur Absicherung gegen Winddruck, oft wurde auch eine kleine satteldachförmige Abdeckung angebracht. Hier heißt die Harfe auch »Hilge«, im Lesach- und im Gailtal dagegen durchwegs »Kös'n«.

Bei der typischen sog. »Krainer Köse« wurde die Abdeckung auf einer Seite teilweise in Form eines Pultdaches über eine zweite niedrigere Stangenwand abgeschleppt, so daß sich ein Unterstellraum für den Erntewagen ergab.

Während man an steilen Hängen stets nur einfache Harfen errichtete, tat man in den Tallagen in Gehöftnähe mit der scheunenartig ausgebauten, befahrbaren Doppel- oder »Hofharpfe« den endgültigen Schritt zum Gebäude: ein Paar parallel stehender einfacher Harfen wurde überdacht und der Zwischenraum so breit gehalten, daß ein mit Garben beladener Wagen einfahren konnte.

Die hausförmige Hofharfe erhielt gebietsweise ein Walm- oder Halbwalmdach, die schmäleren Giebelseiten wurden durch offenes, teilweise sehr kunstvolles Gitterbundwerk miteinander verstrebt und verbunden. Im Rosental überwogen sogar Hofharpfen mit gemauerten Eckpfeilern und steilem Satteldach. Neben den freistehenden Harfen trifft man vielerorts auch auf Trockengerüste, die nach Art von Lauben an Wohn- und Wirtschaftsgebäuden angebracht sind. Diesen Trockenlauben begegnet man oft an den Bergscheunen des Lesachtales in Kärnten, aber auch in den karnischen und italienischen Südalpen sowie in der Südschweiz. Die hierfür häufig gebrauchte Bezeichnung »Söller« dürfte sich vielleicht noch vom lat. solarium herleiten.

Eine weitere, jedoch völlig abgekommene Form der Getreidetrocknung war der »Rauchboden«; die Garben wurden auf dem Dach des Wohnhauses so aufgestellt, daß der durch den Flur aus dem offenen Küchenfenster aufsteigende Rauch hindurchstreichen konnte. Wie so viele urtümlichen Bauformen sind auch die Harfen vom Aussterben bedroht.

Bauliche Anlagen auf der Alm

Zu den baugeschichtlich zweifellos aufschlußreichsten Baulichkeiten gehören die urtümlichen Formen der Almhütten. In den ältesten Prototypen haben sich noch vielfach Urformen der Behausung schlechthin erhalten. Da die höchstgelegenen Almen nur für wenige Wochen befahren wurden, lohnte sich hier keine »Modernisierung« im Sinne einer baulichen Weiterentwicklung, man erneuerte die alten Anlagen wohl auch nur, wenn sie von Lawinen oder Muren zerstört worden waren. Aus diesem Grunde finden sich auf den Hochlegern meist die ältesten und primitivsten Wohnformen, die wohl schon vor vielen Jahrhunderten üblich waren und die heute noch bau- und kulturgeschichtliche Rückschlüsse auf Behausungen und Lebensformen weit zurückliegender Zeiträume zulassen. Die Almen in den Mittellagen weisen im allgemeinen höher entwickelte Hausformen auf, die niedriggelegenen Almen sind oft schon stark den Hausformen der Dauersiedlungen angeglichen.

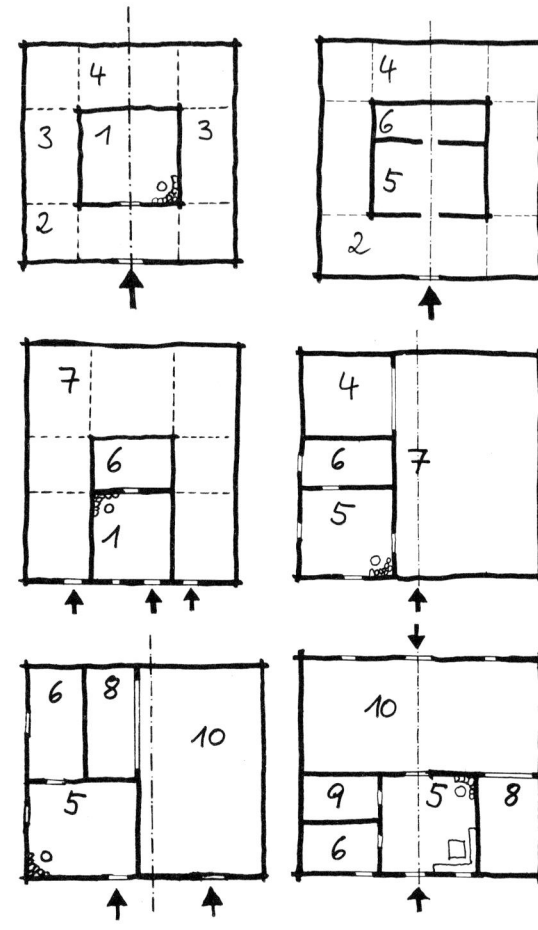

Grundrißentwicklung des Berchtesgadener Kasers
1 Kaskastl
2 Rundumstall
3 Kühe
4 Jungvieh
5 Kaser
6 Kammer
7 Stall
8 Kälber
9 Keller
10 Großvieh

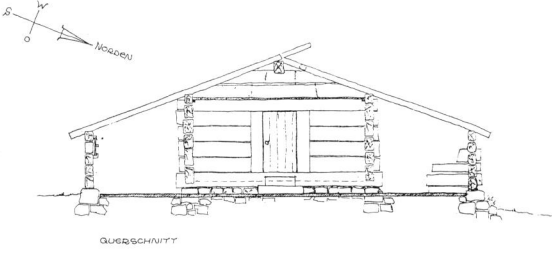

Der Wahlkaser auf der Gotzentalalm, datiert 1733.

Die Hausform der Almhütten ist an die Eigenart und Beschaffenheit des Bodens gebunden, fast immer griff man zum nächstliegenden und billigsten Baustoff, also meist zum Holz. Doch sind viele Hochleger, die über der Waldgrenze liegen, aus Stein errichtet, weil der Transport der Stämme zu beschwerlich gewesen wäre.

Ähnlich wie bei den Dauersiedlungen entwickelten sich in verschiedenen Landschaften auch bei den Temporärbehausungen regionaltypische Ausformungen.

Behausungen, die an Urzeiten erinnern, sind etwa die »Mankaihüttn« (Mankai = Murmeltier) auf den Lungauer Bergmähdern, regelrechte Gruben- und Erdhütten, die wohl zu den ältesten Formen menschlicher Behausung überhaupt zählen dürften. Sie wurden während der hochsommerlichen Bergmahd, also nur 4 bis 6 Wochen, bewohnt.

Die einfachste Form war ein ausgehobenes Erdloch von 50 – 75 cm Tiefe, entweder ganz flach oder mit vorne ein wenig aufgestützten Brettern überdeckt und innen mit Heu ausgelegt. Diese Mankaihüttn sind außerordentlich klein, man sagte, daß beim Schlafen den Zederhausern »die Füaß mitsamt die Fußeisn vorn aussa steahn«!

Das »Hüttl« des Berchtesgadener Landes, das sich bis ins 15. Jahrhundert zurückverfolgen läßt, war ein fensterloses Einraumhaus aus derbem Rundholzblockbau mit Legschindeldach, etwa von den Ausmaßen 4,5 × 5 m. Durch eine niedere Türe mit einer Hochschwelle, dem »Drischbei«, betrat man den kleinen Raum. In einer dem Vordergiebel zugewandten Ecke befand sich, im Boden vertieft, der »Feuerrest« mit der »Kesselreiten« oder dem »Kesselhäng«. Darüber liefen von einer Wand zur anderen die Auflegestangen für Kupferkessel und Käse. Die Feuerstelle war nur mit unbehauenen Feldsteinen hintermauert, der Rauch entwich durch die Türe oder die Fugen des Holzblockbaus. An einer Längswand stand ein »Jutentrog« zum Aufbewahren des Käswassers für die Viehtränke und das Rührzeug zum Buttern. In einer anderen Ecke befand sich die primitive Liegestatt der Sennerin, der »Kreister«, ein aus Feldsteinen errichteter Sockel mit einem dicken Polster aus Latschen, Laub oder Heu, das nur einmal im Jahr erneuert wurde. Leintuch und Wolldecken waren schon »moderne« Zugeständnisse. In einer anderen Ecke war ein kleiner Hausaltar aufgebaut, darunter lag die Eckbank mit dem Klapptisch. Ein Schüsselrem an der Wand nahm das Geschirr und das Besteck auf. In der letzten Ecke standen auf einem einfachen Gestell die schönen »Stootz'n«, die flachen hölzernen Milchbehälter, die 35–40 cm Durchmesser hatten und etwa 10–12 cm hoch waren; da hinein wurde die frisch gemolkene Milch zum Abstehen des Rahmes gegossen. War der Rahm abgenommen, sammelte die Sennin die restliche Milch im »Milchkübei«, einem etwa 50 cm hohen Holzeimer, der ebenso wie die Stootz'n sehr schön gearbeitet war und anstelle der sonst bei Binderarbeiten üblichen Eisenreifen mit kunstvoll und sauber verflochtenen Weidlingen zusammengebunden war. In diesem »Kübei« wurde die abgeschöpfte Milch gesammelt, bis sie »gestöckelt« war, um dann in Kupferkesseln gekocht und zu Käse weiterverarbeitet zu werden. Irgendwo im Raum stand auch die »Melkbracken«, ein natürlich gewachsener, dreibeiniger Melkschemel, der in keinem Kaser fehlen durfte. Der Ausdruck Kaser leitet sich nach Angaben in der Literatur vom lat. casa = Haus her, doch scheint eine Ableitung vom lat. caseus = Käse wahrscheinlicher; bei Kerner von Marilaun findet sich noch der antiquierte Ausdruck »Casolarium«.

Der Fußboden der Hütte war einfach eingestampft und wenn es hoch herging, mit einem Naturteppich aus Baumrinden belegt.

Ein Stall war bei den Hüttl'n noch nicht vorhanden. Das Vieh blieb Tag und Nacht im Freien und wurde nur zum Melken zur Hütte getrieben, wo man es während dieser Arbeit außen anband.

Für die tiefergelegenen Almen, die bis in den Oktober hinein bewirtschaftet wurden, entwickelte man bald einen Wetterschutz für das Vieh. Während man im benachbarten Pongau und Pinzgau nach dem Prinzip des Zwiehofs einen eigenen Stall neben den Kaser baute, erweiterte man hier das Hüttl zu einem merkwürdigen Einhaus: Um das »Kaskastl« oder »Kasstöckl« baute man einen Rundumstall, das eingebaute Kasstöckl erhielt ein Oberlicht. Der Rundumkaser mit dem »Umadumstall« ist eine einzigartige lokale Erscheinung, die nur in den Umlaufställen Kärntens ein Gegenstück findet.

Die weitere Entwicklung führte dazu, daß man den ganzen Wohnteil des Kasers nach und nach an die Außenwand rückte, so daß man Fenster anordnen konnte. Schließlich gelangte man zur letzten Ausbaustufe, einer klaren Zweiteilung des Grundrisses in Wohn- und Stallteil.

Während im tirolischen Karwendel durchwegs Sennhütte und Ställe getrennt sind, überwiegen im bayerischen Teil die Einhausanlagen. Im Karwendel finden sich die Viehställe gelegentlich noch in Haufenhofform um die Sennhütte zerstreut, weit häufiger ist jedoch schon eine gewisse Zuordnung: Die Sennhütte liegt meist in stirnseitiger Stellung zum Hang, der hintere Teil der Hütte ist dabei halb in den Hang gebaut und gemauert und wird deshalb häufig als Milch- und Käsekeller verwendet.

Die heute noch am häufigsten erhaltenen Formen der Inneneinteilung sind die Zwei-, Drei- und Vierraumlösungen. Bei den alleinstehenden, meist leicht in den Hang gebauten Sennhütten wird durch Einziehen einer Querwand der Milch- und Käsekeller abgetrennt. Bei der dreiräumigen Inneneinteilung dient dann der dritte Raum als Schlafkammer für das Almpersonal. Ursprüngliche Vierraumanlagen sind sehr selten.

Zäune und Einfriedungen

» . . . si sepis legitime fuerit exaltus, id est mediocri staturae virili ad mammas . . . « – der Zaun ist dann vorschriftsmäßig errichtet, wenn er einem Manne von mittlerer Statur bis zu den Brustwarzen reicht, erklärt schon die Lex Baiuvariorum, und auch in den germanischen Volksrechten des frühen Mittelalters wird die Ein-»friedung« öfters erwähnt – wo kein Zaun, da kein Friede.

Sehr bedeutsam sind in ältester Zeit auch die rechtlichen Auswirkungen einer Einfriedung: Ein Gehöft genoß erst dann vollen Rechtsschutz, wenn es umzäunt war. Der rechtliche Schutz innerhalb des eingefriedeten Hofbereiches geht so weit, daß nicht nur unbefugtes Übertreten geahndet wird, sondern auch schon das Hineinschießen von Pfeilen oder Wurfgeschossen.

In den alten Volksrechten und in den Weistümern hatten Hofzaun, Dorfzaun und Schiedzaun einen sehr unterschiedlichen Rechtscharakter. Ebenso gab es den Rechtsstatus dauernder und ortsfester sowie temporärer oder ablegbarer Zäune, woraus sich die Eigentümlichkeiten ihrer Bauart erklären. Bannzäune waren stets allgemein und öffentlich gehütete Einfriedungen, die meisten Flur-, Feld-, Mitter- und Schiedzäune hatten hingegen privatrechtlichen Status. Die verschiedenen Zaunrechte legten Höhe und Bauart, Nutzung und Erhaltungspflicht fest; Zaunbeschau, Zaundurchlaß und Wegerecht waren klar geregelt, Zaunfrevel wurde nach festgelegten Bußen geahndet.

Neben der realen und rechtlichen Schutzfunktion ist sicherlich früher auch mit einem magisch-kultischen Schutzzauber der Einfriedung gerechnet worden.

Einfang und Einfriedung, vor allem aber der Weidezaun spielen namentlich in der alpinen Weidewirtschaft eine außergewöhnlich wichtige Rolle – nicht nur in nutzungs- und besitzrechtlicher Hinsicht; auf vielen Almen sind endlos lange Zäune nötig, um das Weidevieh vor Abirren und Absturz zu bewahren.

So finden wir denn auch gerade auf Almen die ältesten Einfriedungen, z.B. kilometerlange Steinwälle aus sorgfältigst aufgesetztem Findlingsmauerwerk, bei denen alle Regeln der Trockenmauerkunst beachtet wurden. Diese Steinwälle wurden bei der Anlage der Alm aus jenem Gestein aufgeschichtet, das man zur Säuberung der Almweide aus dem kargen Boden ausklaubte; die Wälle ziehen sich – als letzte steinerne Zeugen vergangenen Rodungseifers und früherer Rechts- und Nutzungsverhältnisse – bisweilen schnurgerade quer durchs Gelände.

Die hölzernen Zäune sind wahrscheinlich die vergänglichsten baulichen Anlagen bergbäuerlicher Wirtschaft – von den ursprünglich etwa 30 verschiedenen historischen Typen im Alpenraum sind heute nur noch vergleichsweise kümmerliche Reste erhalten – dennoch verdienen sie besonderes Interesse, da sich gerade in den Bauweisen der Zäune die ältesten prähistorischen Traditionen der Holzbautechnik des Kontinents wie z. B. der Pfostenstangenwand oder der Gabelpfosten erhalten haben.

Die ältesten Zaunformen bestanden nach den Angaben der Lex Baiuvariorum aus eingerammten Pfählen mit angespitzten Köpfen, die untereinander mit einem Rutengeflecht verbunden waren.

Jene alten Zaunformen waren in ihrer Vielfalt so landschaftsprägend, daß die Volkskunde noch heute von (ehemaligen!) Zaunlandschaften spricht.

Nach ihrer Bauart kann man Zäune mit verschiedenartigen – tragenden und füllenden – Elementen von solchen mit durchwegs gleichartigen Elementen unterscheiden.

Beim heute noch allgegenwärtigen Stangenzaun sind kräftige Rundhölzer in größeren Abständen in den Boden gerammt; in diese Rundhölzer sind vier bis fünf starke Holznägel eingetrieben, darauf werden dünnere Stangen lose aufgelegt. Ein schwächeres Rundholz vor den Holznägeln sichert die lose aufliegenden Stangen vor dem Abkippen. Bei dieser losen Einzäunung konnte man die Stangen zwischen den beiden eingerammten Rundhölzern herausziehen und überall und jederzeit einen sofort wieder verschließbaren Durchgang schaffen. Dieser Zaun ist vielfach auch an alten Wegen als Bannzaun gebaut worden. Diesem Prinzip folgt auch der »Ringzaun«, doch sind hier die paarigen Bodenstangen mit Weidegeflecht verbunden. Beim »Schußzaun« sind die füllenden Elemente bereits schräg auf den Boden gestellt, beim sog. »Bänderzaun« mit seinen 8förmig umwundenen »Zaunbändern« aus Fichtenzweigen ist das Prinzip wohl gleich, wenn auch die »Zaunspeltn« viel weniger von der Horizontalen abweichen.

Dem im inneren Liesertal (Kärnten) beheimateten »Schlußzaun« sehr ähnlich ist der im Brennergebiet heimische »Bänder«- oder »Ringzaun«; über jeweils zwei Pflöcke (»Stipfl'n«) werden Ringe aus Fichtenästen gezogen und nachher mit schräggestellten Latten oder Schwartlingen ausgefüllt. Die »Zaunringe« mußten über offener Flamme gedreht werden, damit sie sich leichter biegen und flechten ließen.

Deutliche Trag- und Füllelemente hat der urtümliche »Rantnzaun«, ein Stangenzaun auf kreuzweise in den Boden gerammten, schräg gegeneinander gestellten Aststecken, der, ähnlich dem Lungauer »Höggenzaun«, als Wald- und Weidezaun diente. Beide Zäune gehören zu den sog. »Kreuzzäunen« ohne Ringe und Bänder.

Beim »Schrankzaun« im Mölltal (Kärnten) hingegen sind gleichartige »Speltn« schräg und sehr dicht gegeneinander gestellt und miteinander kunstvoll verschränkt.

Genauso ist der salzburgische »Girschten«- oder »Schrögzaun« gebaut. Die schräggestellten Stangen und Stecken sind gegenseitig verschränkt, wodurch sie unter Spannung gehalten werden. Dieser Zaun ist für den Pinzgau und das Gebiet um Kitzbühel charakteristisch; dieser »Pinzgauer Zaun« und der kärntnerische »Schrankenzaun« sind die dichtesten Zäune.

Beim ähnlich gebauten »Kreuzhag« oder »Ablegzaun« ist das Geflecht der Zaunstecken lediglich weitmaschiger und lichter.

Der Hausgarten war oft von einem sog. »Spitzzaun« umgeben, der aus enggesetzten, senkrechten, oben oft zugespitzten Latten oder Brettern bestand und dem Kleinvieh das Eindringen ins Gemüsebeet verwehrte. Im Aussehen ähnlich ist der geflochtene »Steckenzaun«, auch »Flechtzaun« genannt. Auch hier wurden dicht nebeneinander einfache Stecken senkrecht in den Boden gerammt und mit jungen Fichtenruten an einer waagerechten Stange zusammengebunden.

Der im Tuxertal bekannte »Leiterzaun« besteht aus einer Anzahl von transportablen Einzelelementen, die praktisch wie eine sehr breite Leiter gebaut waren. Diese Leitern richtete man zwischen paarig eingerammten Rundhölzern zu einem mannshohen Zaungebilde auf. Sie waren überaus vielseitig verwendbar und konnten temporär bei Viehabtrieb oder auch zum Schutz gegen Schneeverwehungen aufgestellt werden. Jedem Bergwanderer wohlvertraut sind die »Überstiege« über die verschiedensten Zäune, die man auf den Almen und überall dort, wo Wege oder Pfade über eine eingezäunte Viehweide führen, errichtete. Diese »Überstiegln« sind meist treppenartig, oft aber auch rampen- oder leiterförmig.

Die natürlichsten Zäune waren seit eh und je lebende Hecken, die namentlich in Einzelhofgebieten und Streusiedlungen die Grenzen des Hofgrundes gegen den Nachbargrund trennten. Sie bestehen heute noch allerorts in vielen Resten, gelegentlich findet man diese Hecken aber auch in vollem Umfang erhalten. Ihre Vorteile liegen auf der Hand: Sie sind dauerhaft und unverwüstlich, bei dichter Verfilzung für Mensch und Vieh fast undurchdringlich, sie wirken in Steillagen der Erosion und Abschwemmung entgegen, schützen gegen Wind und schenken dem Bauern auch noch ihre Früchte: Haselnüsse, Hagebutten, Brombeeren und Vogelbeeren. Daneben waren, je nach Bodenbeschaffenheit und Klima, auch Hecken aus Eschen, Weiden, Holundersträuchern, aber auch aus Dorngebüschen sehr beliebt.

Fassungslos liest man heute den Aufsatz eines Oberförsters, der um 1920 den billigen Stacheldraht als eine »äußerst wirtschaftliche und nützliche, hoffentlich bald weitverbreitete Einfriedung« pries. Dieser Stacheldraht hat mittlerweile auch hochalpine Landschaftsbilder geschändet.

Eine jüngere, sinnvolle Vorrichtung auf dem Gebiet der Einfriedung bilden eiserne Trittroste. Die Abstände der einzelnen gitterbildenden Flacheisen sind dabei so gewählt, daß Weidetiere aller Art aus Instinkt oder böser Erfahrung die für ihre Gehwerkzeuge gefährlichen Roste ängstlich meiden.

Die jüngste Erfindung auf dem Gebiet der Einfriedung ist der elektrisch geladene Weidezaun, der vielfach den leidigen Stacheldraht abgelöst hat.

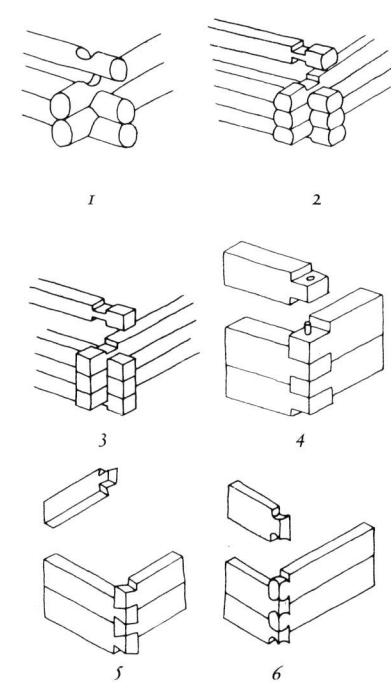

1 Einfache Verkämmung im Rundholzblockbau.
2 Doppelte Verschränkung im Kantholzblockbau mit waldkantig belassenen Außenflächen.
3 Doppelte Verschränkung im Kantholzblockbau.
4 Doppelte Überblattung.
5 Schwalbenschwanzförmige Verzinkung.
6 Schwalbenschwanzförmige Verzinkung mit aufgewölbten Lagerflächen.

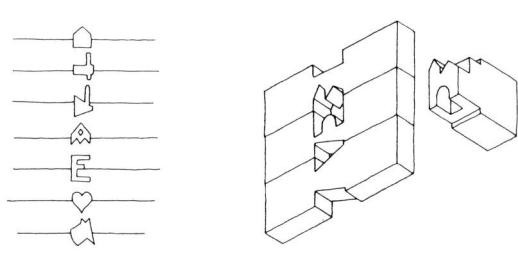

Malschrot aus Oberbayern in bildlich gestalteten Spielarten.

Bautechniken und Bauteile

Wände

Blockbau

Der naturgegebene Baustoff im Alpenraum war seit jeher das Holz. Der Bauer konnte es kostenlos im eigenen Walde schlagen, mußte es nicht weit transportieren und hatte die Möglichkeit, es ohne besondere Erschwernisse bis zum fertigen Bauteil zu bearbeiten. Das große natürliche Angebot an langschäftigem geradwüchsigem Nadelholz hat in inneralpinen Gebieten wiederum zur fast ausschließlichen Verbreitung der Blockbautechnik geführt, die hier schon in vorgeschichtlicher Zeit nachzuweisen und im größten Teil der Alpen – rätoromanische Kernsiedlungslandschaften ausgenommen – als primäre Bauweise anzusehen ist. Die physiologischen Vorteile, vor allem die gute Wärmedämmfähigkeit, sind neben den wirtschaftlichen Gründen ausschlaggebend für die erstaunliche Verbreitung und Beharrung der Blockbauweise, die auch von den später eingewanderten baierischen und alemannischen Stämmen übernommen wurde; der uralpine Blockbau dürfte sich unter den gegebenen Bedingungen wohl als zweckmäßiger erwiesen haben als die Ständerbautechniken der Einwanderer. Bis ins 19. Jahrhundert konnte der Blockbau vom »solideren« Steinbau nicht verdrängt werden. Erst die zunehmende Holzverknappung – besonders Salinen und Bergwerke brauchten sehr viel Holz –, bauliche Reglementierung und zuletzt falsche Prestigevorstellungen begannen den Holzbau, vor allem in der Technik des materialintensiven Blockbaus, nach und nach zu verdrängen. Die über Jahrhunderte bewährte Tradition der Blockbautechnik mit ihren zwangsläufig geradlinigen Wänden und rechteckigen Grundrißgefügen hat jedoch den baulichen Charakter der alpinen Hauslandschaften bis auf den heutigen Tag geprägt.

Der offene Rundholzblockbau

Die älteste und urtümlichste Form des Blockbaus ist der offene, »luftige« Rundholzblockbau, wie man ihn heute noch allenthalben bei Heustadeln und untergeordneten Bauten findet.
Geradwüchsiges Nadelholz wird zu einem Wandgefüge aufgeschichtet, wobei die Verflechtung der einzelnen Stämme an jenen Knotenpunkten, wo zwei Wandgefüge aneinanderstoßen, die nötige Standsicherheit und Versteifung ergibt.
Bei der Altform des überkämmten Rundholzblockbaues wurden die Rundhölzer nur »geschöpst«, das heißt von der Rinde befreit, und erfuhren keine wesentliche Zurichtung. Lediglich an den Eckverbindungen hat man die Stämme flach ausgenommen, um dem jeweils im rechten Winkel aufgelegten Rundholz ein Auflager zu bieten. Dabei wurden die Hölzer wechselweise so in die Wand eingezimmert, daß jeweils ein dickes Stammende mit einem dünneren Kopfende, dem sog. »Zopf«, zusammenkam. So konnte ein annähernd waagerechtes Wandgefüge erreicht werden. Die Kopfenden der Stämme ließ man an den Ecken des Blockgefüges etwa 15–20 cm überstehen und erhielt so die einfachste Form einer Eckverbindung, die Überkämmung. Bei der »luftigen« Zimmerung, die sich bis heute bei vielen Stadelbauten wegen der guten Durchlüftung als zweckmäßig erwiesen hat, nahm man die Auflagerstellen der übereinander geschichteten Hölzer nur geringfügig aus – wollte man eine enger geschlossene Blockwand erreichen, wurden die Rundhölzer an ihren Auflagern stärker ausgenommen, so daß die Stämme enger ineinander griffen. Das natürliche Rund des aufliegenden Stammes fügte sich dabei in die entsprechend segmentförmig ausgehauene Auflagerkerbe des darunterliegenden Holzes.
Um dem sog. »Arbeiten« des Holzes zu begegnen und die einzelnen Blockbalken stabil in der Wandflucht zu halten, wurden die Stämme in Abständen von etwa 1,5 m durch Holznägel verdübelt. Diese Dübel sind etwa 3 cm dick, 15–16 cm lang und an beiden Enden angespitzt. Um beim Einschlagen der Dübel eine Spannung des Holzes quer zur Faserrichtung zu vermeiden, gab man den Dübeln im Querschnitt vielfach eine längliche Form. Diese Dübel wurden mit ihrer schmaleren Achse – im rechten Winkel zur Faserrichtung – in kreisrunde, mit dem Stemmeisen ausgestochene, später gebohrte Dübellöcher eingeschlagen. Für die Dübel verwendete man gerne Eiche, daneben Esche, Lärche und Kirschbaum oder junge Fichtenstämmchen. Auch die Eckverbindungen des Blockbaus wurden zusätzlich mit Dübeln verstärkt und gesichert, um das Verdrehen der Balkenköpfe an diesen besonders kritischen Punkten zu verhindern.
An den Fenstern und Türen wurden die Dübel meist in die Nähe dieser Wandöffnungen herangerückt und hier noch verdoppelt. Je nach Stammdicke und erwünschter Raumhöhe benötigte man in der Regel für eine geschoßhohe Wand 10 bis 13, am häufigsten 12 Hölzer.
Für den Fußschwellenkranz wählte man oft Stämme mit dickerem Durchmesser und aus dauerhafterem Holz. So findet man Grundschwellen (»Anspanner«) aus Lärchen- und Ulmenholz, aber auch aus mächtigen Eichenstämmen. Um der aufsteigenden Feuchtigkeit zu begegnen, setzte man unter die wichtigsten Stellen des Wandgefüges, vor allem an die Gebäudeecken, große Steine oder Felsbrocken; diese punktuelle Unterlage wuchs sich nach und nach in Gestalt eines durchlaufenden Trockenmauerwerks aus Findlingen zu einer Sockelmauer aus, die als die Urzelle der sekundären Steinbautechnik gelten kann.
Um eine etwas größere Dichtigkeit der Blockwand zu erreichen, fügte man vielerorts bei Stadelbauten in die offenen, klaffenden Zwischenräume der Zimmerung, namentlich im unteren Wandbereich, dünnere, »nichttragende« Zwischenhölzer ein, die lediglich in Kerben zwischen die Haupthölzer eingeschoben wurden.

Kantholzblockbau

Eine technisch reifere Form des Blockbaus ist der Kantholzblockbau. Die mit der Axt zunächst nur an den Lagerflächen, dann allseits kantig behauenen Stämme wurden wegen ihres dichteren Gefüges bald durchwegs für Wohnbauten und auch für Stallbauten verwendet. Der Blockbau aus exakt zugehauenem Kantholz blieb am Bergbauernhof bis ins späte 19. Jahrhundert die vorherrschende Baukonstruktion und konnte bis heute noch nicht völlig verdrängt werden. Wesentlich für den Kantholzblockbau ist die werkstoffgerechte Bearbeitung der Stämme: Beim Spalten, d.h. beim Zerteilen längs der Faser, bietet Holz einen wesentlich geringeren Widerstand als beim Sägen, also beim Teilen quer zur Faser. Das längs zur natürlich gewachsenen Faser gespaltene Holz ist aber auch wesentlich widerstandsfähiger als gesägtes Holz mit seinem zerrissenen, »zerfransten« Fasergefüge.
Die früheren einfachen Arbeitswerkzeuge – Axt und Zimmerbeil, Keil und Messer – haben dem Holz die gewachsene Faserstruktur belassen, seine Widerstandsfähigkeit erhalten und seine natürlichen technologischen und gestalterischen Vorteile zur Geltung gebracht; erst die Verwendung der Säge hat die Verbundenheit des Handwerkers mit den Natureigenschaften des Bau-»Stoffes« Holz gelokkert.

Zusätzliche Fugendichtung

Um urtümliche Wohnbauten in Rundholzblockbau besser gegen Witterungseinflüsse abzudichten, ging man schon sehr früh dazu über, die unvermeidlichen Zwischenräume zwischen den »ungeschöpsten«, also kaum zubehauenen Stämmen, nachträglich mit Moos, Lehm, Werg oder auch Mörtel abzudichten.
Eine andere vorsorgliche Methode war das vorherige Aufbringen von Dichtungsmitteln auf die Bal-

ken; verschiedenartig gestaltete Auflagerflächen ermöglichsten ein festes Zusammenpressen des Fugendichtungsmittels.

Die Holzverbindungen

Mit der Entwicklung vom Rundholzblockbau zum Kantholzblockbau ging auch eine Verfeinerung der Holzverbindungen Hand in Hand. Die urtümliche einseitige Verkämmung der Rundstämme an den Gebäudeecken wurde allmählich zur zweiseitigen Verschränkung weiterentwickelt, bei der die Blockbalken beidseits eingekerbt wurden. Auch bei dieser Eckverbindung stehen die Balken noch an beiden Seiten über die Wandflucht vor.

Diesen Überstand bezeichnet man in seiner Gesamtheit als Vorstoß, die einzelnen überstehenden Blockbalken nennt man in Bayern und Salzburg »Schrotköpfe«, in Vorarlberg »Fürköpfe« und »Kopfstricke«, in Kärnten »Kegel«, in der Schweiz »Wettköpfe«.

Mit der Entwicklung der Überblattung wurde der Vorstoß überflüssig. Die einfache Überblattung ermöglichte es noch, die Holzbalken in allen Fluchten in einer Höhe zu halten, erforderte jedoch schon eine kantig behauene Holzoberfläche. Die doppelte Überblattung oder Verzinkung bedingte bereits ein höhenversetztes Zusammenfügen der Holzbalken. Diese einfachen Überblattungen oder Verzinkungen mußten in jedem Falle gedübelt werden, um das Ausweichen der Blockbalken nach außen zu verhindern; das Einpassen der Dübel war schwierig, die Dübel konnten leicht abscheren.

Die Erfindung der schwalbenschwanzförmigen Verzinkung bot eine technisch ausgereifte Konstruktion, die in ihrer Grundform auch heute noch nicht überholt ist.

Die weitere handwerklich-technische Entwicklung, vielleicht aber auch nur Freude und Stolz an der geleisteten Arbeit, führten zu aufgewölbten Auflagerflächen, zum sog. »Klingschrot«. Zur Ausführung dieser gewölbten Holzflächen diente ein eigenes »Klingeisen«, ein messerartiges gebogenes Gerät.

In den aus Kärnten in einigen Beispielen bekanntgewordenen mehrfachen Verkämmungen hat die Zimmermannskunst die Zwänge unmittelbarer technischer Notwendigkeit schon verlassen und bereits das Reich freier gestalterischer Phantasie betreten.

Das Einbinden der Zwischenwände in die Außenwand folgte etwa gleichen Entwicklungsgängen. Auch hier kennt man das Verschränken mit Vorstoß und das schwalbenschwanzförmige Verzapfen oder Verzinken. In der Schweiz war eine Mischkonstruktion beliebt: Verschränkung in wechselnder Folge mit einer schwalbenschwanzförmigen Spundung, die Vorköpfe wurden als Zierglieder gestaltet. Auch hier ist schon früh ein Wegfall der Vorköpfe zu beobachten. Diese Stirnhölzer der Balkenköpfe, in der Fläche des Blockbalkengefüges an sich schon ein ornamentales Gefüge, reizte die Phantasie der Zimmerleute bald zu freiem Formenspiel, aus einem elmentaren handwerklichen Detail wurde ein beliebtes Ziermotiv. Dieses sog. »Malschrot« ist das Kühnste, was die Holzbaukunst im Kleingefüge hervorgebracht hat.

Pfosten- und Ständerbau

Neben dem Blockbau mit seinen horizontal liegenden Bauelementen, gab es im alpinen Hausbau in vorgeschichtlicher Zeit auch Holzbautechniken mit senkrechten, ganz selten auch mit schrägen oder gekrümmt stehenden Baugliedern, die als säulenartige Stützen das tragende Gerüst der Häuer bilden. Die älteste Form dieser »Skelettbauweisen« war der Pfostenbau. Bei dieser primitiven Bauweise waren die runden Holzstützen einfach in den Boden eingegraben oder gerammt, die oben in Astgabeln endenden Pfosten trugen die notwendigen waagerechten Dachhölzer. Die Pfostenlöcher gaben der Forschung oft die einzigen Anhaltspunkte bei der Feststellung der vielfach noch runden oder ovalen Form der Grundrisse. Urtümlich wie das tragende Gerüst war auch die raumtrennende Wandkonstruktion. Zwischen den einzelnen Pfosten wurden Haselstangen in die Erde gesteckt, die freie Wandfläche vom Erdboden bis zur Fußpfette flocht man mit Ästen und Zweigen aus, das Flechtwerk wurde mit Matten, Fellen oder Gras bedeckt und mit Lehm und Mist verschmiert. Sprachlich ist diese Primärform der verflochtenen Wand noch in der Verbalform »winden« erhalten.

Im steinzeitlichen Hausbau und auch noch in den frühen Metallzeiten dürfte der Pfostenbau die verbreitetste Bautechnik gewesen sein, selbst die Grundrisse frühmittelalterlicher Gruben-Pfostenhütten im alemannisch-schwäbischen Raum zeigen noch derartige Stützgerippe. Wichtige Hinweise auf die Bauformen dieser Pfostenbauten geben neben Grabungsberichten auch die Leges Alamannorum. In seiner »Alemanischen Holzbaukunst« ist Hermann Phleps dieser Bautechnik bis ins einzelne nachgegangen.

Im jüngeren bäuerlichen Hausbau Mitteleuropas ist der Pfostenbau bereits völlig ausgestorben, nur verschiedene Gerüstformen des Holzzaunes und andere Kleinbauwerke aus Holz, wie Trockengerüste, erinnern noch an die Urform des Bauens überhaupt. Der Pfostenbau ist älter als der Blockbau – obwohl dieser urtümlicher wirkt – und wohl auf Grund seiner Anfälligkeit gegen Fäulnis endgültig als Hausbautechnik untergegangen.

Beim Ständerbau wurden zum Schutz gegen Fäulnis die senkrechten Stützhölzer auf eine eigene Unter-

Malschrotreihen mit farbiger Übermalung aus Surheim, Laufener Straße 21, Landkreis Berchtesgadener Land.

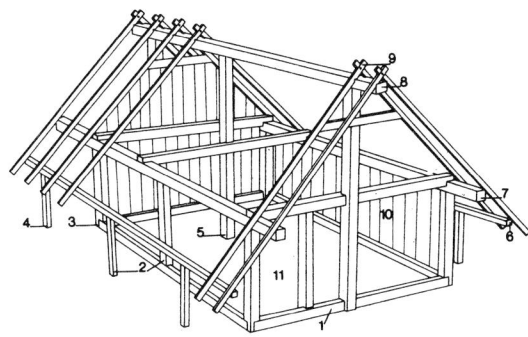

Ständerbau: Das bajuwarische Wohnhaus nach der Lex Baiuvariorum.
1 liminare (Türschwelle);
2 columna – sul (Säule);
3 winchilsul (Winkelsäule);
4 columna angularis (Ecksäule);
5 columna, a qua culmen sustentatur – firstsul (Firstpfosten);
6 trabs exterior – spanga (Rähm der äußeren Wand);
7 trabs-bretton (Rähm der inneren Wand);
8 culmen – first (Firstbalken);
9 asseres (Dachsparren, Rofen);
10 axes (Bretter, Dielen);
11 domus interior (inneres Haus).

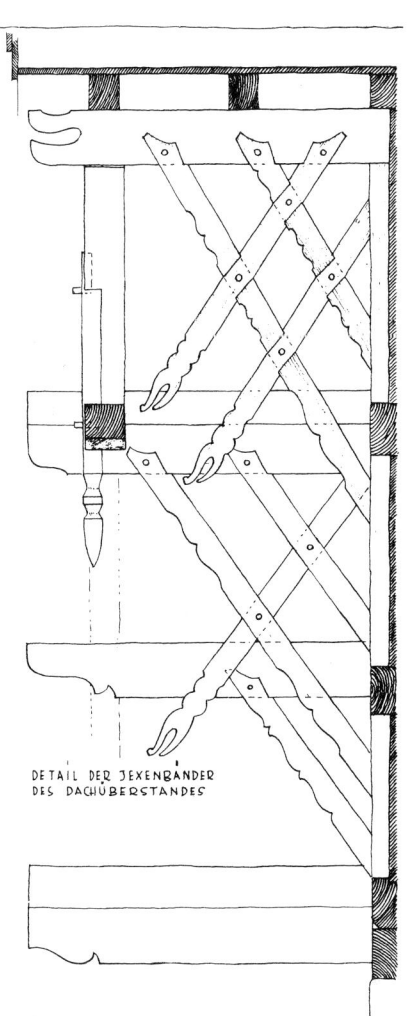

Bundwerk: Jexenbänder eines Bundwerkgiebels in Mittenwald. Hier Maßstab ca. 1:30.

lage gestellt, anfänglich wohl auch auf einfache Steinplatten, zumeist aber auf Holzschwellen, die mit den aufgehenden Stützen zimmermannsmäßig verbunden wurden und zusammen mit Balken und Streben ein festes und ausgesteiftes Gerüstsystem bildeten.

Die Lex Baiuvariorum gibt in ihren Strafbestimmungen sehr anschauliche Hinweise auf das Aussehen dieser frühen Gerüstbauten.

Solche Ständerbauten – eine folgerichtige Weiterentwicklung der Pfostenbauten – sind in einfachen, urtümlichen Formen noch im Ostalpenraum verbreitet und bilden die Ausgangsform für den weiterentwickelten Fachwerkbau, aber auch für die vielen lokaltypischen Bundwerkformen. Die wesentlichen Teile des Ständergerüstes sind zunächst das Rahmenwerk der Schwellen, ursprünglich auf dem Boden liegend und daher vielfach aus dem widerstandsfähigeren Eichenholz bestehend, später durch einen Unterbau vom Erdboden abgehoben. An den Ecken sowie in regelmäßigen Abständen sind senkrechte Ständer in die Schwellen eingezapft, sie werden durch den oberen Rahmen, den sog. »Kranz«, zusammengehalten und verbunden und durch Verstrebungen wie Kopf- und Fußhölzer versteift. Die weitere Unterteilung in einzelne Gefache folgt den räumlichen Bedürfnissen. Die mit dem Ständerbau verbundene Dachkonstruktion ist mit den für den Blockbau typischen Pfettendachformen nicht identisch. Die Wandfüllungen in den einzelnen Gefachen bestehen wie beim Pfostenbau aus Flechtwerk. Eine Sonderform des Ständerbaus ist der Bohlenständerbau, hier bestehen die Wandfüllungen durchwegs aus liegenden Bohlen, etwa 8–12 cm dick, in die senkrechten Eckständer und Zwischensäulen eingenutet; der Ausdruck »Blockständerbau« ist eine falsche Analogie zum Blockbau. Dieses altertümliche Arbeitsgerüst war arbeitsaufwendig und schwierig herzustellen, in seinem Gefüge jedoch elastisch und widerstandsfähig; es erlaubte die Verwendung von Laub- und Nadelholz. Der Bohlenständerbau war offensichtlich bis ins Mittelalter auch im bäuerlichen Hausbau im ganzen bairischen Stammesbereich weit verbreitet, hat sich jedoch nur in Rückzugslandschaften wie im Ötztal, aber auch in Niederbayern in größeren Beständen bis heute erhalten, in Kärnten nur in sehr spärlichen Resten, z.B. im mittleren Lavanttal. Heute findet man Bohlenständerbauten allerdings vorwiegend nur noch bei Stadeln.

Bundwerk

Im Gegensatz zum Fachwerk sind Bundwerkformen im Alpengebiet weit verbreitet und ein bestimmendes Gestaltungsmerkmal mehrerer Hauslandschaften. Kennzeichnend für jede Bundwerkwand ist ein zimmermannsmäßig abgebundenes Riegel- und Strebenwerk, das meist hinterschalt ist, die Schalbretter liegen unmittelbar hinter den verbindenden Hölzern und sind in Nuten an den tragenden Balken eingeschoben. So entsteht eine geschlossene Wand, deren Konstruktionshölzer in der Fassade sichtbar bleiben. Im östlichen Alpenraum finden sich zwei besondere Ausformungen des Bundwerks: Giebelbundwerk am Wohnhaus und Bundwerkwände an Stadelbauten, teils nur an den Längsseiten, teils an Längsseiten und am Ostgiebel, nie jedoch an einem wetterseitigen Giebel. Das Giebelbundwerk, der sog. »Zierbund«, ist die wohl ältere Ausprägung, es stammt offenbar aus Tirol, wo spätgotische Beispiele erhalten sind, und ist heute noch im gesamten Tiroler Inntal bis hinunter nach Schwaz verbreitet, ferner in den südlichen Seitentälern des Inn und im Leutaschtal sowie in Südtirol. Aus dem Tirolischen ist der Giebelbund wohl um die Mitte des 17. Jahrhunderts in den südwestoberbayerischen Raum vorgedrungen: neben dem neuen Kerngebiet im Werdenfelser Land reicht sein Verbreitungsgebiet ostwärts bis zur Linie Mittenwald - Wallgau - Großweil - Heubach - Iffeldorf - St.Heinrich - Bernried. In Mittenwald finden sich die ältesten und den tirolischen Vorbildern ähnlichsten Beispiele.

Die einfachste Form eines Zierbundes ist ein Giebelbinder, also ein Dreiecksgespärre aus Rafen und dem dazugehörigen Dachbalken (»Tram«), mit einer Firstsäule und 2 oder 4 »Beifirstsäulen« sowie Bundbändern als Verbindungshölzer längs und quer zur Firstrichtung. Diese einfache, wenn auch als statisches Gefüge völlig ausreichende Form, ist zur Zierform weiterentwickelt worden.

In symmetrischer Anordnung wurden weitere Bänder, sog. »Bundbandl'n«, in das Zierbundgitter eingefügt und schwalbenschwanzförmig, häufiger noch geißfußförmig, an die tragenden Hölzer geblattet und mit Holzriegeln befestigt. Sie sind hauptsächlich auf Zug beansprucht, »beißen« sich also beim Schwinden des Holzes nur noch fester ein. Die gestalterische Grundidee – horizontale Teilung durch den Spannriegel, vertikale Teilung durch die Firstsäule und die Beifirstsäulen – findet sich in zahlreichen lokal- und zeittypischen Abwandlungen. Allgemein üblich ist die Füllung der Felder mit Andreaskreuzen – in gedrängter Anordnung als Rautengitter bezeichnet –, die entweder das ganze Giebelfeld füllen, häufiger aber auf die Zone unter dem mittigen Spannbalken beschränkt bleiben. – Typisch für die Werdenfelser Ziergiebel sind die frei in die Giebelfläche weisenden schrägen Bänder, die nur an ihrem Fußpunkt angeblattet sind, ferner die schräg abwärts aus dem Giebelfeld ragenden Bänder, die einzeln, doppelt oder dreifach an die First- oder Beifirstsäulen geblattet sind. Das frei abwärts weisende Ende dieser »Jexenbänder« ist phantasievoll gestaltet; am häufigsten begegnet man züngelnden Drachenköpfen, dann dem Herzblatt, der Doppelzwiebel, dem Blumenkelch, dem Vogel- oder Greifkopf, aber auch der menschlichen Hand mit weisendem Finger, als Faust, die spöttische »Feige« zeigend oder ein Kreuz haltend. Häufigste Form des Mittelknotens ist die »Doppelschere«, daneben die abgestrebte Firstsäule oder ein Kreuzbund, also ein Andreaskreuz über der Firstsäule. Die übrigen Mittelknoten haben sich aus diesen drei Formen entwickelt. Die Nebenknoten an den Beifirsten sind ähnlich ausgebildet, etwa mit »Schere« außen oder innen, mit Kreuzband, Doppelschere, Diagonalband oder Fußband außen oder innen.

Der »Vorbund«, eine tirolische Eigenheit, ist auch im Werdenfelser Land stark ausgeprägt; er ist ein unter dem weit ausladenden Vordach hängendes Luftgespärre, gebildet aus Spannriegel, Flugsparrenpaar und eingezapfter Mittelsäule. Der Querbalken ist durch schräg abwärts weisende Bänder und zwei bis vier kurze Andreaskreuze belebt, oft mit einer Bauinschrift versehen und unterseitig profiliert. An allen reicher durchgebildeten Ziergiebeln findet man neben der Profilierung der Bänder, Büge und Balkenköpfe die Reste früherer Bemalung, die ursprünglich alle Hölzer des Zierbundes überzog und die Architektur optisch in den Hintergrund rückte. – Die Werdenfelser Zierbundtechnik erlebte ihre Hochblüte etwa ab der Mitte des 17. bis zur Mitte des 18. Jahrhunderts, erlosch aber schon um 1800; nur im Gebiet nordöstlich von Füssen lebte sie in lokaltypischer Form bis 1815 fort.

Die Hinterschalung der Bundwerke ist oft mit regelmäßig gesetzten Luft- und Lichtöffnungen versehen, die als Drei- oder Vierpaß, vielfach aber auch als religiöse Symbole, volkskundliche Zeichen oder Zimmermannswerkzeug ausgesägt und farbig umrahmt sind. Auf den Schalbrettern selber ist Bemalung hingegen selten. Im Bundwerk haben statische Funktion und künstlerische Gestaltung eine untrennbare Harmonie erreicht.

Primärer Steinbau

Im Ostalpenraum wurde der Steinbau primär nur in den rätoromanischen Siedlungsgebieten gepflegt, also vorwiegend im Oberinntal, im Engadin, im Vinschgau, im Eisack- und Pustertal sowie zum Teil im mittleren und unteren Etschtal; in Graubünden finden sich die ältesten bäuerlichen Steinbauten nur bei Wirtschaftsbauten, vor allem in den Südtälern und auf den Almen.

Hier begegnet man dem Steinmauerwerk gelegentlich auch noch in seiner Primärform, in der Bauweise des Trockenmauerwerks. Ohne Verwendung von Mörtel oder sonstigen Bindemitteln wird dieses Mauerwerk aus Bruchsteinen oder Findlingen aus dem natürlichen Angebot der Landschaft in Mauerstärken von 60–80 cm aufgeschichtet. Erst mit der Einführung der römischen Mauertechnik – Kalkmörtelmauerwerk und Gewölbebau – konnte der Steinbau auch im Alpenraum weitere Verbreitung finden, blieb jedoch anfänglich den besonderen Bauvorhaben der oberen Bevölkerungsschicht vorbehalten. Seit dem Mittelalter wurde dieser vermörtelte Steinbau auch beim bäuerlichen Wohnhaus angewendet.

Man beobachtete bei den ältesten Bergbauernhöfen in Südtirol eine Untergeschoßkonstruktion aus sehr starkem und sorgfältig gefügtem Mauerwerk, die Mauern wurden aus behauenen Bruchsteinen und einem festabbindenden Kalkmörtel errichtet. Der Aufbau erfolgte in gleichmäßigen Schichten, die Ecken wurden durch besonders schön behauene Quader betont, einige Beispiele zeigten bereits eine ausgesprochen regelmäßige Schichtung von gleichgroßen Steinen sowie ausgestrichene Mörtelfugen bei sonst unverputzten Mauern – die Technik romanischer Burgen- und Kirchenbauten.

Die Erbauungszeit dieser Bergbauernhöfe liegt vor Beginn des 16. Jahrhunderts, mehrere Beispiele reichen bis ins 13. und 12. Jahrhundert zurück, auffallend ist die Höhenlage zwischen 1000–1550 m. Bei diesen sehr entlegenen Höfen wurden außerordentlich merkwürdige, rätselhaft verwinkelte Ganganlagen festgestellt, die nur dann sinnvoll erscheinen, wenn man an eine wehrhafte Anlage dachte.

Die Entstehung gemauerter Untergeschosse steht sicherlich auch in ursächlichem Zusammenhang mit der Lage vieler Höfe am steilen Hang. Gerade bei den ältesten Bergdörfern nutzte man die wenigen ebenen oder flacher geneigten Stellen für Acker- und Wiesenbau, den Hof selbst stellte man schon aus Gründen der Sparsamkeit auf felsige, unfruchtbare Hangstellen. Da gerade hier ein Eingraben des Unterbaus in den Felsengrund nicht möglich war, mußte man eine ebene Plattform an der oberen Seite des Hanges schaffen – bei primitiven Nebengebäuden Balkenlagen, die hangseitig am Fels auflagerten, talseitig auf Holzstützen ruhten. Beim solideren Wohnhaus kam hier nur eine Mauersubstruktion Frage; der ursprünglich noch offene Hohlraum unter dem Fußboden bot sich bald als Abstellraum an und entwickelte sich schließlich zum allseits ummauerten und überwölbten Kellerraum. Im Zuge der allgemeinen Entwicklung setzte sich in den rätoromanischen Gebieten dann bereits ab dem 16. Jahrhundert die Mauerung ebenso für das eigentliche Wohngeschoß durch.

Auch in den meisten anderen alpinen Gebieten entwickelte der Massivbau aus bodenständigem Gestein landschaftsprägende Hausformen. Der Ziegelbau nahm in Oberitalien seine europäischen

Primärer Steinbau (um 1840): Baugefüge und Einteilung eines vierräumigen Doppelhauses. Sonogno, Tessin.

Mischbau: Erweitertes und aufgestocktes Saalhaus aus Zuoz, Graubünden.

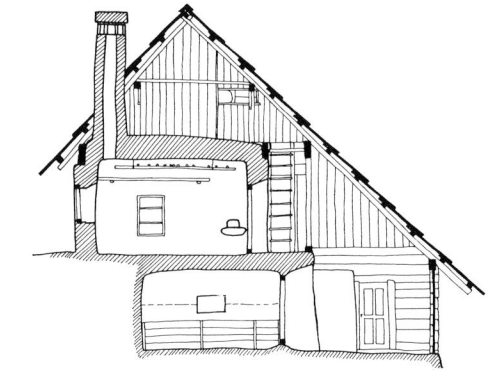

Längslaubenhaus aus dem Rosental, Kärnten.

Anfänge, ab dem 10. Jahrhundert ist er dann in bayerischen Gebieten bekannt, in der bäuerlichen Architektur der Alpenländer vermochte er sich zwar kaum vom dem 19. Jahrhundert einzubürgern, hat sich aber spätestens seit Beginn des 20. Jahrhunderts fast im gesamten bäuerlichen Bauwesen als ausschließliche Bautechnik durchgesetzt.

Mischbauweisen und sekundärer Steinbau

Wie in Franken läßt sich auch in den alpinen Blockbaugebieten der Einfluß staatlicher Verordnungen gegen übermäßigen Holzverbrauch bei Neubauten nachweisen. So bestimmen schon bayerische Forstordnungen von 1565 und 1594, es solle »um Verschonung der Wälder willen« zu keinem »ganz geschrötteten Bau« (=Blockbau) Zimmerholz abgegeben werden; die »Bauwerber« sollten angewiesen werden, wenigstens das Erdgeschoß zu mauern. Ausnahmen wurden nur dort gestattet, wo infolge Fehlens geeigneter Bausteine oder aus anderen triftigen Gründen die strenge Durchführung der Verordnung unbillige Härten mit sich gebracht hätte. Auch das bayerische Landrecht von 1616, das zum Teil ältere Bestimmungen von 1568 wieder aufnimmt, wendet sich in teilweise fast gleichlautenden Bestimmungen gegen zu hohen Holzverbrauch. Dort heißt es im Artikel 41, daß man früher den Austragsbauern ein Söldenhaus gebaut habe, wodurch viel Holz verschwendet worden sei, »so solle man in Zukunft die Ausnahmhäusl untersagen und den Austragsleuten eine Gelegenheit mit einer Kammer oder Anbau an das Bauernhaus geben«. Nach Artikel 42 sollte der Bau zweigadiger Häuser aus Holz untersagt werden, es sollten am besten beide Geschosse oder wenigstens das Untergeschoß gemauert werden. Auch der bayerischen Forstordnung von 1598 ist zu entnehmen, daß aus Holzersparnisgründen die Genehmigung zum Bau zweigeschossiger Häuser nicht oder nur dann erteilt wurde, wenn mindestens ein Geschoß in Mauerwerk errichtet wurde; wie Urkunden und wiederholte Strafandrohungen zeigen, wurde diese Verordnung besonders auf den Bergbauernhöfen nur zögernd befolgt. Auch brandschutztechnische Erwägungen führten zu Einschränkungen und Verboten. In der Feuerordnung des Hochstifts Berchtesgaden vom Jahre 1656 ist schon eine Anordnung über ein »quatemberliches säubern zu lassen von Kamin und Rauchfang« verankert. Spätere Bestimmungen regelten den Holzverbrauch bis in alle Einzelheiten; es finden sich schon damals ausdrückliche »Verwendungsverbote«, wie sie aus Verordnungen nach dem 2. Weltkrieg noch in Erinnerung sind. Das Vordringen der Mischbauweise erfolgte wohl in allen ehemaligen Holzbaugebieten in mehreren Abschnitten und begann mit der Ausmauerung und Einwölbung der Feuerstättenräume, um hier, an dieser brandgefährdeten Stelle des Hauses, ein größtmögliches Maß an Feuersicherheit zu erreichen.

Von diesen gemauertern Küchenräumen breitete sich die Tendenz zur weiteren »Versteinerung« des Hauses zunächst auf angrenzende Räume aus. Im Berchtesgadener Land wurde die Mauerung und Einwölbung der Küche erst im 17. Jahrhundert allgemein üblich und ging bei nachträglicher. Ausführung in alten, reinen Blockbauten nicht ohne Schwierigkeiten vor sich. Die notwendige Wölbhöhe führte bei den damals noch sehr großen Kuchln auch bei flachstem Bogen zum Verlust der darüberliegenden Räume. Wahrscheinlich erbrachte dieser Umstand die nachträgliche Verkleinerung der Kuchl durch Raumteilung, wobei neben der Stube eine kleine Stubenkammer gewonnen wurde, die fortan einen festen Bestandteil des Grundrißkonzeptes bildete. Im Zillertal, wo dasselbe Grundrißgefüge anzutreffen ist, wurde zur Erhaltung des über der Küche liegenden Raumes der Küchenboden im Zuge der Einwölbung um einige Stufen tiefer gelegt. Noch heute sind im Alpenraum uralte ebenerdige Holzblockbauten vorhanden, deren gesamter Dachstuhl rußgeschwärzt ist, obwohl die Kuchl mit dem Ofen schon vor Jahrhunderten eingewölbt und mit einem Kamin versehen wurde. Bereits vom 16. Jahrhundert an begann man im Voralpenraum, das gesamte Erdgeschoß des Wohnteils auszumauern. Dieses Konzept der Mischbauweise findet man an den bayerisch-salzburgisch-tirolischen Einhöfen allerdings erst seit dem 18. Jahrhundert, und auch hier zunächst nur in Tallagen, wo es bis heute üblich blieb.

Zur Regel wurde die völlige Ausmauerung hingegen in den westlichen Tiroler Landschaften.

Die konsequente Mauerung des ganzen Wohnteils und des Stalles – der »sekundäre Steinbau« – ist seit dem 18. Jahrhundert zu beobachten; er hat sich aber vielerorts erst um die Jahrhundertwende durchgesetzt und konnte auf ausgesprochenen Bergbauernhöfen vielfach auch gar nicht Fuß fassen. Die Tarifgestaltung der Landesbrandversicherungsanstalten machte dem alten, anfänglich in jeder Hinsicht billigen Holzblockbau schwer zu schaffen. Während in Bayern für ein Haus mit massiven Umfassungswänden und harter Bedachung – »I. Klasse« – ein Jahresbeitrag von 1 Mark pro 1000 Mark des Versicherungswertes zu entrichten war, betrug die Prämie für ein Holzhaus mit Schindeldach – »IV. Klasse« – mindestens 2,5 Mark, je nach Umständen sogar 3 bis 3,5 Mark pro 1000 Mark des Versicherungswertes. Bei diesen Prämienunterschieden konnte man den Bauern allerdings die Abkehr von der alten Holzbauweise nicht verübeln.

Für das »Umgestalten« von Holzblockwänden war etwa seit 1820 eine Reihe mehr oder minder aufwendiger Verfahren üblich geworden. Im einfachsten Falle stopfte man die Außenfugen glatt mit Kuhdung aus und bestrich die ganze Wand mit Kalkmilch, wobei oft auch Lehm oder Sand beigemischt wurde. Ein Zusatz von Topfen und Magermilch ergab bereits einen wischfesten Anstrich. Da diese dünnen Kalkmilchhäute bei näherem Hinsehen allzu leicht die wahre Natur der Wand verrieten, versuchte man, richtige Putzschichten aufzuziehen. Die Holzwand wurde vorher durch Beilschläge aufgerauht, zusätzlich trieb man Hartholzkeile, später manchmal sogar Nägel in regelmäßigen Abständen ein. Dann bewarf man die Wand zunächst mit einem 3–6 cm dicken Lehmschlag, der mit Häcksel, Kälberhaar, Stroh oder Schweinsborsten vermischt sein konnte. In diesen Lehmschlag mischte man gelegentlich auch größere Steinbrocken. Später wurden auch schräge Lattenroste als Putzträger angebracht.

Die Landesbrandversicherungsanstalten sahen in solchen Maßnahmen eine Verminderung der Brandanfälligkeit durch Flugfeuer und gaben für vollverputzte, also feuerhemmend gestaltete Holzumfassungen Prämiennachlässe.

Eine regelrechte Vormauerung aus Ziegeln war die letzte »Ausbaustufe« zur nachträglichen Versteinerung von Holzbauten. Der Übergang vom primären Holzblockbau zu Mischbauweisen und zum vollständigen »sekundären Steinbau« hatte daneben aber auch sehr merkwürdige psychologische Gründe. Mit dem Aufkommen des gemauerten, als fortschrittlich geltenden Gebäudes begann man, die Besitzer von alten Holzblockbauten als rückständig, ja armselig zu betrachten. Wer sich keinen steinernen Neubau leisten konnte, versuchte also vielfach durch andere bauliche Maßnahmen, dem Holzblockbau das Aussehen eines Massivbaus zu geben.

Die entlegensten Bergbauernhöfe sind von dem später in allen Hauslandschaften üblichen Mischbau oder Steinbau noch am längsten unberührt geblieben.

Gewölbe

Die Erfindung des Wölbens nahm ihren Ausgangspunkt wohl von primitiven Lehmhauben. Bevor die Wölbung in den Steinbau übernommen wurde, konnte man Öffnungen und Räume zunächst nur mit monolithischen Stürzen oder Platten überbrücken. Hier waren der Spannweite in der Biegungsfestigkeit des Steins und im Gewicht der Werkstücke enge Grenzen gesetzt. Durch stufenweises Auskragen der Schichten ließen sich Spannweiten bewältigen, die größer waren als die verfügbaren Steinblöcke. Auf diese Weise wurden auch primitive Kuppeln in horizontalen Ringen geschichtet. Übereck gelegte Steinbalken über Rechteckräumen bildeten ebenfalls eine Art Kuppel. So hatten sich gewölbeähnliche Formen herausgebildet, doch waren die Steine in allen Fällen noch horizontal geschichtet und auf Biegung – freitragend oder auskragend – beansprucht; diese »Kragkuppeln« waren noch keine Gewölbe im konstruktiven Sinne.

Das echte Gewölbe ist dadurch gekennzeichnet, daß die Steine radial geschichtet sind. Durch die Keilform der Schichten setzt sich die senkrechte Last in schrägen Druck um, der sich von Schicht zu Schicht nach außen wachsend, im Verlauf der Gewölbelinie fortpflanzt, bis er im Widerlager den Mauerkörper trifft, der ihm durch sein Gewicht standhalten muß. Statisch ist das Gewölbe definiert als bogenförmiges Tragwerk mit schiefen Auflagerdrücken. Ihrem Aufbau nach gehören die Gewölbe zu den Mauern – sie sind im gleichen Material aus Steinen im Verband gefügt oder aus Gußmassen geformt. Im Mauerbogen ist die Wölbung ein Bestandteil der Mauer selbst. Im Gewölbe schwingt sich die aufsteigende Mauer über den Raum hinweg und bildet so das völlig homogene Baugefüge, in dem der Massivbau der Vergangenheit seine Vollendung erreichte.

Auch in der Baugeschichte des Bergbauernhofes beginnt die Entwicklung des Gewölbes mit dem Überspannen schmaler Gänge durch tonnenförmige Wölbungen, nachdem die erwiesenermaßen bekannte römische Wölbetechnik gründlich verloren gegangen war, und nachdem man noch im 12. und 13. Jahrhundert in Graubünden solche Gänge, in fast prähistorischer Technik, mit riesigen Steinplatten flach abgedeckt hatte.

An den ältesten Bergbauernhöfen Südtirols haben sich in den gemauerten Untergeschossen Rundbogen aus sorgsam zusammengesetzten Keilsteinen erhalten, die noch auf romanische Vorbilder hinweisen.

In Graubünden treten beim Bauernhof niedrige Tonnengewölbe über breiteren Räumen erst im 14. Jahrhundert auf und zwar nur bei unterirdischen, halb im Berghang liegenden Kellern. Gotisch beeinflußte, spitztonnenförmige Gewölbe sind kaum bekannt geworden. Gegen Beginn des 16. Jahrhunderts kommt in Graubünden jedoch die immer noch leicht überhöhte Tonne vor, an deren Stelle sich aber alsbald das halbkreisrunde Gewölbe sehr stark verbreitete. In Graubünden begann man schon sehr früh, flache Kellerdecken durch Gewölbe zu ersetzen und die offenen Küchen einzuwölben.

Im Engadin hat die Technik des Gewölbes in der Mitte des 17. Jahrhunderts mit Spannweiten von kaum mehr als 5 m bereits ihre höchste Reife erlangt. Alle echten Gewölbe wurden übrigens mit Hilfe von Verschalungen gemauert.

In den Blockbaugebieten der Ostalpen beginnt etwa seit Anfang des 17. Jahrhunderts mit der Teilausmauerung auch die Entwicklung der Gewölbetechnik. Allerdings sind hier Gewölbe im allgemeinen auf die Küche und den Flez beschränkt. Von der einfachen Zylinderform, der Tonne, hat die bäuerliche Mauertechnik eine große Zahl technisch ausgereifter und erstaunlich schöner zusammengesetzter Formen des Kreuzgewölbes abgeleitet. Manche Fleze mit ihren ausgeprägten, manchmal etwas verzierten Graten und ihren lebendigen, oft unregelmäßigen Wölbprofilen, gehören zu den stimmungsvollsten Raumschöpfungen bäuerlicher Baukunst.

Dächer

Dachformen und Dachneigungen

Das Flachdach mit Legschindeldeckung war wohl im gesamten westlichen Teil des Ostalpenraumes schon lange vor der bairischen Einwanderung heimisch; wahrscheinlich ist es um 200 v. Chr. durch die Illyrer von Nordosten her in den Alpenraum gebracht worden.

Den Baiern war das alpine Flachdach auf Holzblockgefüge vor der Einwanderung in den Alpenraum vermutlich völlig fremd, das stammeseigene Haus war – wie bei den Alemannen – ein Ständerbau mit steilem, strohgedecktem Walmdach.

Die Baiern waren in erster Linie erfahrene Getreidebauern und nicht Viehzüchter. Das steile Dach ihres Hauses deckten sie mit dem beim Getreidebau anfallenden Stroh, das eine starke Dachneigung verlangte. Im rauhen Alpenklima mußten die Einwanderer die gewohnte Wirtschaftsform des Getreidebauern (»Körndlbauer«) aufgeben und zur Viehzucht übergehen (»Hörndlbauer«). Mit diesem Wechsel der Wirtschaftsform schwand die Grundlage für das früher in großen Mengen anfallende Dachdeckungsmaterial Stroh, daher gab man auch die traditionelle Dachform auf und übernahm das von der ansässigen vorrömischen Bevölkerung erprobte Flachdach, das mit Legschindeln gedeckt werden konnte.

Zu dem gleichen Schritte waren auch die alemannischen Nachbarn im Allgäu gezwungen. Während aber die Schwaben nördlich des Alpenrandes ihr altgewohntes Steildach beibehielten, beschränkt sich auf bairischem Stammesgebiet das Flachdach nicht etwa auf den engeren Alpenraum, sondern greift im Osten von Oberbayern weit nach Norden bis über die Donau auf den Bayerischen Wald über. In diesen Gebieten haben sich allerdings Steildachbauten – auch bei nicht »herrschaftlichen«, sondern bäuerlichen Bauten – bis heute neben den Flachdachbauten behaupten können. Die Ausbreitung des Flachdaches ist hingegen innerhalb des bairisch besiedelten Alpenraumes auf die westlichen Teile beschränkt und fest umgrenzt geblieben.

Der ganze bairisch besiedelte Raum des heutigen Österreich östlich einer Linie, die von der Großen Mühl durch das Salzkammergut zu den Tauern führt, ist ausgesprochene Steildachlandschaft geblieben – obwohl dort die gleichen klimatischen Verhältnisse herrschen. Demnach können klimatische, aber auch siedlungsgeschichtliche Gründe allein für die Verbreitung des Flachdaches und die Beharrung des Steildaches nicht ursächlich sein. Im bayerischen Hochland und im westlichen österreichischen Alpenraum ist das flache, legschindelgedeckte Dach mit weiten Dachüberständen das vorherrschende Merkmal bäuerlicher und halbbäuerlicher Gebäude geworden. Bauten anderer Zweckbestimmung besitzen vielfach steile Dächer mit knappem Überstand an Traufe und Giebeln.

Das Steildach beschränkt sich aber keineswegs, wie vielfach angenommen, nur auf den Kreis der nichtbäuerlichen, sog. »herrschaftlichen« Bauten. Es findet sich auch bei einer beachtlichen Zahl bäuerlicher Gebäude. Sehr viele eingeschossige Kleinbauten, wie Backöfen, Waschküchen, Brechelbäder, besitzen Steildächer, ebenso aber auch zweigeschossige Kleinhäuser, unter ihnen namentlich die »Zuhäusl'n« des Chiemgaus und des Isarwinkels. Die Neigung dieser Steildächer ist allerdings meist geringer als die der »Herrschaftsbauten« und liegt etwa zwischen 36 und 48 Grad; die Konstruktion ist immer der Pfettendachstuhl, neben dem Satteldach ist auch das Schopf- oder Krüppelwalmdach gelegentlich anzutreffen. Der Dachvorsprung bleibt auch bei diesen steilen Pfettendächern stets ziemlich knapp.

Mitbestimmend für den Charakter des flachen alpinen Daches ist der weite, konstruktiv notwendige Dachvorsprung. Das von der Legschindel bedingte Flachdach läßt das Regenwasser nur sehr langsam ablaufen, das dann an der Traufe sehr verzögert abtropft und so die feuchtigkeitsempfindlichen Blockwände schon bei schwachem Wind stark durchnässen kann. Allein sehr weite Dachüberstände können auch bei stärkerem Wind das abtropfende Wasser von der Hauswand fernhalten. In Gebieten mit natürlichen Bauweisen sind daher knappe Dachüberstände nur dort anzutreffen, wo die Mauern durch ihren Massivbaucharakter von windgepeitschtem Abtropfwasser nicht gefährdet sind, zudem läuft bei Steildächern das Regenwasser recht rasch ab. An älteren Holzblockbauten kann man am Giebel bis zu 3 m, an den Traufen bis zu 2 m ausladende Dachüberstände antreffen, bei gemauerten Bauten sind die Dachüberstände an diesen Stellen meist viel geringer.

Bei einem Dachüberstand bis zu etwa 1,50 m ge-

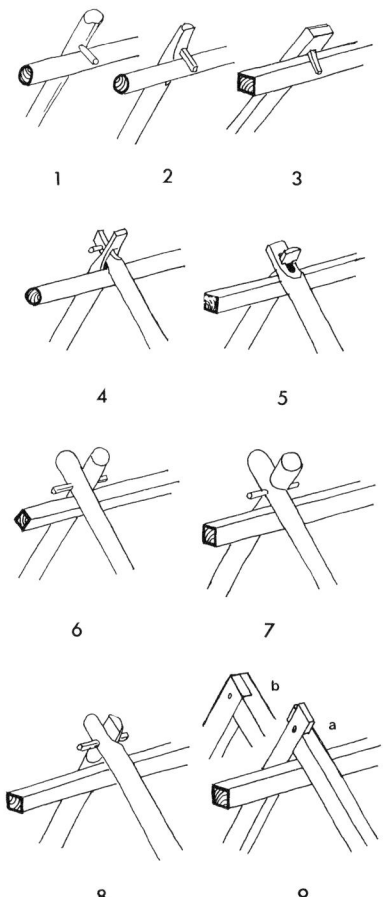

Einige Arten der Aufhängung und Befestigung der Rofenhölzer am Firstbalken: 1 bis 3 mehr und weniger bearbeitete Rofen mit eingebohrtem Holznagel (ihre Vorformen waren vermutlich Asthaken); 4 Rofenverbindungen mit Zapfenschloß und Durchsteckpflock; 5 Ösenverbindung durch Verdrehung des Durchsteckzapfens; 6 in voller Holzstärke durch Rofennagel verbunden = »angesetzte Rofen«; 7 mit Ausnehmung und durch Holznagel verbunden = »angekämmte Rofen«; 8 mit Anblattung und durch Holznagel verbunden = »angeblattete Rofen«; 9 scharfkantig, mit Überstand (a) oder bündig (b) »verblattete Rofen«.

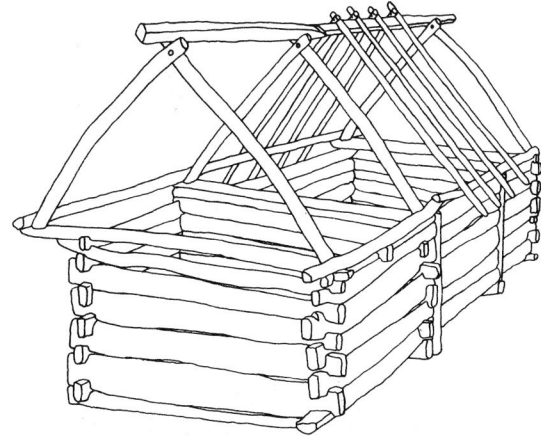

Altartiges Scherendach, wie es in Südosteuropa vereinzelt heute noch zu finden ist, in Österreich vor allem im südlichen Burgenland und in der südöstlichen Steiermark.

nügte es, die Rafen einfach über die Fußpfette auskragen zu lassen, bei größeren Dachüberständen ließ man zur Unterstützung jeden dritten oder vierten Deckenbalken als »Brettenkopf« bis zu 80 cm über die Außenwand vorstehen und legte darauf eine Freipfette (»Flugpfette«, »Spatzenbaum«) auf, über die dann die Rafen nochmals etwa 1 m weit auskragen konnten.

Der giebelseitige Dachüberstand, der sog. »Vorschuß«, ist selten an beiden Giebeln gleich groß. Meist ist ein Vorschuß nur noch am Giebel des Wohnteils vorhanden, am rückwärtigen Stadelgiebel sind die Windbretter, allenfalls auch das letzte Rafenpaar, oft unmittelbar auf die verbretterte oder verschindelte Wand aufgebracht, da die Vorköpfe oft durch Witterungseinflüsse verfaulten und daher vom Vorschuß immer mehr abgesägt wurde.

Das Giebelvordach wird von kräftigen, übereinandergelegten Pfetten getragen, oft bis zu fünf an der Zahl.

Beim bairischen und tirolischen Vordach ist die Firstpfette sehr oft mit Datierungen versehen, häufig sogar mit den Initialen des Erbauers in einer Kartusche zusammengefaßt.

Ein breites, meist zweiteiliges Stirnbrett mit einem zusätzlich darübergelegten, etwa 14–15 cm über die Dachdeckung greifenden Deckbrett schließt das Vordach außen ab. Bei den aufgedoppelten Pfetten werden die Pfettenköpfe stets von senkrechten Pfettenkopfdeckbrettern, sog. »Stirnbrettern« oder »Furmbrettern«, abgedeckt. Alle Teile des Vordaches waren ursprünglich sehr einfach gestaltet, zu reicheren Verzierungen und Bemalungen kam es erst in der Barockzeit. Im späteren 19. Jahrhundert verzierte man die Vordachhölzer oft mit laubsägeartig ausgeschnittenen Formen von großem Einfallsreichtum. Auch bei den zahlreichen Dachstuhlerneuerungen im 19. Jahrhundert hat man älteren Dachstühlen stets »zeitgenössische«, reicher verzierte Pfettenköpfe, Deck- und Stirnbretter aufgesetzt.

Dachkonstruktionen

Das Pfettendach

Die flache Dachneigung führte konstruktiv zwangsläufig zur Pfettendachkonstruktion, die sich in mehreren Varianten und Spielarten im gesamten inneralpinen Raum durchgesetzt hat. Wie tief das Prinzip des Pfettendachstuhls im konstruktiven Fühlen und Denken des alpinen Handwerkers verwurzelt ist, fiel schon Alwin Seifert auf:

»Erlebnisse mit altbayrischen Zimmermeistern zeigten die erstaunliche Tatsache auf, daß diese das Gesperr, die sich gegeneinander abstützenden Sparren und daraus abgeleiteten Sprengwerke allen Bauschulen zum Trotz gar nicht kennen, ja gar nicht zu denken vermögen. Sie stellen senkrechte Stuhlsäulen auf, legen über diese waagerechte Pfetten und hängen über sie als Dachhölzer Rafen, steil oder flachgeneigt, wie es eben kommt. Der Sparren kommt eben aus fränkischer oder niedersächsischer Zimmermannsart. Ganz offenbar sind diese Unterschiede so alt und so zäh wie die der Sprache ...«

(Aus einem Vortrag über »Das alpenländische Flachdach«)

Pfettendächer bieten folgende Vorteile:

Die Konstruktion ist primitiv, die Herstellung erfordert relativ wenig Arbeit und Sorgfalt; die Verwendung von Rundholz ist möglich. Das Dach läßt sich auf die verschiedensten Unterkonstruktionen abstützen, es überdacht auch komplizierte und schiefwinklige Grundrisse, ermöglicht grundsätzlich jede Dachneigung und Dachform und beliebige Auswechslungen in der Sparrenlage.

Die Balkenlage ist dabei von der Sparrenlage unabhängig; sie kann auch ganz fehlen oder erst nachträglich eingezogen oder am Dach aufgehängt werden.

Das statische System der Pfettendächer ist einfach. Die tragenden Kontruktionsteile, die Pfetten, sind waagerechte Balken, die auf verschiedenen Stützen, Säulen, Pfosten oder Ständern oder direkt auf Wänden auflagern. Die von der Firstpfette zur Traufe führenden schrägen Hölzer – hier richtig »Rofen« oder »Rafen« genannt – »hängen«, meist paarweise verbunden, auf der Firstpfette auf und tragen die »Dachstangen« oder »Dachlatten« mit dem Dachbelag. Entsprechend ihrer statischen Funktion waren die hängenden, »baumwälzig« belassenen Rofen ursprünglich mit ihrem Zopfende zum First gerichtet, während das dickere Ende, der sog. »Arsch«, unten an den Fußpfetten lag. Diese Rofen werden zwischen First und Traufe meist durch Mittel- oder Seitenpfetten zusätzlich untersützt und liegen am Dachfuß, also auf der Fuß- oder Wandpfette, meist ohne besondere Befestigung auf.

Die ursprünglichen Rofen liegen auf der Firstpfette noch stets nebeneinander, nur an den Giebeln brachte man sie durch entsprechende Verblattung auf eine Ebene.

Ein engeres konstruktives Kriterium für den hauskundlichen Begriff des »handwerklichen« Pfettendaches – gegenüber urtümlichen »vorhandwerklichen« Dachgerüstformen – ist die Auflagerung der waagerechten Dachbalken, die stets drehfest »abgebunden« und bei vorwiegend kantrechter Bearbeitung winkelrecht ein- oder aufgezimmert sind. Die noch »vorhandwerklichen«, urtümlichen »Jochbalkendächer« hatten im Gegensatz dazu noch naturgewachsene oder künstlich zugerichtete Auflager, in die die Pfetten frei und – bei kantrechter Bearbeitung – schrägkantig eingelegt oder »eingehälst«

sind. Diese Vorform des Pfettendaches fand sich am deutlichsten bei den steinzeitlichen Pfostenbauten, hier war auch der Charakter des hängenden Daches noch klar erkennbar, da die Rofenpaare wohl nur mit Baststricken verbunden waren und auf dem in einer Astgabel liegenden Firstbalken tatsächlich hingen.

Die Fachterminologie mit ihrem Bezeichnungsschlüssel von mehrteilig zusammengesetzten Bezeichnungen gliedert heute die Pfettendachkonstruktionen nach folgenden Gesichtspunkten:

a) Blockpfettendächer
   Ansdächer
   Blockpfettendächer im engeren Sinne
   Blockständerpfettendächer (Mischkonstr.)
b) Mauerpfettendächer
c) Ständerpfettendächer
   Säulenpfettendächer
   Stockpfettendächer
   Ständerpfettendächer (Mischkonstruktion)
d) Pfettenstuhldächer

Blockpfettendächer
Das tragende Pfettengefüge der Blockpfettendächer ist in die bis zum Giebel aufsteigenden Blockwände fest eingezimmert, gelegentlich finden sich bei kantig bearbeiteten Pfettenbalken noch schrägkantige Auflagerungen.

Die einfachste, urtümlichste und primitivste Form des Pfettendaches ist das Ansdach, das sich konstruktiv von der Außenwandzimmerung im Blockbau herleitet und keine senkrechten Säulen und keine schrägen Verbandhölzer kennt. Die Pfetten schreiten von den Längswänden des Gebäudes in enger, wandähnlicher Reihung zum First vor und liegen auf den bis zum First aufsteigenden Wandblockbalken der Giebelwände auf; bei den urtümlichsten Ansdächern ist noch auf jedem Wandblockbalken der Giebelwände ein Pfettenbalken aufgelagert; gelegentlich finden sich Ansdächer mit verdoppelten horizontalparallelen Firstpfetten (Arlberggebiet), aber auch solche ohne ausgeprägte eigentliche Firstpfette.

Das Ansdach offenbart in seiner Urtümlichkeit den grundlegenden Unterschied zwischen uralpinem bergbäuerlichem und flachländischem Bauen überhaupt: Man fängt in den kalten Zonen der Hochgebirge beim Hausbau überall, wo genügend langschäftiges Holz zur Verfügung steht, nicht mit Dachformen, sondern mit Wänden zu bauen an. Das Dach selber wurde dann im gleichen Blockverband wie die Wände weitergebaut – es ist eigentlich nur eine in die Dachschräge gelegte Wand. Die primäre Dachdeckung dieses Steinzeithauses waren wohl dicht an dicht gelegte gespaltene Fichtenstämme, mit der ebenen Seite nach oben am First aufgehängt. Über diese halbwegs ebene Dachschrägfläche legte man Rinden – die steinzeitliche »Dachpappe« – und beschwerte und sicherte sie mit Rasensoden.

Das Schindeldach gehört wohl schon in die Bronzezeit – Holzschindeln in solchen Mengen konnten mit Steinbeil und Feuersteinmeißel oder Holzbeil wohl kaum hergestellt werden.

Die Bauform »Blockwandhaus mit Ansdach« ist in den Alpen und in Skandinavien außerordentlich ähnlich, besonders stark ist sie in den Kornkästen des Wallis ausgeprägt; diese Haus- und Dachform beweist, daß unter gleichen klimatischen und technischen Bedingungen zwangsläufig auch gleiche Bauformen entstehen können.

Bei der Blockpfettenzimmerung im engeren Sinne liegen die Pfetten auf firstparallelen Längszwischenwänden auf; als Auflager für die Firstpfette wurden eigene »Kegel«- oder »Trümmerwände« in das Blockwerk der Giebelwände eingebunden. Dieses Dachsystem entspringt somit einem bestimmten Grundrißtyp und läßt mit der deutlichen Ausprägung von Trauf-, Mittel- und Firstpfetten bereits das Gebindesystem des Ständerpfettendaches erkennen.

Gelegentlich findet man Stadelbauten, wo die Längszwischenwände nicht unter der Achse der Mittelpfetten liegen und in Form von schräggestellten verkürzten Balkenzimmerungen bis unter die – nun ebenfalls freitragenden – Mittelpfetten geführt sind.

Blockpfettendächer sind gemischte Dachgerüstformen, bei denen Blockgiebelwände an den Umfassungen und Ständergebinde im Hausinneren ein kombiniertes Stützgerüst für die Pfetten ergeben; solche Kombinationen aus Blockbau- und Ständerbautechnik sind aber vielfach erst Ergebnisse späterer Umbauten. In den oft mehrfach aufgedoppelten Pfettenköpfen alpiner Gehöfte könnte sich ein Rest der alten Längszwischenwände erhalten haben.

Mauerpfettendächer
In Gegenden mit Massivbaucharakter sind alle Pfetten unmittelbar in Steinmauern eingebunden oder auf Mauerpfeiler oder sonstige Steinlager aufgesetzt; diese Dachform ist nur eine baugeographische Besonderheit.

Ständerpfettendächer
Säulenpfettendächer haben Dachgerüste, bei denen die Pfetten von durchgehenden Hochsäulen getragen werden; hier sind in den wichtigsten stützenden Elementen Hausgerüst und Dachgerüst noch identisch. Stockpfettendächer ergeben sich bei mehrgeschossigem Aufbau des Hausgerüstes; hier sind den einzelnen Pfetten durch den Mehrgeschoßbau bedingte verkürzte Stiele oder Säulenstücke zugeordnet, deren Versteifung in der Gebin-

Ansdach eines Almstalles am Hochrindl, Kärnten.

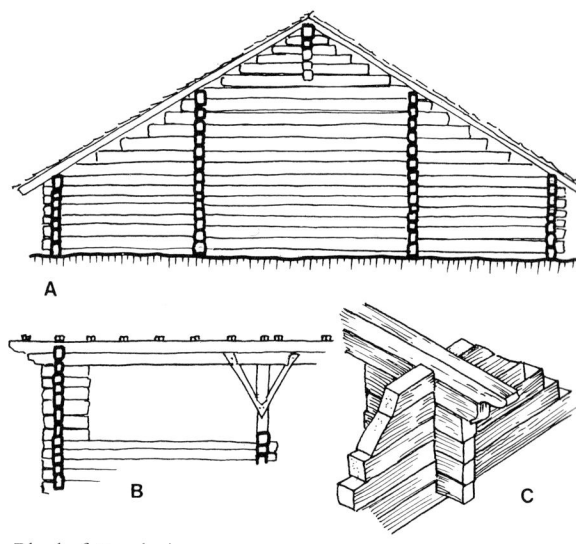

Blockpfettendach:
A Querschnitt
B Längsschnitt durch den Giebel
C »Kegelwand« am obersten Giebel in Schrägansicht.

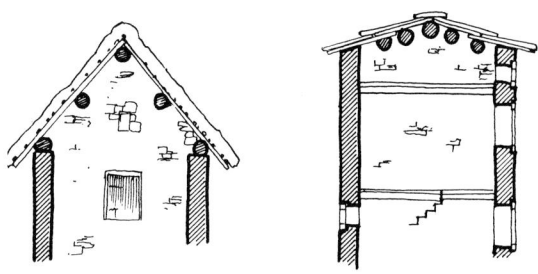

Strohgedecktes Mauerpfettendach und steinplattengedecktes Mauerpfettendach.

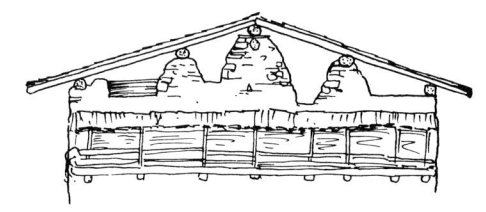

Mauerpfettendach mit Mauerpfeilern unter den Pfetten.

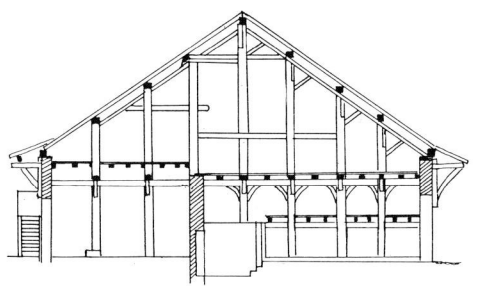

Säulenpfettendach eines Wohnstallhauses.

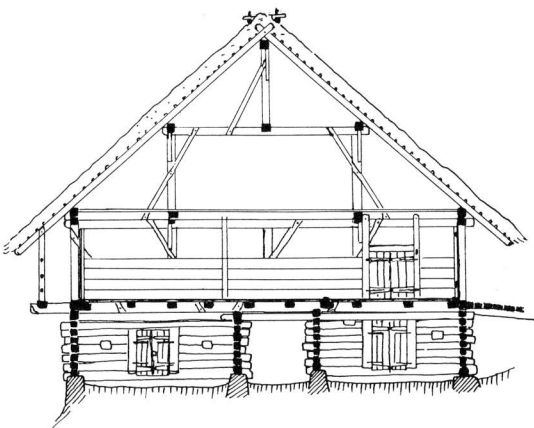

Stockpfettendach eines Futterhauses mit Strohdach und Stockpfettengerüst.

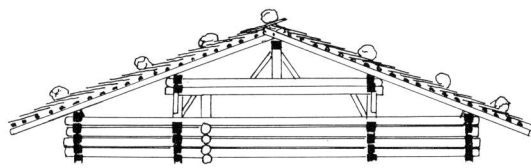

Pfettenstuhldach mit Firststuhl.

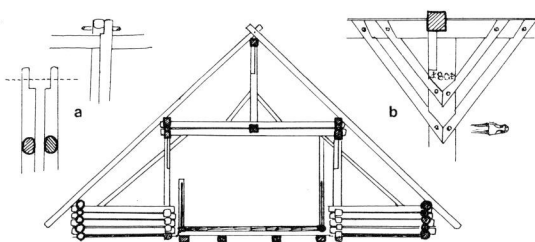

Pfettenstuhldach mit Firstpfette:
a Firstverbindung mit überständig verblatteten Rofen;
b Stuhlsäule mit doppelten Kopfbändern und Langkopfnagelung.

deebene beliebig durch einfaches Gebälk und durch Strebenwerk erfolgt.

Bei den Ständerpfettendächern kommen Hochsäulen und verkürzte Säulenstücke nebeneinander vor und bilden ein Ständergebinde mit einfachem Gebälk und mit Streben.

Pfettenstuhldächer

Pfettenstuhldächer werden durch ein abgezimmertes sprengwerkartiges Stuhlgerüst getragen, auf dem binderlose Rofen oder Sparrstangen aufsitzen, die wiederum die Dachhaut tragen. Die aufgesteilte Dachneigung bedingt meist ein verstärkt abgezimmertes und durch Spannriegel in der Kopfzone charakterisiertes Zweiständergerüst, dessen Gefüge durch ein besonderes Kranzgebälk mit mehrfachen Längsbalken gekennzeichnet ist. In Ständerbaugebieten findet man hier auch die Jochbalkenzimmerung.

Alpine Sparrendachformen

Reine Sparrendächer spielen im Bauernhaus der Alpenländer kaum eine Rolle. Mit Kehlbalken und Bundtram oder Stichbalken mit Wechsel am Fußende der Sparren kommen sie vereinzelt vor, so im östlichen Niederösterreich, im Weinviertel, im Burgenland und in den östlichen Randgebieten der Ost- und Südsteiermark, auffallend häufig in Gebieten, die nach Türkenkriegen wieder aufgebaut wurden.

In der Schweiz fand man reine Sparrendächer nur bei kleinen Wirtschaftsbauten im unteren Misox im Kanton Graubünden.

Das Sparrendach in Unter- und Mittelkärnten unterscheidet sich vom »klassischen« niederdeutschen Sparrendach durch das Fehlen der waagrechten Bundträme der Basisverbindungen der Gespärre, auf die die Sparrenfüße beim »echten« Sparrendach aufgeklaut sind. Die unteren Enden der sog. Scherscharren sind vielmehr über die obersten Wandbalken der Längswände hinweggezogen (»aufgeschert«) und an diesen einfach mit einem Absatz und einem kräftigen Holznagel von außen befestigt. Diese aufgescherten und am First verkämmten Scherscharren sind in der Mitte ihrer Spannweite durch eine Art Kehlbalken miteinander verbunden, was dem Seitenschub entgegenwirkt. Diese Mischkonstruktion ist stets als Steildach ausgeführt worden, dessen beide Dachflächen sich am First etwa im rechten Winkel trafen. Zum Abfangen des Schneedrucks sind mancherorts unter die Kehlbinder eigene Ständerrähme, sog. »Schneestühle«, gestellt worden.

Das Unterkärntner Scherenpfettendach ist durch seinen mächtigen, übereck gelagerten Firstbalken sowie durch das andersartige Traggerüst aus scherenförmig überkreuzten Jochhölzern gekennzeichnet, weshalb es auch einfach »Scherendach«, »Scherenjochdach« oder »Sperrhaxndach« genannt wurde. Auf den Tragjochen sind einseitig »Steignägel« zum Aufziehen des Firstbaumes sowie Querspangen angebracht, welche die Mittelpfetten tragen. Kennzeichnend für dieses altertümliche Pfetten-Rofendach sind die Gefügedetails der Firstüberblattung und des Fußes der tragenden Scherenjoche; ferner die Art der Aufhängung der Rofenhölzer und die übermäßige Vorkragung des Dachgrundes an einer der beiden Traufseiten.

In dieser Konstruktion sind Elemente des Sparren-, Pfetten- und Scherendaches vereint.

Dachdeckungen

Das urtümliche, auf dem Getreidebau basierende Strohdach der bairischen Einwanderer hatte sich im Alpenraum nicht behaupten können, gelegentlich angetroffene Strohdächer kann man keineswegs als bauliche Relikte jener Frühzeit deuten. Erstaunlicherweise konnten im Pustertal noch 1973 vereinzelt Wirtschaftsgebäude mit Strohdeckung festgestellt werden, auch in Kärnten waren noch 1974 Strohdächer in wenigen sehr abgelegenen Orten zu finden. Ehemalige Strohdachgebiete Tirols sind der Ritten, das äußere Sarntal, das Pustertal und das vordere Passeiertal, auch in der Nordschweiz, in Kärnten und der Steiermark war das Strohdach heimisch. Die steileren Dachneigungen in diesen Gebieten weisen noch auf die ursprüngliche Strohdeckung, denen die Gebäudebrandversicherungen schon vor 150 Jahren den Kampf ansagten und denen schließlich der tiefgreifende allgemeine Umschwung in der bäuerlichen Welt ein Ende bereitete — nach Einführung der Dreschmaschine letztlich der Mangel an brauchbarem Deckstroh.

Die Legschindel

Das Legschindeldach, auch »Rottdach« oder »Schwardach« genannt, ist charakteristisch für die alpinen Gehöftformen mit flachem Dach und Leitmerkmal großer Teile des alpinen Siedlungsraumes schlechthin.

Die Schindeln – vom lateinischen scindula – wurden ausschließlich aus Lärchen oder auch Fichten gewonnen, die im Winter gefällt wurden. Die geradewüchsigen Abschnitte wurden von Hand gespalten (»Schind'l kliab'n«). Die Schindeln sind zwischen 70–120 cm, meist aber 80 cm lang, 20–25 cm breit und in einer Dicke von rund 1,5 cm gespalten. Als Dachlatten dienen dünne Stangenhölzer mit einem Durchmesser von 6–12 cm, aber auch halbrunde Hölzer oder waldkantige Bohlen im Abstand von 15–30 cm. Sie werden auf den Rofen mit Holznägeln festgehalten. Die Schindeln liegen mit einer Überdeckung von einem Viertel bis einem Drittel übereinander.

Bei sorgfältiger Ausführung werden in Abständen von 2–3 m Hängeschindeln dazwischengelegt, die an ihren beiden Enden mit je einem Holzzapfen versehen sind, von denen einer nach unten und einer nach oben gerichtet ist. Mit dem nach unten gerichteten Zapfen wird die Hängeschindel an der Dachstange aufgehängt, der am unteren Ende nach oben stehende Zapfen bietet den Abschwerstangen Halt. Diese Abschwerstangen, auch »Schwarstangen«, »Schwarlatten« oder »Streckhölzer« genannt, sind ebenfalls meist dünne Stangenhölzer, die oft durch eingesteckte Lärchennägel gegen Abrollen gesichert und bei sorgfältigeren Ausführungen zudem in die giebelseitigen Windläden eingezapft werden.

Die Abschwerstangen werden mit klobigen Felsbrocken beschwert. Am First, wo beide Dachflächen aneinanderstoßen, wurde die offene Fuge gegen Regen und Schnee gesichert, indem man die beiden obersten Schindellagen der Dachfläche, die zur Hauptwindrichtung hin liegt, soweit überstehen ließ, daß die Kante der anderen Dachfläche überdeckt wird. Zusätzlich wurden die obersten Schindelreihen besonders beschwert. Die Traufe wurde beim Legschindeldach konstruktiv nicht besonders ausgebildet, die unterste Schindelreihe jedoch doppelt verlegt. Am Ortgang ist die Deckung besonders den Windkräften ausgesetzt. Beim Legschindeldach hat man deshalb, um die Abschwerstangen am Abrollen zu hindern, bereits früh eine besondere Sicherung entwickelt. Durch gewundene Astringe wurden die auf der Dachfläche liegenden Abschwerstangen mit den darunterliegenden Dachlatten zusammengehängt. Diese uralte Verbindung, bei der man Fichtenäste durch Erhitzen am Feuer biegsam machte, wurde auch an Zäunen vielfach angewendet; sie ist mit der Flechttechnik verwandt und für Tirol schon durch prähistorische Funde belegt. Meist hat man sie noch verbessert und vor die Schindeln eine vom First zur Traufe verlaufende Stange (»Windlatt«) eingelegt, die verhindert, daß einzelne Schindeln vom Windsog herausgezogen werden können.

Jünger als die Verbindung mit Astringen ist eine andere Lösung, bei der die »Windlatt« mit eingebohrten Hölznägeln auf den Dachlatten befestigt ist. Der nach oben herausragende Teil der Nägel verhindert ein Abrollen der Streckhölzer.

Die jüngste Ausführung ist das Ortgangbrett (»Windflöck«), das an allen neueren Legschindeldächern zu finden ist. Es ist etwa 20–30 cm breit und verdeckt die ganze Stirnfläche der Dachdeckung. Die Befestigung ist ähnlich wie beim Traufbrett. Streckhölzer und Dachlatten werden im vorderen Bereich auf flach-rechteckigen Querschnitt gebracht und durchbohrt. Auf diese Hölzer wird das mit den entsprechenden Aussparungen versehene Ortgangbrett aufgesteckt und verkeilt. Die Befestigungsteile heißen im Ötztal »Schwingen«. Die am First überstehenden Enden der Windbretter werden mitunter zu Schmuckformen gestaltet.

Bei der Verlegung des Legschindeldaches in alter Technik kam man ohne einen einzigen Nagel aus. Ein Legschindeldach aus Lärche – alle 6–8 Jahre umgedeckt – hat eine Lebensdauer bis zu 80 Jahren.

Die Nagel- oder Scharschindel

Bei steilen Dachneigungen ist im gesamten Alpenraum das genagelte Scharschindeldach gebräuchlich, das sich genauso gut auch als Wandschirm an den Wetterseiten eignet (»Scharschindelmantel«).

Die Scharschindeln werden drei- bis vierlagig in Richtung von der Traufe zum First auf Schalung oder Latten genagelt und unterscheiden sich von den meist doppelt oder dreilagig gedeckten, älteren Langschindeln, die häufig noch mit Holznägeln befestigt wurden, nur durch das kleinere Format. Beide sind im Gegensatz zur Legschindel mit dem Ziehmesser im Längsschnitt keilförmig bearbeitet. Die Nagelung ermöglicht auch sehr steile Dachneigungen.

Scharschindeln sind 40–60 cm lang, 10–15 cm breit und etwa 1 cm dick. Am First werden die Schindeln mit leichtem Überstand gegen die Wetterseite befestigt, um das Eindringen von Schlagregen an der Firstfuge zu verhindern.

Eine Sonderform des Scharschindeldaches ist das in der Weststeiermark verbreitete sog. »Schieferdach«, bei dem radial gespaltene Fichtenschindeln im Fischgrätenmuster aufgedeckt werden und eine sehr schöne und auch gut abdichtende Dachfläche ergeben.

Eine weitere Sonderform ist das in Südosteuropa entwickelte und noch an der Südgrenze Kärntens und der Steiermark vereinzelt verbreitete Spanschindeldach; hier werden fast 1 m lange, spanartige und sehr dünne Schindeln sehr dicht und einander seitlich überdeckend verlegt.

Heute werden Holzschindeln vielfach importiert, das Holz, die Rotzeder, kommt aus den Regenwäldern von British Columbia, einem der waldreichsten Gebiete Kanadas. Die Rotzeder wächst in über 500 Jahren zur stattlichen Höhe von 60 m heran, der Stamm erreicht 2,5 m Durchmesser. Vorzügliche Imprägnierungsverfahren gewährleisten eine hohe Lebensdauer.

Die Bretterdeckung

Das Bretterdach ist das jüngste unter den heutigen Holzdächern und in seiner jetzigen Form frühestens seit der Einführung der Sägemühlen ausführbar, weil die Bretter mit der Säge aus dem Baumstamm geschnitten werden mußten. Allerdings gibt

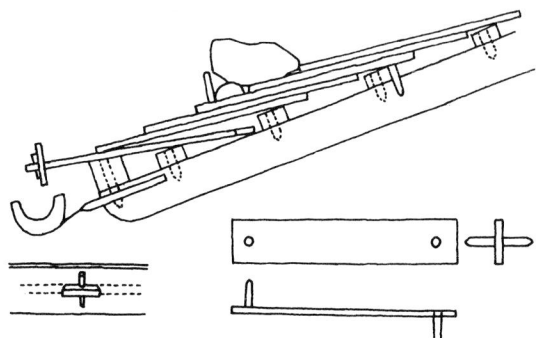

Hängeschindel mit Lärchenholzdübeln.

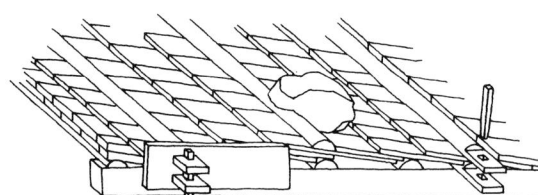

Legschindeldach: In den Windladen eingezapfte Schwerstangen.

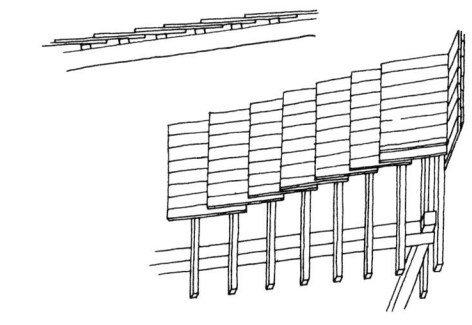

Scharschindeldach mit genagelten Schindelbrettchen.

Sparrendach auf einfachen Ankerbalken mit Steinplattendeckung.

es schon in der späten Bronzezeit gespaltene Bretter von 1,5–2 cm Dicke, von denen angenommen wird, daß sie als Dachdeckung verwendet wurden. Im hochalpinen Raum ist das Bretterdach namentlich im Ötztal verbreitet, wo es wahrscheinlich gebietsweise die Nagelschindeldeckung abgelöst hat.

Der Übergang zur harten Dachdeckung

Auf dem Lande und namentlich auf dem Bergbauernhof war die Mehrzahl aller Dächer noch zu Beginn des 19. Jahrhunderts mit Schindeln gedeckt. Erst mit der Einführung der staatlichen Gebäudebrandversicherung in Bayern trat ein entscheidender Wandel ein, besonders seit von 1834 an die Brandversicherungsbeiträge nach sog. »Bauklassen« gestaffelt wurden – für Holzbauweise und für weiche Bedachung wurde der Beitrag um je eine »Klasse« angehoben.

Beim Steildach brachte der Ersatz weicher Bedachung durch das Ziegeldach keine nennenswerten Schwierigkeiten mit sich.

Die Erfindung des Doppelfalzziegels durch Wilhelm Ludovici im Jahre 1880 ermöglichte es zwar, Dächer bis hinunter zu einer Neigung von 30 Grad dicht einzudecken, aber für die typischen Legschindeldächer der Bergbauernhöfe mit ihren 20 bis 25 Grad Neigung erwies sich auch diese Dachpfanne als ungeeignet. Das heute billige Blechdach schied damals wegen der noch viel zu hohen Materialkosten für den Bauernhof aus. So behielt man, teilweise notgedrungen, das Legschindeldach bei, vielerorts jedoch entschloß man sich, besonders nach Brandkatastrophen, zum Wiederaufbau mit Steildächern.

Dachziegel, mit denen man auch ehemalige Legschindeldächer ohne Veränderung der Dachneigung regendicht abdecken kann, wurden erst auf Grund einer Initiative des Bayerischen Landesvereins für Heimatschutz entwickelt. Als der Untere Markt in Mittenwald – ein charakteristisches Dorfbild in geschlossener Bauweise – im Jahre 1914 abbrannte, war den Bemühungen dieses Vereins, der den Wiederaufbau nach historischem Vorbild leitete, in der Dachgestaltungsfrage endlich ein Erfolg beschieden: Auf eine an alle bayerischen Ziegeleien ergangene Aufforderung hin entwickelte die Firma Ludovici nunmehr eine Doppelfalzpfanne, die sich auch für Dachneigungen von nur 25 Grad noch eignete. Damit war es nun möglich, dem typisch alpenländischen Flachdach zumindest seine charakteristische Dachneigung zu erhalten – an eine allgemeine Wiederbelebung der uralten Legschindeldeckung war schon aus Gründen des Brandschutzes nicht zu denken, auch das wertvolle Lärchenholz hätte für den gesteigerten Baubedarf dieser Zeit nicht annähernd ausgereicht.

Im Hochgebirge hingegen konnte sich das flache Legschindeldach z.T. bis heute behaupten und ist – durch seine völlige Verdrängung aus dem gesamten Alpenvorland – in zunehmendem Maße als ausschließliche Dachform des inneralpinen Raumes verstanden worden. Mit der Verbilligung des verzinkten Eisenbleches wurde die Legschindelbedachung in neuerer Zeit allerdings weitgehend auch vom Bergbauernhof verdrängt.

Die naturroten Ziegeldeckungen haben sich in verschiedenen Fabrikaten im gesamten Alpenbereich und auch auf dem Bergbauernhof eingebürgert, sie sind lebendig strukturiert und patinieren in sehr ansprechender Weise.

Die Steinplattendächer

In den Steinbaugebieten des westlichen Alpenraums und hier wiederum meist in den romanisch besiedelten Gebieten sind Steinplattendächer noch heute weit verbreitet.

Im Misox (Castaneda) sowie in Ramosch im Unterengadin hat die prähistorische Forschung die Steinplattendeckung auf Wohnbauten schon für die mittlere bis späte Eisenzeit – 400 bis 200 v. Chr. – einwandfrei nachgewiesen.

Das untere und mittlere Veltlin, Chiavenna, vermutlich auch das Tessin, sind Gebiete, in denen Steinplatten das primäre Bedachungsmaterial darstellen.

Das Steinplattendach, das ohne Zweifel von Süden vordrang, hat das ursprünglich auch im Schweizerischen urheimische Holzschindeldach immer mehr verdrängt, selbst im Puschlav und im Bergell war früher das Schindeldach heimisch; alte Stiche und Zeichnungen sowie einige wenige originale Reste zeigen, daß noch vor etwa 150 Jahren in den allermeisten Tälern Graubündens Schindeldächer vorherrschten. Auch hier dürften Brandkatastrophen die Verbreitung des Steindaches wesentlich gefördert haben. Das Steinplattendach ist weitgehend an das natürliche Vorkommen gut spaltbarer Gesteine gebunden, wobei sich Schiefer besonders eignet. Die dickeren Gneisplatten sind wesentlich schwieriger aufzudecken.

Beim Tessiner Sparrendach hat man Steinplatten in horizontaler Schichtung auch auf verhältnismäßig steilen Dächern mit sehr starker Überdeckung aufgedeckt, die Dachlatten sind hier bereits dickere Kanthölzer oder Rundstämmchen.

Regenrinnen

Ein konstruktiv faszinierendes Detail sind die hölzernen, frei endenden Dachrinnen, fast mehr noch aber die hierfür gebräuchlichen Halterungen, die sog. »Rinnenhakeln«. Die hölzernen Dachrinnen wurden mit Bundaxt, Breitbeil und Däxel aus dem halbrunden Stamm gehöhlt, der Auslauf ist fast stets mit einem einfachen Ornament verziert. Für die eigentlichen Rinnenhaken suchte man auf steilen Hängen nach säbelwüchsigen Jungföhrenstämmen. Diese naturgewachsenen Rinnhaken wurden in ebenfalls natürlich gekrümmte »Schwinger« und »Spanner« an den Rofen elastisch verspannt; eine technisch vollkommen durchdachte Konstruktion aus verschiedenartig verkrümmten, »Fertigbauteilen«. Aus dem Berchtesgadener Land sind sogar Skizzen hölzerner Regenablaufrinnen überliefert. Dieses heute völlig ausgestorbene Bauelement bestand aus einem halbrunden ausgehöhlten Stamm, der durch ein angenageltes Brett zu einem Rohr geschlossen wurde.

In der Schweiz sind ähnliche Details bekannt.

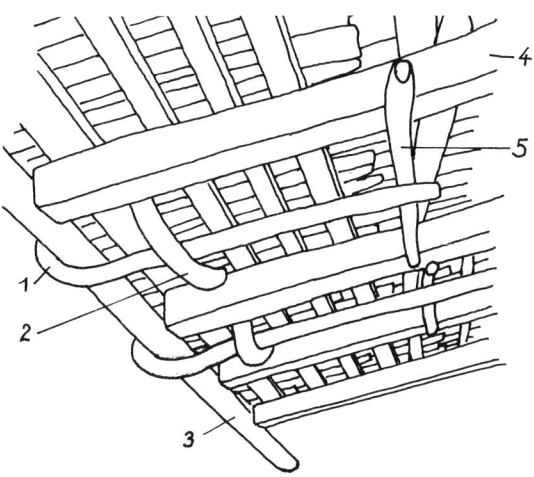

Dachuntersicht eines Berchtesgadener Stadels: 1 Rinnhaken, 2 Schwinger, 3 Ruaschrinn, 4 Rofen, 5 Spanner.

Decken und Böden

Deckensysteme

Eine sehr bezeichnende Zwischenstufe zwischen der in Dachschräge liegenden »Dachdecke« – wie sie die enge wandähnliche Reihung der Pfetten beim Ansdach darstellt – und der flachen, waagerechten Stubendecke ist die flachgebogene, nach oben sich weitende, mit runden Stämmen oder Bohlen »gewölbte« Zwischendecke unter dem eigentlichen Dachstuhl. Die geschichtliche Wurzel zu dieser heute merkwürdig anmutenden aufgewölbten Decke mag in der jahrhundertealten Gewöhnung an die Urbehausung mit dem offenen, »freien« Dachraum liegen. Wenn die Alemannen sich eine Stube schufen, so erhielt diese eine in der Mitte nach oben sich weitende, gebogene Bohlendecke, weil das noch dem durch das offene Dach erzogenen Fühlen entsprach. Eine waagerechte Decke wäre als lastend empfunden worden.

Waagerechte Decken aus nebeneinandergelegten unbehauenen Rundhölzern, wie man sie bei vorgeschichtlichen Ausgrabungen fand, sind nur vereinzelt an alpinen Wohnhäusern bekannt geworden, so etwa in Wenns im Pitztal und in Graubünden. Eine sorgfältige Deckenkonstruktion wird allgemein erst mit dem Stockwerksbau notwendig; bei altartigen eingeschossigen Wohnhausformen, wie etwa bei den ältesten Zwiehöfen des Berchtesgadener Landes, wurden die Decken unter dem Dachraum offenbar erst nachträglich eingezogen, hier konnten noch rußgeschwärzte und angekohlte Dachstuhlpartien – aus der Zeit vor dem Einbau der Decke – festgestellt werden.

Die häufigste Form älterer Stubendecken ist die Bohlenbalkendecke, die wohl in das frühe 16. Jahrhundert zurückreicht.

Eine Bohle (»Laden«) liegt jeweils zwischen zwei Balken, deren obere Balkenränder soweit eingetieft sind, daß der aufliegende Laden mit dem Balken eben abschließt. Bei dieser Deckenkonstruktion, die man statisch als »Rippendecke« definieren könnte, ist das Prinzip der Lastverteilung – weitgespannte tragende Balken, darauf Bohlen als nichttragende Füllelemente – bereits angebahnt.

Vollends ausgeprägt ist dieses Prinzip der Lastverteilung jedoch bei jenen Bohlen- und Bohlenbalkendecken, deren Spannweite mittig, gelegentlich auch in den Drittelspunkten, von einem mächtigen Unterzug (»Tram«, »Tragbaum«, »Drillbaum«) halbiert bzw. gedrittelt wird. Ein solcher Unterzug hat oft einen Querschnitt bis zu 30 × 30 cm, ist meist abgegratet, nicht selten auch mit prächtigen Schnitzereien verziert. Im Münstertal und im Engadin liegt der Unterzug fast immer auf massiven, stark profilierten Konsolen auf. Quer zu diesen Unterzügen spannen sich, an den Enden in die Wand eingelassen, meist doppelzöllige, breite gespundete Bohlen, nicht selten aber auch ausgeprägte Bohlenbalkendecken; dabei können die Balken in den Unterzug eingelassen sein oder so aufliegen, daß unter den Bohlen ein Hohlraum verbleibt.

Eine ornamentale Form reicherer Stubendecken ist die seit der Renaissance übliche Kassettendecke, die auf großen Höfen, beispielsweise im Leitzachtal, zu finden ist. Hier wurden dreiviertelzöllige quadratische Holztafeln mit Randleisten unter die Bretterdecke geheftet und der Balken mitverschalt.

In Graubünden wurden gotische, aus der Zeit um 1500 stammende Stubendecken aus dicken vernuteten Bohlen, die auf zwei Seiten nach unten abgeschrägt oder leicht gewölbt waren, gefunden. Die erstaunlichste Deckenkonstruktion fand sich in einem Haus in Savognin: Die Balken der dortigen Bohlenbalkendecke sind nicht nur unterseitig reich profiliert, sie ragen oberseitig spitz in den Boden der Kammer und »hindern sowohl das Gehen wie das Reinemachen«. Ebenso unpraktisch wirken sich gewölbte Decken auf den darüberliegenden Kammerboden aus.

Im Engadin wurden gewölbte Decken bis ins späte 17. Jahrhundert hinein gebaut, doch trat an die Stelle des gerundeten oder spitzbogenförmigen, gotischen Deckenprofils das rechteckige, in reicher ornamentaler Gliederung. Bei diesen gewölbten Decken im Stockwerksbau spielen vielleicht noch uralte bauliche Traditionen aus der Zeit des ebenerdigen Hauses mit.

Bei der einfachsten Art der Deckenauflagerung ruhen die Deckenbalken lose mit einfacher Ausblattung auf den entsprechenden Wandbalken. In der Längsrichtung reichen sie auf beiden Seiten bis zur Außenflucht der Wand, meist stehen sie hier sogar etwas über; Halbrundhölzer mußten bei dieser Art der Auflagerung bis auf eine ebene Auflagefläche zugearbeitet werden. Auch nach innen vorkragende, mit den Wandblockbalken gut verdübelte Ankerbalken sind bekannt, sie verraten sich nach außen nur im Klingschrot an den Hausecken.

Ein technisch verbessertes Auflager waren Fälze und Nuten in den Wandbalken, in die man die Deckenbohlen auflegen oder einschieben konnte.

Die Weiterentwicklung führte hier zu einer besonders raffinierten Konstruktion, der Nutauflagerung mit Keilbohle, die vor allem bei Wohnhaus und Speicher weit verbreitet ist. Etwa in der Mitte der Auflagerlänge wurde von der Nut aus ein schlitzartiger Durchbruch zur Außenflucht der Wand gestemmt, durch diese Öffnung konnten die gespundeten Bohlen von außen eingeschoben und, in der Nut gleitend, nach beiden Seiten verteilt werden. Die letzte Bohle, die konische Keilbohle, mußte zwischen die beiden vorletzten Bohlen so eingepaßt werden, daß sie, dem voraussichtlichen Schwindmaß des Bodens entsprechend, um einige cm breiter war. Wurde nun die Keilbohle durch die Aussparung hindurch in die Bodenfläche eingetrieben, entstand eine dichte Verspannung der einzelnen Bohlen zueinander und zu den seitlichen Wänden. Nach dem Einschlagen ragte die Keilbohle noch etwa einen halben Meter vor die Außenflucht, und nach einer gewissen Zeit des Schwindens konnten Boden oder Decke »nachgetrieben«, also nachgespannt werden, indem man einfach die Keilbohle von außen her weiter einschlug. War der Schwindvorgang beendet, wurden sie bündig abgeschnitten, was jedoch häufig vergessen wurde. Diese noch aus der Wandflucht herausragenden Bohlenstümpfe geben einen augenfälligen Hinweis auf jene weitverbreitete, für ihre Zeit technisch vollendete Deckenkonstruktion; die Decken konnten hierbei unabhängig von der Wandkonstruktion eingebaut und auch später ohne Eingriffe in die Wandsubstanz ausgewechselt werden.

Holzknechthütte aus der Bärenschützklamm bei Mixnitz mit »gewölbter« Zwischendecke unter dem eigentlichen Dachstuhl (Freilichtmuseum Stübing).

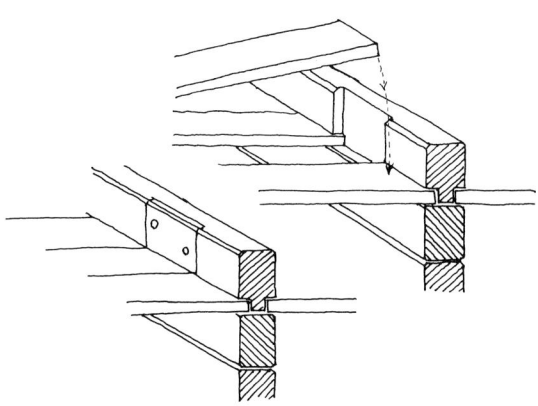

Erneuerung einer eingefälzten Decke.

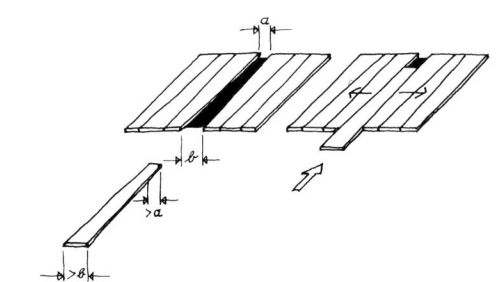

Funktion und Einbau der »Keilbohle«.

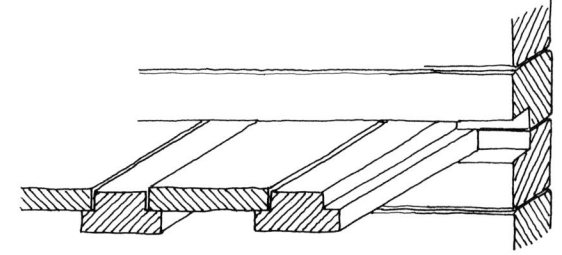

Bohlenbalkendecke.

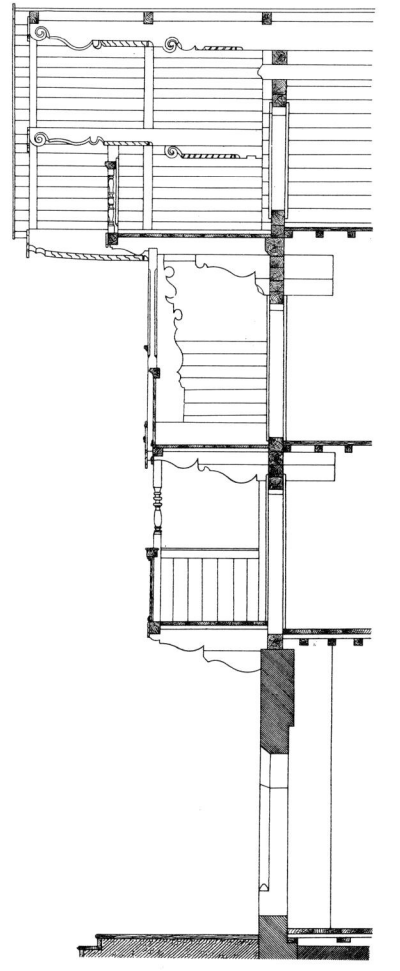

Schnitt durch eine doppelte Laube bei einem nordosttirolischen Einhof.

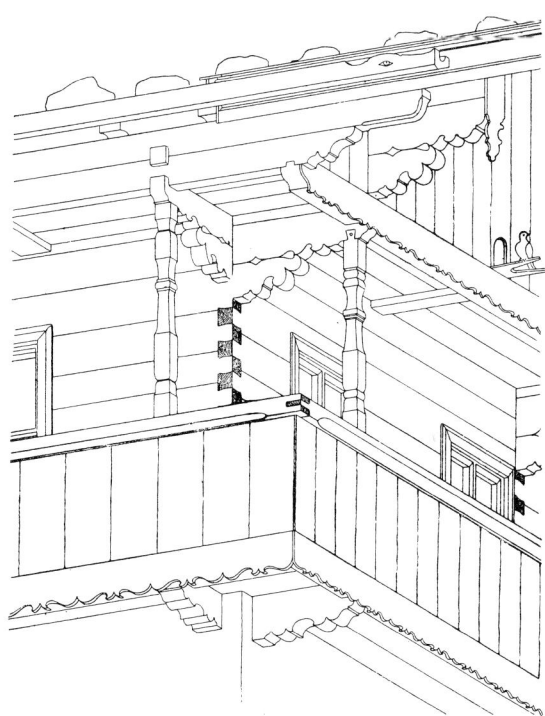

Laubenecke mit Unterstützung der Fußpfette bei einem südbayerischen Einhof.

Böden

Bei besonders urtümlichen Bauten findet sich sogar im Wohnteil als Fußboden im Erdgeschoß mitunter auch heute noch gestampfter Lehmboden, der vielfach mit Ochsen- oder Stierblut eingelassen und dadurch estrichartig erhärtet wurde.

Bei Almhütten sind gelegentlich auch ausgebreitete Baumrinden anzutreffen. Während vor allem im Massivbau Ziegel- und Steinplattenböden aller Art die Regel sind, ist bei zimmermannsmäßig reiferen Holzblockbauten die Fußbodenkonstruktion vielfach ähnlich wie die Zwischendecke ausgeführt worden. Dies gilt namentlich für die aufgestelzten Pfostenspeicher und Pfostenscheunen; hier macht man allerdings die Beobachtung, daß die Deckenkonstruktionen mit größerer Sorgfalt und in ausgereifterer Technik ausgeführt wurden als die Böden, fast immer wurden z.B. bei den Tiroler Pfostenspeichern und Pfostenscheunen für die Decke stets dünne Bohlen verwendet, während der Fußboden noch aus wenig bearbeiteten Halbhölzern besteht.

Wichtig war bei Ziegel- oder Steinplattenböden auch das sog. »Schwoabloch« (schwoaben = schwemmen), ein kleines, etwa 10 × 8 cm großes Loch in der Außenmauer im Erdgeschoß, durch welches das Putzwasser beim »Aussischwoam« entweichen konnte. Pflasterböden wurden ja nur mit Wasser und groben Birkenbesen gereinigt, später verwendete man dazu den »Schrapper« anstelle des Besens.

Lauben, Altane und Balkone

In den Blockbaugebieten der Ostalpen sind die Wohnteile fast aller bergbäuerlichen Gehöftformen durch die Ausbildung von Laubengängen in ihrer äußeren Erscheinung geprägt. Mehrere Gründe sprechen für die Beliebtheit und Zweckmäßigkeit der Laubenkonstruktion. Die konsequent durchgebildete Konstruktion des voll entwickelten zweigeschossigen Blockbaues bietet für die Ausbildung von Laubengängen sehr geeignete Auflager- und Aussteifungsmöglichkeiten. Die aus dem Blockwerk auskragenden Tragglieder neigen statisch weder zum Kippen noch zum Abscheren. Die weiten Vordächer und die durchgehenden Laubengänge bieten insbesondere im rauhen Klima einen ausgezeichneten Witterungsschutz: Der durch den Wind erzeugte Luftstau zwischen den vorkragenden Teilen hält auch Schlagregen einigermaßen zuverlässig von den feuchtigkeitsempfindlichen Holzwänden ab. Für das Trocknen von Feldfrüchten erwiesen sich die langen Lauben genauso nützlich wie für das Trocknen von Wäsche.

Die tragenden Teile der Laubengänge sind die aus dem Gefüge der Außen- und Innenwände vorkragenden Wandblockbalken, die sog. »Schrotstützen«, die oft noch durch weitere, abgetreppt auskragende Wandbalken unterhalb unterstützt werden. Aus der Deckenkonstruktion selbst kragen nur die »Tram« als Tragglieder aus. Die Schwellenhölzer der Brüstungsfelder werden auf diese auskragenden Wandbalken aufgekämmt oder aufgeblattet. Zur Sicherung der Brüstung vor dem Umkippen dienten in den ursprünglichsten Formen schwache, senkrecht stehende Hölzer, die sog. Schrotsäulen oder Laubensäulen, die traufseitig an den überstehenden Rofen, bei flachen Giebelfeldern auch an den Pfettenköpfen angeblattet waren.

Später wurde diesen Hölzern an den Traufseiten ein Rähm aufgezapft, so daß diese Ständer, nunmehr oben und unten in waagerechte Schwellen gefaßt, als Säulen im konstruktiven Sinne bezeichnet werden können.

Bei konstruktiv voll ausgebildeten Blockbauten ließ man in Höhe der Obergeschoßdecke weitere Wandblockbalken aus der Umfassung auskragen, die eigens zur Befestigung der Laubenversteifungshölzer dienten. Die Laubensäulen selbst wurden oft in phantasievollen Formen geschnitzt oder gedrechselt und nicht selten zusätzlich bemalt. Der Brüstungsriegel, der sog. »obere Schrotbaum«, wurde in der Regel an die »Laubensäulen« angeblattet und vernagelt.

Die Brüstung der Laubengänge wurde ursprünglich mit breiten Brettern verschalt, die oben in eine aus dem oberen Schrotbaum herausgestemmte Nut eingriffen und an der Schwelle mit Holznägeln befestigt wurden. Über die Stirnhölzer der auskragenden Wandblockbalken zog man einzelne verlängerte Brüstungsbretter nach Art von Stirnbrettern hinweg. In späteren Brüstungskonstruktionen werden die Brüstungsbretter als sog. »Schießbretter« auch an der Schwelle in eine Nut eingeschoben (»eingeschossen«). Mit dem Aufkommen des Eisennagels ging man zuletzt dazu über, anstelle einer Nut noch einen Falz auszuführen und die Brüstungsbretter hier mit aufgenagelten Leisten zu befestigen.

Dem Steinbau des Barock nachempfunden waren die auf der Drehbank gedrechselten Baluster, in Schwelle und Riegel eingebohrt oder eingezapft. Die Palette dieser beliebten Bauelemente reicht von den liebenswürdigsten, oft puppenhaft kleinen Säulchen, auf einen Zwischenriegel aufgesetzt, bis hin zu den üppigsten, schwungvoll gebauchten und bemalten Gebilden. Neben den konzentrisch ausgebauchten, vollplastischen Balustern treten auch abgeflachte Formen auf, in der Mitte in Richtung des Längsholzes zersägt und nur zur Hälfte, also mit einer Schauseite nach außen, angebracht. Die Umrisse der vollkörperlichen Formen der Baluster werden schließlich auf Bretter übertragen, stellen aber jeweils ein Schmuckglied für sich dar.

Bei einer anderen Art von Schnitzmesser- und Laubsägearbeit stellt nicht mehr das einzelne Brett für sich ein Schmuckglied dar, sondern das aus den Rändern zweier nebeneinander liegender Bretter herausgesägte Motiv.

Während solche »Laubsägemuster« des 19. Jahrhunderts anfänglich nur in einzelnen Partien und oft auch mit variierten Motiven die Brüstungen rhythmisierten, überzogen sie zuletzt in zahllosen liebenswürdigen Mustern gleichmäßig die gesamte, oft zusätzlich bemalte Brüstungsfläche. Daneben sind auch die Deckleisten der Schwellhölzer in verschiedenen Mustern ausgesägt und bemalt worden.

Die Laufbohlen, stets nur 2 oder 3 an der Zahl, lagen stets gleichlaufend zur Umfassung, sie wurden zwischen den Wandblockbalken durch schwächere Zwischenhölzer, die sog. »Traggen« unterstützt, die zwischen Blockwand und Brüstungsschwelle eingezogen wurden. Während die auskragenden Wandblockbalken auch auf entlegenen Bergbauernhöfen gelegentlich ungemein phantasievoll geschnitzt und bemalt wurden, blieben diese Traggen bis auf sparsame Abfasungen meist schmucklos. Ein interessantes konstruktives Detail sind die an den Wehrgängen der Burgen erfundenen »Hängeböcke«, die sehr vereinzelt in der Schweiz und in Kärnten anzutreffen waren; diese abgehängte versteifende Dreieckkonstruktion hat den Vorteil, daß sie vom Setzen der Blockwand nicht in Mitleidenschaft gezogen wird.

Mit der Ablösung der Blockbautechnik durch sekundäre Steinbauweisen war in vielen Gebieten dem Laubenbau nach alter Art die ursprüngliche konstruktive Basis entzogen, die »Balkone« wurden nun auf auskragende Deckenbalken aufgelagert. Um die Jahrhundertwende zog auch das Filigran schmiedeeiserner Gitter aufs Land, doch kaum je auf einen Bergbauernhof.

Lauben sind in allen Gebieten des ostalpinen Holzblockbaus verbreitet. Sparsam geformte Giebellauben zieren bereits das niedrige flache Giebelfeld der ältesten, ebenerdigen Berchtesgadener Zwiehöfe, Söller aller Art finden sich vielerorts an Stadeln, Feldkästen und Futterställen.

An den großen Einfirsthöfen des südbayerisch-nordosttirolischen Raumes haben sich diese über alle drei Fassaden des Wohnteils hinweggeführten Laubengänge mit ihren konstruktiv erstaunlich folgerichtigen Eckausbildungen zu außerordentlich imponierenden Formen entwickelt. Zusammen mit den verschalten Giebelaltanen prägen sie das Erscheinungsbild dieser Höfe und charakterisieren in zahlreichen regionalen Spielarten weite Teile des Ostalpenraumes.

Erker

Der Erker ist eine bauliche Form, die sich ausschließlich im Massivbau entwickelt und verbreitet hat. Die frühesten Erkerformen finden wir daher in den Bürgerhäusern der Städte, wo die Massivbauweise den Holzbau schon lange abgelöst hat. Namentlich in den Inn-Salzach-Städten sind Erker in vielen Ausformungen so stark verbreitet, daß sie nicht nur das Gesicht der typischen Stadthäuser geprägt haben, sondern auch ganze Stadtbilder charakterisieren. Auf dem Lande sind Erker wohl nur in Gebieten primärer oder sehr früher Steinbauweise heimisch. So zieren prächtige Erkerschöpfungen die Bergbauernhöfe in den geschlossenen rätoromanischen Siedlungen des Oberinntals, wo sie in polygonalen Formen schon im 16. Jahrhundert häufig sind. In Graubünden treten Erker am Bauernhaus nur, dafür aber häufig, im Engadin, im oberen Albulatal, im Münstertal und vereinzelt auch im Puschlav (Poschiavo) auf.

Die Forschung glaubt an eine Übernahme dieser Formen aus dem Tirolischen, zumal im Unterengadin und im Münstertal seit der Mitte des 17. Jahrhunderts die typisch tirolischen Polygonalerker heimisch sind.

Mit 3/8- oder 5/8-Grundriß, manchmal zweigeschossig und oft über Eck gestellt, am Bauernhaus allerdings meist nur in einem einzigen Exemplar vertreten, wird der Erker mit seiner malerischen Zier vielfach auch zum Schmuckmotiv der Fassade. Neben den phantasievoll aus Dreieck- und Achteckformen abgeleiteten Erkern ist auch der strengere Rechteckerker auf Konsolen vielerorts verbreitet. Häufig sind Erkerfenster etwas höher angebracht als die übrigen Fenster der Fassade, da der Boden des Erkers oft um eine Stufe höher liegt als der Stubenboden.

In den Gebieten späten sekundären Steinbaus ist der Erker niemals heimisch geworden. Eine Sonderform des Erkers ist der erdgeschossige Übereckerker im obersten bayrischen Inntal; er ist wohl eine Erweiterung der Bauernstube und nimmt zwischen der umlaufenden Fensterbank den großen Tisch auf, um den sich die bäuerliche Großfamilie mit dem Gesinde schart. Diese sehr bestimmende bauliche Form ist nur an sehr imposanten Gehöften mit gut 14–15 m breiter Giebelfront üblich gewesen. An alten Austrags- und Kleinbauernhäusern fand sich hingegen diese Erkerform nie – wer kein Gesinde hatte, kam mit einem kleineren Tisch aus, der auch in der Stube genügend Platz hatte. Wirklich bodenständig ist dieser heute vielfach nachgebaute Erdgeschoß-Übereckerker in Bayern nur im Gebiet zwischen der Leitzach und dem Chiemsee.

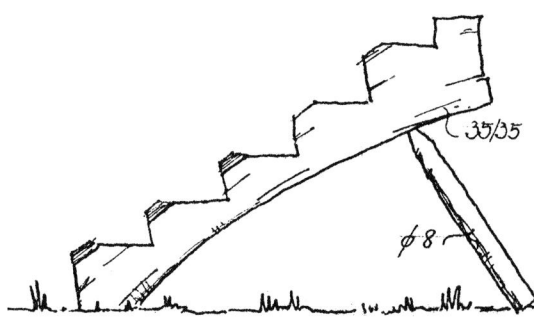

Höhenverstellbare Kerbbalkentreppe an einem Tiroler Pfostenspeicher (Lehn, Ötztal/Tirol).

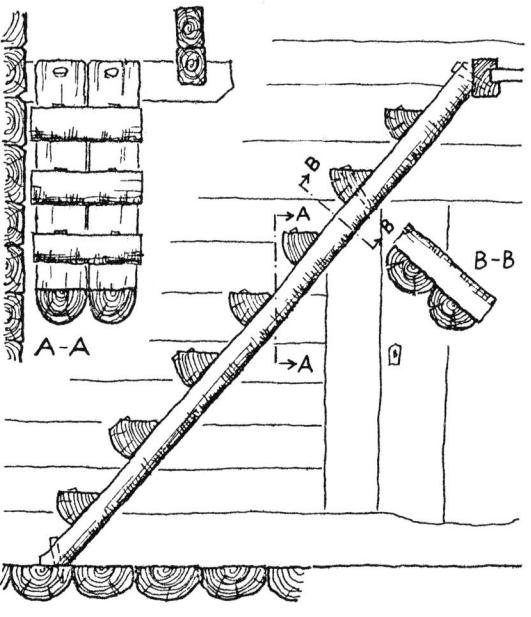

Nolpenstiege aus dem Pfelderertal, Tirol.

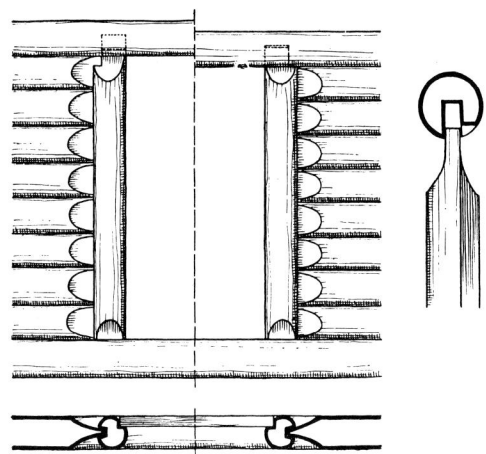

Keltisches Türgefüge. Links während des Aufrichtens, rechts nach dem Setzen. Die Türpfosten werden in Schwelle und Sturz eingezapft und schon während des Aufrichtens eingesetzt.

Troadkastentür von 1547 (Heimatmuseum Schliersee).

Aufgedoppelte Tür aus Vorarlberg.

In auffallendem Gegensatz zu den ausgewogenen, prachtvollen Laubenschöpfungen dieser Hauslandschaften zeugen die primitiven, allenthalben scheinbar planlos auskragenden Holzverschläge an den geteilten Höfen vieler ärmerer Gebiete von der drangvollen Enge der Bewohner, sie bringen das oft chaotische Wirrwarr der verschachtelten Grundrisse in der äußeren Erscheinung zum Ausdruck.

Treppen

Das urtümlichste Gerät zur Überwindung von Höhendifferenzen, der Steigbaum, hat sich heute nirgends mehr erhalten. Wohl wird aber an mehreren einfachen Baulichkeiten, so etwa an den alten Feldkästen des Berchtesgadener Landes oder an manchen Almgebäuden der Wildschönau, durchwegs eine primitive Leiter zum Erreichen des Oberstocks verwendet.

Noch keine eigentliche Treppe, aber bereits ortsfest waren sog. »Stapfen«, das sind Sprossen nach Art großer Holznägel, die man in die Wand des »Kasstöckls« des Berchtesgadener Rundumkasers einschlug; über solche »Stapfen« erreichte der Kühbub die »Hoß«, sein Heulager über dem Kasstöckl. Dieselbe Vorrichtung, allerdings an der Außenseite, zeigen einige Tiroler Pfostenspeicher.

Die entwicklungsgeschichtlich älteste Form der eigentlichen Treppe ist der mit ausgehauenen Kerbstufen versehene Baumstamm, die Kerbbalkentreppe. Aber erst die auf schrägen Balken einzeln aufgesetzten massiven Dreiecksstufen lassen das Grundprinzip des späteren Treppenbaus – die Trennung von tragendem Treppenlauf und aufgesattelten Stufenelementen – erkennen. Bei dieser »Nolpenstiege« sind die Trittstufen radial aus einem Baumstamm herausgespalten und mit Holznägeln auf zwei halbierten Stämmen oder zwei Kanthölzern befestigt.

Die älteste Form des Berchtesgadener Zwiehofes hatte ursprünglich noch keine Innentreppe, sie wurde erst mit dem Einziehen der Zwischendecke über dem Hausgang üblich. Die Räume des »Obenauf« waren nur über eine Leiter im »Haus« (-Flur) oder über eine Außentreppe zum »Gang«, dem kleinen Balkon, erreichbar.

Diese ältesten Innentreppen bestanden bereits aus zwei kräftigen »Leiterdülln« oder »Stiegenbäum«, auf die schwere dreieckige Blockstufen aufgesetzt sind. Erst viel später kommen seitliche Treppenwangen mit eingeschobenen Trittstufen auf, die als einläufige Treppe im Flur noch heute üblich sind.

Die Holztreppe mit geschlossener verputzter Untersicht wurde erst im späten 19. Jahrhundert gebräuchlich.

Auffallend ist bei fast allen älteren Treppen das steile Steigungsverhältnis und die geringe Laufbreite. Die heute übliche Treppe mit Mittelpodest ist am älteren Bauernhof so gut wie unbekannt, hingegen finden sich zahlreiche Treppen mit enger Viertelwendelung am Antritt.

Eine merkwürdige, sehr originelle »Zweittreppe« besitzt der 1762 erbaute Wastlbauernhof in Mauer bei Inzell; hier führt aus der Stube eine eigene, sehr enge, viertelgewendelte Treppe hinter einer hochliegenden Tür in die »Kinderkammer«.

Diese Treppe ist wohl ein Relikt aus dem Raumgefüge Noch lange nach der Aufstockung des ursprünglich ebenerdigen Gehöftes gab es im Oberstock nur eine einzige Kammer über der Stube, zu der eine eigene »Kammerstiege« von eben dieser Stube emporführte; der übrige Raum diente zur Heu- und Stroheinlage.

Auch im westlichen Teil der Ostalpen, also in der Ostschweiz, in Vorarlberg und Westtirol, führt häufig eine Stiege hinter und über dem Ofen empor zu der über der Stube liegenden Kammer.

Im Massivbau ist die einseitig eingemauerte Kragstufe aus Naturstein die wohl eindrucksvollste Form einer Außentreppe überhaupt. In den meisten Fällen waren massive Außentreppen untermauert. Als Schachttreppe im Inneren des Hauses wurden die Treppenläufe im Massivbau vielfach mit steigendem Gewölbe untermauert, die aufgelegten Trittstufen waren aus Hartholz.

Türen und Tore

Typisch für die Alpenländer wurde das keltische Türgefüge, das sich schon in vorkeltischer Zeit nachweisen läßt und sich dann in den ehemals von Kelten besiedelten Gebieten am weitesten verbreitet und am reichsten entfaltet hat; es ist heute noch das gebräuchlichste Türgefüge im Blockbau. Beim keltischen Türgefüge greifen die Blockbalken mit Zapfen, die sich zu einem Spund vereinen, in eine aus dem Türpfosten entsprechend herausgeschnittene Nut ein. Die Türpfosten selbst greifen mit Zapfen in Schwelle und Sturz ein und werden gleichzeitig mit dem Blockbalken aufgerichtet. Die Setzluft am Sturzbalken erwies sich bei diesem Gefüge als schwieriger durchführbar, weil hier der Pfosten – im Gegensatz zum nordischen Gefüge – nicht in voller Stärke eingelassen werden konnte. Dies führte zu verschiedenen Lösungen und namentlich in der Schweiz zu mannigfaltigen Formen und künstlerischen Ausgestaltungen.

Das nachträgliche Einfügen der Türpfosten im Holzblockbau führte anfänglich nur zu sehr spärlichen künstlerischen Ausformungen des Türbereiches. Der durchlaufende Sturzbalken war zunächst noch kein eigentlicher Türsturz; man begann jedoch bald, den Blockbalkenbereich durch Bemalung oder Schnitzerei aus dem Blockgefüge herauszuheben. Aus dem nachgotischen Kielbogen, dem sog. »Eselsrücken«, bildete sich um die Wende vom 15. zum 16. Jahrhundert ein überaus beliebtes und weitverbreitetes Ziermotiv, das sich in weiten Teilen des Alpenraumes, zuletzt schwungvoll ausgebaucht, in der Mitte des Sturzbalkens findet.

Türblatt und Schließvorrichtung

Primitive Türgefüge ohne Türblätter finden sich auch heute bei einfachsten Feldstadeln. In die beiden Türpfosten sind außen Nuten eingestemmt, die Höhe der Brettlage kann mit der Höhe des eingelagerten Heus »mitgehen«. Die ältesten Türblätter waren derbe Bretter- oder Bohlentüren mit aufgenagelten, meist jedoch eingeschobenen Querriegeln. Vom Mittelalter bis ins 18. Jahrhundert sind diese unverwüstlichen »eingeriegelten« Türen des Zimmermanns zu verfolgen. Die dicken Bretter oder Bohlen dieser Türe, meist drei an der Zahl, werden auf der Innenseite von zwei schwalbenschwänzig eingelassenen, also sich konisch verschmälernden und stramm sitzenden Riegeln zusammengehalten, wobei das breitere Riegelende stets gegenüber dem Kegel ist. Diese Riegel verhindern zwar weitgehend das Werfen, ermöglichen aber dennoch ein »Gehen« der Türe. Die älteren Türen haben noch keine eisernen Kegel und Bänder und Angeln. Das anschlagseitige Türbrett ist am Angel- oder Drehpunkt über die eigentliche Türfläche hinaus nach oben und unten in Zapfenform, mit »Angel«, verlängert. Der obere Zapfen dreht entweder in einer Vertiefung des Sturzes oder in einer hölzernen, ursprünglich wohl aus Weidenringen geflochtenen sog. oberen Pfanne, später in einem Eisenring. Die untere Angel dreht in einer Höhlung in oder neben der Schwelle, der sog. unteren Pfanne, oder, im Massivbau, in einem eigens eingebuchteten Stein. Die Zapfenlager wurden mit Bienenwachs geschmiert, damit sie nicht knarrten.

Im gesamten Ostalpenraum weit verbreitet ist die »aufgedoppelte Haustüre«: Die profilierte Aufdoppelung wurde ursprünglich mit Holznägeln an der eigentlichen Bohlentüre befestigt und zu dekorativen Formen ausgerichtet. Besonders beliebt sind der sechs- oder gar achtteilige Stern, die Raute, das Malkreuz, das Sonnenmotiv. Das Sternmotiv ist auch in verdoppelter Form – im Ober- und Unterteil der Türe – häufig. Die aufgedoppelten Bretter waren oft ungewöhnlich breit, nämlich bis zu 30 cm. Die Verbindung der Aufdoppelungsbretter zueinander erfolgte durch einfaches Überfälzen oder durch Nut und Feder, doch stets mit kräftigen Profilierungen.

Erst im 19. Jahrhundert dürfte die Füllungs- oder Rahmentür mit Längs- und Querfriesen auch als Haustür in Gebrauch gekommen sein. Bei Massivbauten wurden die Haustüren von jeher bis ins 18., ja vereinzelt sogar bis ins 19. Jahrhundert herein mit einem, zwei oder gar mit drei kräftigen Sperrbalken, sog. »Riegeln«, aus Hartholz verriegelt, die zum Teil in langen Laufkanälen im Gemäuer versenkt wurden.

Vereinzelt gab es daneben auch andere Verschlußkonstruktionen. So wurden flache Holzriegel in ihrem Mittel auch in der Mitte der Tür drehbar befestigt. Drehte man diesen Holzriegel in die Waagrechte, rastete er links und rechts in hakenförmige eiserne Halterungen am Türstock ein und verriegelte so die Tür. Bei einer weiteren Verschlußart ist innen neben der Türöffnung ein stehender breiter Balken an der Wand befestigt. Durch einen wandseitigen Ausschnitt in halber Balkenhöhe wird hier wieder ein kantiger Holzriegel zum Zusperren durch den Balkenausschnitt ein Stück über die Tür geschoben. Neben diesen Schub- und Drehriegeln gab es aber auch primitive Schloßkonstruktionen, so einfache klobige hölzerne Türschlösser mit hölzernem Riegel und hölzernem Schlüssel, oder schwere, massive Hartholz-Schloßgehäuse, in denen mit einem eisernen Schlüssel ein hölzerner oder eiserner Riegel vor- und zurückgeschoben werden konnte. Bei diesen alten Schlössern wurde nur durch Schiebebewegungen, nicht durch Drehungen verriegelt. Eiserne, außen angebrachte Schlösser sind an Bergbauernhöfen in früherer Zeit kaum anzutreffen. Das eigentliche Kastenschloß aus Eisen oder Messing, in das man den Schlüssel von außen und innen hineinstecken kann, erscheint hier erst im späten 18. Jahrhundert.

Türen und Tore an Wirtschaftsbauten

An Stallbauten aller Art ist auch am Bergbauernhof und auf der Almstallung die quergeteilte Tür beliebt; die obere Hälfte kann zur Durchlüftung geöffnet werden, die geschlossene untere Hälfte verhindert das Ausbrechen des Viehs.

In Graubünden ist diese Türform als »Heckentür« bekannt. An Wohnhäusern sind zwar quergeteilte Türen nicht üblich, dafür findet man hier oft das filigrane »Stall-« oder »Hennengatter« an der Außenseite vor der eigentlichen Haustür, eine Konstruktion, die – wie schon der Name andeutet – aus Zaunformen abgeleitet sein dürfte.

Die riesigen Rundbogen-Portale der firstgeteilten Mittertennbauten erforderten auch große, mehrteilige Torelemente mit zweiflügligen Türen, die für die Einfahrt des Heuwagens groß genug waren. Türflügel und Riegelkonstruktionen sind namentlich an Temporärbehausungen von urtümlicher Einfachheit.

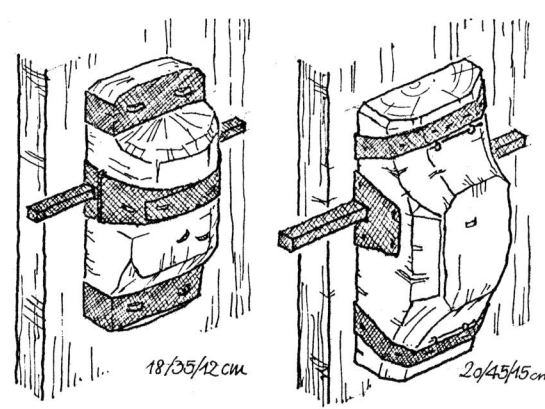

Einfache hölzerne Schlösser an Tiroler Pfostenspeichern.

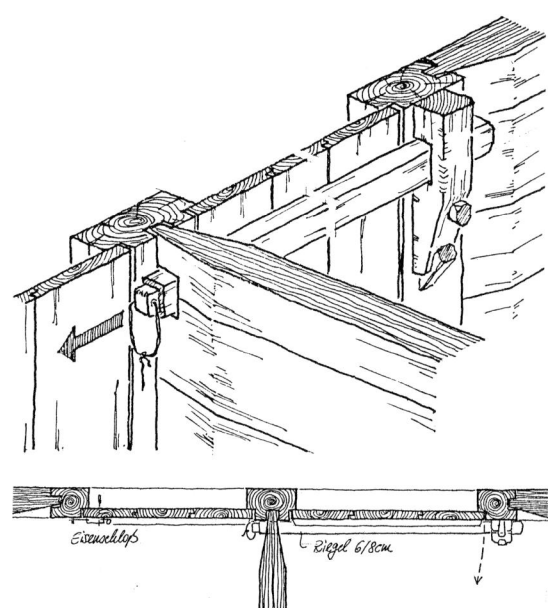

Einfache Türverriegelung mit durchgehendem Riegel.

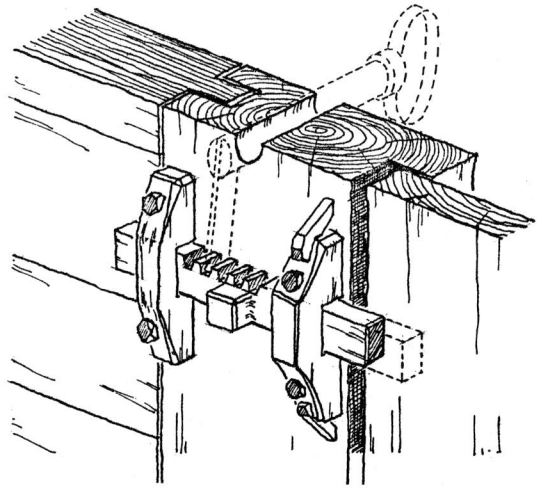

Hölzernes Schieberiegelschloß aus dem Passeiertal, Südtirol.

Stubentüren

Nach der zimmermannsmäßigen eingeriegelten Türe kam für die Stube wohl schon im 17. Jahrhundert vereinzelt die vom Schreiner gefertigte Füllungstür oder Rahmentür mit Friesen auf, gerne auch als »gestemmte Tür« bezeichnet. Eine Rahmenkonstruktion mit Mittelfries umschließt dabei meist eine obere und untere Füllung, die mit Nut und Feder eingesetzt – »eingestemmt« – sind.
Die Stubentüren sind fast nur in der aufwendigeren Form des 18. Jahrhunderts erhalten. Sie wurden wie die Türen der Bauernschränke gerne in doppelter Brettlage, mit Scheinfüllungen, also nicht gefederten Füllungen, gearbeitet. Auffallend ist die niedrige Höhe vieler Stubentüren, die – ebenso wie die Haustür – ursprünglich fast einen halben Meter niedriger war als heute. Dazu trug bei der Stube auch die hohe Schwelle bei, die den Stubengrundriß gleichsam abgrenzte und nicht weiter abgearbeitet oder unterbrochen wurde, so daß man förmlich in die Stube hineinsteigen mußte und dabei oft genug »mit der Türe ins Haus fiel«.
Ähnlich wie am Hauseingang bestanden die Türpfosten der Stube aus mächtigen Hölzern. Die Zweifeldertüre stammt aus der Handwerkskunst des 16. Jahrhunderts, sie ist nicht etwa eine analoge Übertragung der Zweifelderhaustüre, die auf die zweiteilige Haustüre zurückgeführt werden muß. Es ließe sich denken, daß das Zweifeldermotiv der Stubentüre seinerseits wieder auf die Einzeldurchbildung der Haustüre gewirkt hat. Im allgemeinen steht die Stubentüre formal der Schranktüre näher als der Haustüre.
Die Türen der Wohnräume sicherte man meist einfach mit einer eisernen sog. »Aab« und »Steften« oder mit einem Klinkholz, das sich durch eine kurze Drehung auch von außen handhaben ließ. Die Türangeln und das Türschloß waren in den »fortschrittlichen« Stuben aus Eisen, das Türschloß jedoch gewöhnlich nur eine leichte, freiliegende Fallenkonstruktion, die sog. »Felzen«. Erst viel später kamen auch hier Schlösser in Gebrauch.

Fenster

Die Urform des alpinen Einraumhauses kannte kein Fenster und keine Zwischendecke, das allernotwendigste Licht drang durch die Rauch- und Lichtluke in der Dachfläche; Türformen waren inzwischen bereits relativ weit entwickelt.
Für den Ausblick ins Freie genügten schmale Lichtschlitze, die – um das geschlossene Gefüge der Wände nicht zu durchbrechen – nur von der Lagerfuge zweier Blockbalken in das obere oder in beide der aufeinanderliegenden Wandhölzer eingeschnitten wurden und zwar höchstens bis zur Hälfte eines Wandbalkens.
Später wurden diese Schlitze zu quadratischen Luken erweitert, die innen mit einem Schuber verschlossen werden konnten. Schließlich baute man den massiven Holzschuber zur Hälfte in ein Rähmchen um, das mit transparenten Tierhäuten oder Schweinsblasen bespannt war und Licht durchließ, ohne auch Wind und Wetter Einlaß zu gewähren; diese Urform des Fensters, sichtlich eine fast zwangsläufige Entwicklung aus dem Blockbau, ist auch heute noch in Resten immer wieder anzutreffen; die lichte Öffnung ist bei ältesten Bauten kaum größer als 22 × 22 cm. Seltsam ist auch die Anordnung dieser ältesten Fensterchen: meist 3 in der unteren, 2 in der oberen Raumzone; die unteren dienten als Ausguck beim Sitzen, die oberen wohl auch als Ausguck beim Stehen, hauptsächlich aber als Rauchabzug (»Dampflöcher«, »Dampfbalken«). In Graubünden sind auch feststehende Fenster etwa dieser Größe und in Verbindung damit Lüftungsluken knapp unterhalb der Decke bekannt, die mittels eines genau angepaßten Holzpflockes dicht verschlossen werden konnten. Diese hochliegenden Luken sind auch andernorts noch vielfach zu beobachten und könnten auch als zusätzliche Lüftungsöffnungen gedient haben. Der Einbau größerer Fensterkonstruktionen wurde erst nach dem Einziehen von Zwischendecken und dem Bau eigener Kamine notwendig, da jetzt die Lichtluke im Dach wegfiel.
Im Alpenraum ist das Bohlenstockfenster besonders häufig. Schon früh beachtete man die Grundregel, daß der bewegliche Fensterflügel und der ihn umgebende Stock (Zarge) eine konstruktive Einheit bilden, die durch das allmähliche Setzen der Blockwände nicht in ihrer Funktion gestört werden darf; aus diesem Grunde sparte man zwischen Wandkonstruktion und dem Sturz des Fensterrahmens stets »Setzluft« aus. Zur Dichtung der Fugen nagelte man beidseitig Verkleidungsbretter an, die zu verschiedenartigsten Profilierungen und Ausgestaltungen anregten.
Die zweiflügeligen Fenster gehen allgemein nach innen auf, verschlossen werden sie mit zwei Vorreibern, die am sog. »Mittelgestäng« befestigt sind. In manchen Gegenden trifft man auch kleine Schiebefenster im Fensterflügel, die meist seitlich, manchmal aber auch nach oben geschoben werden können. Das frühe querformatige Fenster des 18. Jahrhunderts wird allmählich von stehenden Fensterformaten verdrängt, doch wird auch hier das feststehende Mittelgestäng beibehalten.
In der Nordostschweiz bilden die Reihenfenster ein wesentliches Element der Fachwerkbauten. Zwei oder mehrere Fenster sind häufig unmittelbar nebeneinander angeordnet, meist an der Außenecke des Hauses. Solche »gekuppelten« Fenster sind in verschiedenen Formen auch in einigen Tälern Graubündens heimisch.
Die Fenster bestimmen in besonderem Maß den Raumcharakter der Stuben. Ihre Maßverhältnisse, ihre Konstruktion und Anordnung geben wichtige Fingerzeige für die Geschichte der Stube überhaupt. Die Entwicklung des Fensters ist von einer stetigen Vergrößerung gekennzeichnet.

Formen und Konstruktionen im Steinbau

An den gemauerten Bauernhöfen Graubündens konnte man fast alle Fensterformen aus dem Burgenbau nachweisen. Am häufigsten ist die einfache, nach innen trichterförmige Fensterscharte mit sehr schmaler schlitzartiger Öffnung, in den ältesten Beispielen seitlich noch von zwei großen stehenden Steinen eingefaßt, in der jüngeren Form mit einer Leibung aus waagerecht geschichteten Steinen gemauert.
Die Fensterbänke sind innen ebenfalls noch schräg, manchmal getreppt.
Die schmale Doppelscharte mit Plattenrahmen an der engsten Stelle kommt auch bei den ältesten Bauernhöfen schon zu Beginn des 13. Jahrhunderts vor. Im Laufe der Zeit entwickelte sich aus der Schmalscharte nach und nach ein zwar immer noch hochformatiges, aber doch immer breiteres Fenster mit Plattenrahmen und Glasscheiben ohne Holzrahmen. Um 1300 ist beim Bauernhaus die große, aus einer schmalen Standplatte und drei breiten, mauerseitig unbehauenen Rahmensteinen gebildete Fensteröffnung üblich, daneben einfache, aus vier Steinplatten gebildete Öffnungen ähnlicher Größe. Erst gegen Ende des 15. Jahrhunderts setzte sich der steinerne Fensterrahmen aus gleichmäßig behauenen Platten oder Blöcken durch, die seit dem 16. Jahrhundert auch vielfach gefast sind. Gelegentlich sind die etwa quadratischen Fensteröffnungen durch ein Säulchen oder einen Pfeiler unterteilt.
Seltener sind die aus wenigen großen Steinen gefügten romanischen Fenster mit eingearbeitetem Rundbogen oder Segmentbogen im Sturzstein oder mit Keilsteinbogen. Äußerst selten sind gemauerte Spitzbogenfenster.
Bei den massiven Bauernhöfen Graubündens werden die steinernen Fenstergewände erst im Laufe des 16. Jahrhunderts allmählich durch glatte hölzerne Rahmen ersetzt, die mauerbündig mit der Außenseite eingesetzt sind. Im Inneren reichen die Fensternischen manchmal bis auf den Boden, gelegentlich ist die Nische mit einer gemauerten Sitzbank ausgestaltet.
Eine eigene Entwicklung nahmen die Fensterkonstruktionen bei jenen Graubündner Blockbauten, die später eine Vormauerung erhielten. In den älte-

sten Beispielen ist die Mantelmauer bis an den Rand des Fensterausschnittes in der Blockwand herangeführt, die Fensterleibung, wie bei den meisten Scharten, trichterförmig gestaltet. Zur Abdichtung der Fuge zwischen Mantelmauer und Blockwand wurde später von außen ein solider Fensterrahmen aus Lärchenholz an die Holzwand genagelt, in dem sich nun auch die Scheiben befanden. Das Fenster wurde damit aus der Flucht der Holzblockwand nach außen in die Mantelmauer vorgeschoben und wanderte außerhalb des Engadin schließlich sogar in die Außenflucht der Umfassung.

Eine sehr charakteristische Ausformung erhielten in Graubünden die äußeren Fensterleibungen, die sich meist nach allen Seiten, vor allem aber nach oben, trichterförmig öffnen. Diese trichterförmigen Fensterleibungen in den Mantelmauern wurden gelegentlich blendend weiß ausgemalt, um den Lichteinfall zu verstärken. Der nächste Schritt war eine malerische Ausgestaltung der Umrandung der eigentlichen Fensterleibung. Neben der charakteristischen, allseits trichterförmigen Fensterleibung kommen auch andere Spielarten vor.

Im Engadin ist vielfach der horizontale Fenstersturz, im Unterengadin gelegentlich der stichbogenförmige Sturz, manchmal auch konkav ausgerundet, anzutreffen, in Davos tritt die halbkreisförmig gewölbte Nische auf. Im Engadin hat sich die trichterförmige Fensterleibung auch im sekundären Steinbau behauptet, ja sie ist zu einem Charakteristikum dieser Landschaft geworden.

Seit dem 17. Jahrhundert kommt nach und nach ein größeres Fenstermaß – bis zu 60 cm – auf, wobei man die Wandbalken im Bereich des Fensters besonders zurechtsägte. Diese kürzeren Hölzer zwischen den Fenstern wurden in manchen Gegenden »Kögeltrümmer« genannt. Wahrscheinlich rührt die Bezeichnung daher, daß an diesen Hölzern die Kegel für die Fensterläden eingeschlagen waren. Sehr gefördert wurde das größere Fenstermaß durch den Steinbau im Untergeschoß, der angesichts der Leibungstiefe von vornherein auch eine größere Öffnungsfläche verlangte. Trotzdem blieb man in den Ansprüchen auf Lichtzufuhr noch sehr bescheiden.

Erst gegen Ende des 19. Jahrhunderts erreichte das Bauernhausfenster allgemein eine Größe, die auch heutigen Ansprüchen an Belichtung vollauf genügt. Auch noch im frühen 20. Jahrhundert blieb es am Bergbauernhof beim einfach verglasten Fenster. Um einen ausreichenden Wärmeschutz zu erzielen, wurden gelegentllich – wie in den Bürgerhäusern der Inn-Salzach-Städte – außen an den Fassadenfluchten nachträglich dünngerahmte »Winterfenster« eingesetzt – gelegentlich setzte man sie auch in die Fälze der Klappläden, die dann den Winter über nicht geschlossen werden konnten!

Verglasung

Wie Baurechnungen aus Basel aus dem 15. Jahrhundert belegen, waren damals sogar in der Stadt Schweinsblasen oder ölgetränkte Leinwand als Fensterflächen weit verbreitet; man darf daher annehmen, daß primitive Lichtflächen aus dünn gegerbten Häuten auf dem Bergbauernhof noch lange, gelegentlich vielleicht sogar bis ins 18. Jahrhundert in Gebrauch waren.

Nach Schweizer Bilderchroniken müssen dort bessere Häuser bereits im 16. Jahrhundert Fenster mit runden, von Bleirahmen gehaltenen Gläsern, sog. »Butzenscheiben«, erhalten haben.

Butzenscheiben waren auch im bayerischen Alpenvorland bekannt. Im Alpenraum kam das teure Fensterglas wohl kaum vor dem 18. Jahrhundert auf den Bergbauernhof. Die Verglasung erfolgte in Blei, gegen den Winddruck dienten die sog. »Windeisen« hinter den Bleisprossen. Wenn eine Scheibe brach, wurde die Bruchstelle meist wieder mit Blei geschlossen.

Erst später wurden die Bleisprossen durch hölzerne Fenstersprossen ersetzt. Das Kreuzsprossenfenster mit annähernd quadratischen Scheiben ist seit dem frühen 18. Jahrhundert verbreitet und hielt sich teilweise bis in die Gegenwart; um die Jahrhundertwende wurden mit den größeren Fensterformaten bei Neubauten und Umbauten auch sechsfeldrige Sprossenteilungen üblich.

Vergitterung

Schon die kleinen quadratischen Fensterluken wurden vielfach gegen Einbruch durch Vergitterung gesichert – als urtümlichste Gitter dienten einfache Hartholzstäbe, in dichter Reihung zwischen die Wandbalken eingeschoben.

Der gitterförmige Verschluß aus Holzspänen, der im Allgäu und in Vorarlberg nachgewiesen ist, scheint auch einmal in Altbaiern üblich gewesen zu sein. An einem der frühen Altöttinger Votivbilder ist ein solches »Geräms« deutlich erkennbar. Selbst bei größeren Fenstern begnügte man sich noch lange Zeit wohl mit Klappläden – in Tirol Balken genannt – wie sie selbst in Bürgerhäusern verwendet wurden. Erst später folgten Eisengitter in mannigfaltigen Ausformungen. Die Entwicklungsreihe geht vom einzelnen Gitterstab, der »Fensterstang«, über kleine kreuzförmige Lukengitter, engmaschige Durchsteckgitter, lustvoll gebauchte barocke Fensterkörbe bis zu den sakral anmutenden filigranen Spitzbogenformen der Neugotik und den phantasievollen Gittern mit floralen Jugendstilmotiven. Das sog. »Einstemmen« der Gitterstäbe in die Fensterstöcke wurde auch im Massivbau beibehalten, hier findet man Eisengitter in mächtige Marmor-Fenstergewände eingearbeitet. Das Fenstergitter entwickelte sich zusammen mit dem jeweiligen Fenstertyp zu einer funktionellen und gestalterischen Einheit.

Fensterläden

Zum Fenster gehört in vielen alpinen Landschaften der typische Fensterladen. In Graubünden wurden bei Steinbauten auch sehr kleine Fenster manchmal mit einem nur angelehnten Brett verschlossen. Mit Beginn des 17. Jahrhunderts treten die ersten Klappläden auf. Dicke Bretterläden mit Querriegeln und Aussteifungsleisten verschließen teils zusätzlich vergitterte Fenster. Erst viel später löste sich der geschlossene Fensterladen zunächst teilweise, zuletzt vollständig, in schräge Lamellen zwischen schmalen Rahmen auf. Aus der Schutzvorrichtung hat sich eine Blende gegen unerwünschten Sonneneinfall und gegen neugierige Blicke entwickelt – in ausgestellter Form ein Merkmal mediterraner Landschaften.

Im Barock hat man den Fensterladen vielfach prächtig mit Rocaillen oder anderen – meist floralen – Motiven bemalt, er wurde in der Folge vielfach zum künstlerisch gestalteten »Motiv« in der Fassade. In einigen Beispielen finden sich Fensterläden als Scheinarchitektur auf die Wand gemalt. Zur Zeit der Jahrhundertwende fügte man vereinzelt sogar »Blindläden« als plastische Stuckreliefs an die Seiten echter Fenster, sie sehen einem echten, beweglichen Laden aus der Ferne täuschend ähnlich.

Fensterformate, Sprossenteilungen und Vergitterungen gehören auch beim Bergbauernhof zu den wesentlichsten Gestaltungselementen und sind Teil des gewachsenen baukünstlerischen Konzepts in bezug auf das Verhältnis von Wandfläche und Öffnung. Der gegenwärtig in erschreckendem Ausmaß eingetretene Austausch gegen Normfenster mit Einscheibenverglasungen bedeutet in vielen Fällen eine weitgehende Zerstörung des geschichtlichen Bildes und der baukünstlerischen Qualität – am Bergbauernhof ist das übergroße ungeteilte Fenster ganz besonders wesensfremd und entstellend. Die verschiedenen alten Fensterformate mit ihren typischen Vergitterungen, Läden und sonstigen Eigentümlichkeiten sind heute verläßliche Zeit- und Regionalmerkmale und charakterisieren ganze Bauernhoflandschaften, daneben haben auch besondere Ausformungen der Fensterleibung, des Fenstergewändes und nicht zuletzt typische Bemalungen der Fensterzone zur Ausprägung höchst individueller »Fensterlandschaften« geführt.

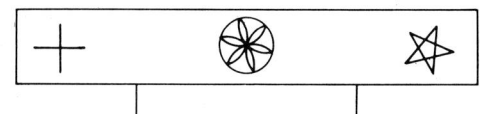

Türsturz mit Kreuz, Sternrosette und Hexenkreuz (Drudenfuß).

Älteste, im Holzblockbau auftretende Lukenöffnungen; zum Teil noch in gotischen Formen. Graubünden.

Luke mit Holzschuber in Holzblockwand.

Butzenscheibenfenster mit Klappladen aus Vorarlberg.

Schmuckformen und Schmucktechniken

Vom Ursprung und Sinn der Schmuckformen

Zahlreiche, oft merkwürdige Schmuckelemente an Haus und Hof, die heutzutage teilweise rätselhaft scheinen, lassen sich nur deuten, wenn man sie in die geistigen oder technischen Zusammenhänge der Entstehungszeit einordnet. Es ist heute sehr schwer, sich in die Geisteswelt der mittelalterlichen oder gar der vorgeschichtlichen Bauern und Handwerker einzufühlen. Aber bestimmt ist der Urgedanke allen Hausbaus, sich zu schützen, auch eine maßgebende Erklärung für viele Zeichen und Sinnbilder, Gestaltungen und Ausformungen baulicher Details, die man jetzt vielfach nur noch als »Verzierungen« begreift, deren Ursprung jedoch im tiefen Dunkel der uralten Naturreligionen oder im heidnischen Aberglauben fußt.

In ihrer Bedeutung weisen auch viele der ältesten christlichen Zeichen auf urtümliche vorchristliche Vorstellungen hin. Das oft umdeutende Verstehen von Bildinhalten läßt erkennen, daß in den christlichen Zeichen und in den beliebten Volksheiligen oft noch ältere, magische Dimensionen fortleben. Neben all den bedeutungsbehafteten und sinnerfüllten Zeichen und Formen, die als Schmuckformen an bestimmten Punkten des konstruktiven Gefüges bekannt sind, ist gewiß auch freies Formenspiel und natürliches Schmuckbedürfnis die ausschließliche Wurzel mancher traditioneller Ziermotive. Immer wieder trifft man auch auf Schmuckformen, die auf eine Umsetzung ursprünglich konstruktiv bedingter Details zum »Zierat« hindeuten. In primärer Bauweise notwendige Bauglieder und Bauteile verloren mit dem Wandel der Bautechnik und mit dem Übergang zu anderen, solideren Baustoffen ihren konstruktiven Sinn und wurden – vielfach in anderes Material umgesetzt – zur Zierform umgedeutet und als Zierform weiter tradiert. So wie die Architekturglieder der klassischen griechischen Tempel aus hölzernen Baugliedern hervorgegangen sind, so ist auch bei der bäuerlichen Baukunst manches spätere Zierglied nur aus seiner konstruktiven Urform verständlich. In späterer Zeit nimmt die Selbstdarstellung, die Versinnbildlichung des Standes oder Berufes, das Bedürfnis zur Weitergabe von persönlichen oder kollektiven Erinnerungen thematisch in verschiedenen Gegenden einen breiteren Rahmen ein.

Älteste magische Zeichen

Viele der ältesten geometrischen Ornamente wurzeln noch im germanischen Runenalphabet, dessen 24 einfache Zeichen nicht nur kommunikative, sondern gewiß auch magisch-mystische Bedeutung hatten. Die Sonne – entscheidende und bestimmende Kraft für Saat und Leben – nahm in vielfacher Symbolgestalt einen breiten Raum in der Ornamentik ein und begegnet in einfachen Kreis- und Halbkreiszeichen. Spirale und Doppelspirale leiten bereits zu den bewegten Sonnenzeichen über, deren Darstellung das immerwährende Kommen und Gehen der Sonne und die zyklischen Veränderungen der Natur versinnbildlicht.

Sehr häufig finden sich Zierreihen in der einfachen Ornamentik der Bauglieder. Dabei werden geometrische Zeichen flächengliedernd zu einem größeren Ganzen zusammengefügt, indem sie – vielfach mit Farben belebt und begrenzt – aneinandergereiht werden.

Die häufigsten Längsornamente – die Taue, die mit dem Knoten zusammenhängen und der überaus häufige »Laufende Hund«, ein typisches Bandmuster – gehören wohl den abwehrenden Zauberzeichen der geometrischen Reihe an. Man findet diese Zierreihen häufig an den geschoßtrennenden, meist leicht überstehenden Wandblockbalken der Wohnhäuser aufgemalt.

Manche *abstrakte magische Zeichen*, vor allem das Pentagramm (»Drudenfuß«), häufen sich auffallend um das Fenster der Schlafkammer, im Hausinneren über der Kammertür, über Stall- und Scheunentoren; diesem bekannten Bann- und Abwehrzeichen begegnet man aber auch in dichtem Nebeneinander auf bestimmten Felsbrocken längs einstmals vielbegangener Almtriften.

Daß besonders starke, angriffslustige und gefährliche Tiere seit altersher als Symbole der Abwehr galten, ist naheliegend. Dies kommt schon darin zum Ausdruck, daß man einst Bärenköpfe an die Hauswand nagelte, große Raubvögel mit ausgespannten Flügeln an Scheunenwänden befestigte, oder Stierschädel, Kuh- oder Bockshörner über den Stalltüren anbrachte.

Später, als der magische Sinn in Vergessenheit geriet, gestaltete man die alten »Zaubermittel« und die dämonischen Fratzen, deren Urbilder in längst versunkenen Zeiten vorgeformt wurden, zu spielerisch anmutenden Zierformen um und gab sie im Hausbau von Generation zu Generation als herkömmliches traditionelles Schmuckelement weiter. So begegnen heute noch an verschiedenen Teilen der Bergbauernhöfe dämonisch-naiv gestaltete oder auch raffiniert stilisierte Fabelwesen.

Auch die in Graubünden allenthalben an Häusern und Mobiliar aufgemalten Steinböcke sind als

Schutzzeichen zu deuten. Durch ein Gesicht, das eine Fratze schneidet, glaubte man z.B. böse Geister und schlimme Feinde abschrecken zu können. Eine typische Abwehrfratze mit aufstehenden Haaren, rollenden Augen, vor allem aber weit herausgestreckter Zunge ist auch der »Lälli« oder Neidkopf – später ein Hohnzeichen –, der in Graubünden verbreitet ist.

Im Alpenraum, namentlich an Almeingängen weit verbreitet, waren einst die eingeritzten »Abwehrhände«, eine treffsicher abstrahierte Abwehrgeste, die noch zum ältesten allgemein verständlichen Gebärdengut der Menschheit gehört. Zugleich ist dieser apotropäische Bildtypus wohl eine der urtümlichsten Formen abstrakter Darstellung überhaupt – hier setzte man ein Abbild an Stelle einer Sache und vertraute seinem Zauber.

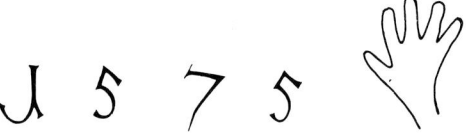

Abwehrhand und Datierung an einer Hauswand in Jenaz, Graubünden.

Christliche Heilszeichen

Die Annahme des christlichen Glaubens hat dem uralten, tief verwurzelten heidnischen Aberglauben noch lange nicht den Nährboden entzogen, unausrottbare magische Vorstellungen lebten im Geistesleben namentlich wohl auch der Bergbauern fort, die auf einsamen Almen oft wochenlang bei Nacht und Nebel, Sturm und Gewitter oft völlig allein dem Gespenst abergläubischer Furcht ausgeliefert waren. So ist es nur allzu verständlich, wenn man sich auch der heiligen Zeichen des christlichen Glaubens als Apotropaia und Glücksbringer bediente und ihnen heilbringende Wirkungen zumaß. Die offenkundige Vermischung von heidnischen und christlichen Symbolbedeutungen ist ein Beweis für das Beharrungsvermögen des alten bäuerlichen Weltbildes.

Die Vielzahl christlicher Heils- und Segenszeichen ist aber auch bezeichnend dafür, daß man sich des Segens Gottes nach wie vor lieber durch äußere sichtbare Zeichen in sinnbildmäßiger Umschreibung versicherte. Bei der Anbringung christlicher Zeichen mag auch das Bekenntnis zum Glauben und später die allgemeine Tradition eine wichtige Rolle gespielt haben.

Hauptabwehrzeichen gegen alles Böse ist das Kreuz in seinen zahlreichen Ausformungen und Spielarten. Man findet es vor allem über Haus- und Stalltüren, über Tür und Fenster der Schlafkammern, an der Firstpfette und – in plastischen Formen aller Stilrichtungen – am Dachfirst.

Das Kruzifix mit ausgebildetem Corpus ist in unzähligen, künstlerisch vielfach überragenden Ausgestaltungen bis zum heutigen Tag vom Bergbauernhof und auch von der Alm nicht wegzudenken. Es hat in der Stube im Herrgottswinkel seinen festen Platz, ebenso in den Feld- und Privatkapellen, aber auch in offenem Gelände als Feld- und Flurkreuz, als Wegkreuz, als Almkreuz und als Marterl in allen alpinen Regionen – auch in der inbrünstig-eindrucksvollen Form des Arma-Kreuzes. Unter Arma Christi versteht man die biblischen und legendären Leidenswerkzeuge der Passion, sie sind als Zeichen, als Majestätssymbole des wiederauferstandenen Herrn aufgefaßt, sie gelten als Reliquien Christi und als Waffen im Kampf gegen die Sünde. Dieser von mittelalterlichen Andachtsbildern abgeleitete, ursprünglich für die Passionsmeditation dienende Kreuztypus ist in der gesamten bäuerlichen Kunst weit verbreitet. Man kennt ihn in großen und kleinen, bescheidenen und überaus prächtigen Ausformungen an Haus- und Stadelwänden, als Wegkreuz und sogar als Almkreuz.

Auch der Trinität als grundlegendem christlichem Dogma begegnet man in der bäuerlichen Symbolik immer wieder, in einfachster Form als (gleichseitiges) Dreieck. Manchmal ist in dieses Dreieck auch ein Auge eingezeichnet; das Bild des einzelnen menschlichen Auges im Strahlenkranz oder im Dreieck stellt Gottvater dar; es verdeutlicht den Sinngehalt vom Auge Gottes, das alles sieht.

Die Christus- und Mariensymbole nehmen in ihrer einfachsten abstrakten Form, im Monogramm, einen hervorragenden Platz in der gesamten bäuerlichen Kunst und besonders auch unter den Ziermotiven an Bauteilen ein. Das Jesusmonogramm IHS, oft mit einem Kreuzchen über dem H, ist entschieden das häufigste; es findet sich oft in Kartuschen zusammen mit Datierungen und Initialen.

Das Marienmonogramm trifft man fast immer in Form des bekannten Kalligramms, oft antithetisch zum Jesusmonogramm.

Jesus- und Marienmonogramm und INRI.

Weniger oft erscheint das INRI (Jesus Nazarenus Rex Judaeorum). Der Name Joseph ist selten, wird aber dann stets voll ausgeschrieben (IOSEP). Der Brauch, die Dreikönigsbuchstaben mit Kreide an Haus- oder Stalltür zu schreiben, hat sich bis heute erhalten, oft auch nur in der vereinfachten Form dreier Kreuzchen.

Weniger häufig als Monogramme sind Symbole. Ein einzelner Fisch kann auch in der Volkskunst Christus symbolisieren. Ein weiteres Symbol für Christus ist der (Abendmahls-)Kelch, er findet sich öfter als ausgeschnittene Zierform in den Belüftungsluken der verbretterten Scheunen, in Bundwerkhinterschalungen und in den Schießbrettern der Lauben.

Darstellung von Fischen mit christlichem Symbolgehalt. Graubünden.

Die Taube als Sinnbild des Heiligen Geistes begegnete früher häufig in der bäuerlichen Stube, oft aus den einfachsten Mitteln dargestellt und an der Decke über der Tischmitte aufgehängt.

Der Hahn mahnt in der christlichen Symbolik an die Verleugnung Christi durch Petrus am Ölberg, er wurde zum Symbol der Wachsamkeit.

Hausinschriften und Haussprüche, Wappen und Embleme

Die Sitte, bestimmte Stellen des Hauses mit Inschriften zu versehen, fußt ebenfalls auf dem Uranliegen des Menschen, für Haus und Hof den Schutz der Gottheiten zu erbitten und böse Mächte abzuwehren. Später, als der kultische Ur-Sinn der magischen Zeichen und Schriften in den Hintergrund trat, wurden – neben dem zentralen, zeitlosen Anliegen um Gottes Segen – auch andere Inhalte zum Thema der Hausinschriften, so vor allem Freude und Stolz über erreichten Besitz und andere Formen der Persönlichkeitsentfaltung und des erstarkenden Selbstvertrauens, doch kommen stets auch demutsvolle Unterwerfung und gläubige Unterordnung zum Ausdruck.

Eine Reihe von Hausinschriften lädt den Gast zu friedlichem Verweilen ein, spricht aber auch den Vorübergehenden in erbaulichen und mahnenden Worten an, gibt ihm fromme Denkanstöße und fordert ihn auf, sich über den Sinn des Lebens im allgemeinen und den Sinn des Bauens auf dieser Welt im besonderen Gedanken zu machen.

Auch Unmut über unvorhergesehene Baukosten und verzögerte Bauausführung spricht humorvoll aus manchen Versen.

So spiegelt sich im Spruchgut unserer bäuerlichen Hausinschriften oft in bezeichnender Form das Verhältnis der Menschen zu ihrer Umwelt. Wenn auch Haussprüche im gesamten Alpenraum heimisch sind, so ist ihre Verteilung und Dichte örtlich überaus unterschiedlich. Im allgemeinen ist der Westalpenraum reicher an Inschriften als der Ostalpenraum, in der Schweiz und den ehemals rätoromanischen Siedlungsräumen des westlichen Tirol bot der verputzte Steinbau technisch günstigere Voraussetzungen als der im übrigen Alpenraum primär verbreitete Holzblockbau.

Aber auch im bayerischen und österreichischen Alpengebiet haben die Hausinschriften nach Einführung der sekundären Steinbauweise, meist zusammen mit der »Lüftlmalerei«, eine großartige Entfaltung gezeigt. Namentlich die Bauernhöfe des Werdenfels, des Leitzachtales und der Schlierseer Berge haben in der 2. Hälfte des 18. Jahrhunderts neben Freskoschmuck einen auffallenden Reichtum an Hausinschriften hervorgebracht. Im bäuerlichen Raum hat sich die alte, unverfälschte Sitte der Haussprüche bis ins erste Viertel des 19. Jahrhunderts erhalten.

Ein weites Feld der Ornamentik mit Persönlichkeits- oder Standesbezug und beruflicher Thematik sind Wappen aller Art und Berufsembleme. In der Schweiz sind die Bundeswappen als Hauszier bekannt. Man versteht darunter sowohl die Wappen jedes einzelnen Bundes wie auch das Wappen der 1471 vereinigten drei Bünde. Auffallend oft findet sich das Wappen des Gotteshausbundes mit dem steigenden Steinbock. Im Gebiet des alten Rätien begegnet man sehr häufig gemalten, in Stein gehauenen, ja sogar in die Holzwand gekerbten Familienwappen, was oft auf einen gewissen Reichtum und damit verbundenen politischen Einfluß hindeutet.

Stilisierte Darstellungen von Handwerkszeug, vor allem Maurer- und Zimmermannswerkzeug, lassen noch heute auf den Haupt- oder Nebenerwerb eines Urahnen schließen.

Schnitzerei und Bemalung an Holzteilen

Die vorherrschende Verbreitung des Holzbaus im Alpenraum hat auch allen Formen dekorativer Holzbearbeitung am Bau ein weites Spielfeld eingeräumt. Naturgemäß steht, wie bei allen altartigen Bauten, auch im Holzbau das Notwendige am Anfang; in langer Erprobung wuchs der Holzbau zunächst zur konstruktiven Reife.

Doch allmählich geht auch der Bergbauer – meist Bauherr und Baumeister in einer Person – mit feinem Empfinden in manchen Einzelheiten über das rein Konstruktive hinaus und hilft dem Optischen nach. Er deckt Fugen, schwächt oder verstärkt Holzprofile, löst massive Teile in tragende und füllende Glieder auf, bricht Kanten durch feine Abfasungen, schafft Übergänge durch Kehlen und Leisten und verziert schließlich Balken, Stiele und Streben mit einfachen Kerbschnitten. Niemals findet sich am Bauernhaus Schnitzerei an wahlloser Stelle.

Bei den urtümlichsten Bauten betonen Kerbschnittmuster stets konstruktiv besonders wichtige Glieder, heben etwa jenen, bereits leicht vorkragenden Wandblockbalken, hinter dem die Geschoßdecke liegt, durch Verzierung aus dem übrigen Balkengefüge heraus. Die Bemalung von Holzteilen beschränkt sich, ähnlich wie die Schnitzerei, auf bestimmte zumeist konstruktiv bedeutsamere Bereiche und Bauglieder des Baugefüges, vielfach unterstrich und betonte sie auch die Wirkung geschnitzter Teile, wie etwa der Kerbschnittmuster.

Die Ornamentik, die noch heute in vielen Resten erhalten ist, stand einst in leuchtenden Farben auf den graubraunen Flächen des Holzes wie die farbigen Reihen oder Punkte eines alten Schmuckes auf einfarbigem Gewand. Die vorstehenden, am Hirn abgekanteten Köpfe der Holznägel, die Kapitelle der Pfosten, die Flugpfetten und Konsolen, die ausgesägten Balkonbrüstungsbretter, die geschnitzten Pfettenköpfe, Windbretter und Stirnbretter, Türen und Tore, gelegentlich auch die Kanten von Schwellen und Pfosten – all das war bunt und lustig bemalt, bei den reicheren Höfen fast anzusehen wie ein Kinderbilderbuch, mit dem die figürlichen Darstellungen und die Farben viel Gemeinsames haben. Dem Baustoff – der ausgesägten Bohle oder dem mit Beil und Schnitzmesser bearbeiteten Balken – wurde keine Gewalt angetan, denn man begnügte sich mit der derben, etwas unbeholfenen Form, die die Technik ermöglichte, und half mit der ebenso derben Farbe nach, die sicherlich nicht am Suchen nach feinen »Nuancen« krankte.

Die wichtigsten Farbstoffe waren Ochsenblut gelegentlich Leinöl, vor allem aber Kalkkaseinfarben. Das aus Topfen gewonnene Kasein verband sich mit dem Holz so innig, daß sich auch noch vor Jahrhunderten bemalte Flächen, nach völliger Abwitterung des eigentlichen Farbstoffes, als erhabene Reliefs erhalten haben, die im Streiflicht einen unnachahmlichen Reiz entwickeln. Die Bemalung selbst konnte sich nur an sehr wettergeschützten Stellen erhalten. Bei den Eck- und Durchsteckverbindungen der Holzblockwände ist der Übergang vom Konstruktiven zum Ornamentalen fließend.

Die Zierformen der Zwischenwand-Balkenköpfe, das sog. »Malschrot«, ist zum beliebtesten und häufigsten Schmuckmotiv auch des einfacheren Holzblockbaus geworden und gibt in zahllosen Spielarten den ernsten, wettergegerbten Wänden der Berghäuser einen Hauch von Poesie.

Die häufigsten Motive waren das Handwerkszeug des Zimmerers, ferner Initialen und Datierungen, daneben Herz und Kreis, Haus, Kirche und Stadttor sowie andere, kaum noch deutbare Formen.

In vielen Gebieten der Alpen ist dieses Malschrot zu einem einzigartigen Zeugnis handwerklicher Formenfreude entwickelt. Wie überall, wo die Ornamentik zu stark in den Vordergrund tritt, wurden zuletzt – entgegen gesundem handwerklichem Gefühl – für das Malschrot Zierformen gewählt, die nur noch durch waagerechtes Einschieben der Zwischenbalken in die Außenwand eingefügt werden konnten, zu allerletzt half man sich gar durch Ausflicken allzu filigraner Teile. Systematische Untersuchungen über Holzverbindungen im Blockbau ließen sicherlich neue Erkenntnisse zur Chronologie und zur Eigenart einzelner Zimmermeister gewinnen.

Vogel und Schlange im Giebelfeld eines Hauses in Andeer, Graubünden.

Hausinschrift mit Steinböcken und Hunden (?).

Schmuckformen am Dach

Die weit vorspringenden, oft mehrfach aufgedoppelten Pfettenköpfe reizten die Zimmerleute wohl seit jeher, ihren Kunstsinn und ihre Freude am Schönen unter Beweis zu stellen. Bei den ältesten erhaltenen Dächern – späteres 15. Jahrhundert – trug nur die Firstpfette gelegentlich die Jahreszahl der Erbauung, daneben noch die Initialen des Bauherrn, gelegentlich auch die Initialen der Heiligen Familie, später wurden die Ziffern und Buchstaben in einer Kartusche zusammengefaßt.

Mittel- und Fußpfetten waren nur mit einer Fase abgeschrägt. Im 17. Jahrhundert fand vielfach der Abwehrzauber Ausdruck in der Gestaltung der Pfettenköpfe, die als Drachen-, Katzen- oder Hundegesichter geschnitzt wurden.

Pfettenköpfe und Unterfirste (»Houdiböcke«, »Houdi« von: hohe Diele!) im Giebelfeld älterer Bauernhäuser sind zu nachgerade dämonischen Fratzen ausgestaltet. In der Jachenau sind an den Giebeln der prächtigen Einfirsthöfe noch im 19. Jahrhundert die aufgedoppelten Pfettenköpfe als grüne Drachenleiber mit weit herausgestreckter feuerroter Zunge spielerisch ausgeformt. Die frei endigenden Glieder der Bundwerke im Werdenfelser Land wurden seit jeher zu phantastischen Fabelwesen gestaltet.

Drohende Drachengesichter sind auch im Vorderrheintal an vielen Pfettenköpfen bekannt, im Engadin und im Münstertal treten Schlangen als Giebelbekrönung auf. Phantastischen, aus der Schlange oder dem Schwein entwickelten Drachen begegnet man mehrmals im Unterengadin, ebenso Delphinen mit menschlichem Gesicht. Seit dem 18. Jahrhundert gesellte sich zum Schnitzwerk an den Pfettenköpfen noch die Malerei und gestaltete die Giebelpartien der typischen oberbayerischen Einfirsthöfe zu wahren Kunstwerken. Neben Jahreszahlen und Bauherrn-Initialen gesellten sich allerlei christliche Symbole und Embleme, dazu kamen die verschiedensten Ornamente und floralen Motive.

Im ausgehenden Barock wurden an die Seitenflächen und Untersichten der Pfettenköpfe ganze Szenen aus der Heiligen Schrift oder aus dem bäuerlichen Alltag aufgemalt, die untersten Pfetten wurden in barock geschwungenen, untektonisch ausgeschnittenen Formen ausgeschnitten, ja sogar in Volutenform gestaltet; die tragende Funktion tritt hinter dem dekorativen Element völlig zurück.

An prächtigen Bauernhöfen des Voralpenlandes ist die dekorative Bemalung der gesamten giebelseitigen Dachuntersicht nicht selten; am Bergbauernhof bleibt es meist beim Fischgrätenmuster der profilierten Dachuntersichtverschalung.

Auch über der Dachfläche entwickelte sich reiche Ornamentik. Der Giebelpfahl oder die Giebelsäule, früher in den Holzgebieten Süddeutschlands, der Schweiz und Westösterreichs verbreitet, hatte jedenfalls konstruktiven Ursprung: die Windbretter wurden am First früher vielfach nur gegeneinandergestoßen und verblattet und dann – besonders bei den früheren Strohdächern – durch ein senkrecht eingefügtes Holz versteift. Diese Giebelpfähle waren einfach gerundete, zepterförmige oder sternbekrönte Stäbe und Bretter, die den späteren Giebelzeichen – Vase, Blume, Kreuz – Pate gestanden haben könnten.

Auch die Überstände der sich am Giebel kreuzenden Windbretter mögen eine rein konstruktive Ursache für viele spielerische und symbolbeladene Ausformungen sein, vor allem für die bekannten paarigen Pferdeköpfe.

Als Giebelzeichen von mystischem Charakter waren diese gekreuzten Pferdeköpfe einst weit verbreitet. Dieses uralte germanische Symboltier finden wir im 19. Jahrhundert vielfach auch zu liebenswürdigen, bunt bemalten Seepferdchen umgestaltet.

Ein gestalterisches Leitmerkmal des nordosttirolisch-südbayerischen Einfirsthofes ist der Glockenständer, der sich aus kleinen Dachreitern entwickelt hat. Uralte Formen bestehen aus einer einfachen natürlichen Astgabel, in die ein Glöckchen eingehängt war; das sattelförmige winzige Dach bestand aus wenigen Brettchen. In den Spätformen des 19. Jahrhunderts haben sich diese filigranen Glockenständer zu außerordentlich schmucken, üppig verzierten Gebilden ausgewachsen: Auf einem reich profilierten Pfahl sitzen reihum prachtvoll geschnitzte und bemalte Büge auf, die ein spitzkegelförmiges Schindeldach tragen, die verblechte Spitze ziert ein kugelförmiger Knauf, eine Wetterfahne, ein Wetterhahn oder ein Kreuz. Die letzte Entwicklungsstufe ist ein quadratisches Türmchen mit richtiger »Glockenstube« und spitzem Zeltdach. Der Glockenständer gehört zu den beliebtesten und meist kopierten Motiven sentimental verfärbter Villen im »oberbayerischen Stil«.

Der firstparallel flächig geformte schmiedeeiserne Glockenständer hingegen ist ein Charakteristikum des Rupertiwinkels.

Freskomalerei und Sgraffito

Die Kunst der Freskomalerei ist vor allem im bayerischen Alpen- und Voralpengebiet, aber auch im inneralpinen Raum, namentlich in Westtirol und in der Schweiz, weit verbreitet.

Aus der Renaissance sind im bayerischen Alpenraum nur noch Reste der bekannten Malereien am Haus zur Prucken in Berchtesgaden, aus der Zeit um 1610, erhalten geblieben: In den Bekrönungen der sechs Fensterumrahmungen parodieren Hasen das menschliche Leben.

Glockenständer aus dem nordosttirolischen Raum.

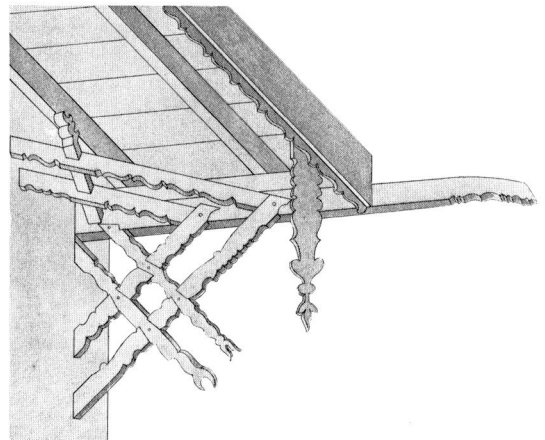

Dachfuß eines Oberinntaler Hofes.

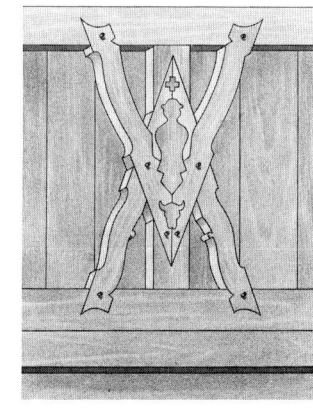

Aus dem Giebelbundwerk eines Oberinntaler Hofes.

Firstverzierungen aus dem Oberinntal.

Reiches Giebelbundwerk an einem Hof in Zirl, Tirol.

Pfettenkopfbretter von Höfen aus dem Alpbachtal, Tirol.

Auch in Tirol existiert nur noch eine kleine Gruppe von Malereien aus der Renaissance, so in Landeck und Ladis im Oberinntal, in Wenns im Pitztal und in Ötz im Ötztal.

Eine außerordentlich lebhafte Entwicklung nimmt die bäuerliche Freskomalerei im Barock und Rokoko.

Einfache Fresken mit ornamentalen, vorwiegend pflanzlichen Motiven, akzentuieren in transparenten Pastelltönen, oft in Verbindung mit bescheidener Stukkatur, die biederen Architekturglieder zahlreicher bäuerlicher Bauten.

Die besten Werke der barocken Freskomalerei entfalten am Bauernhof des bayerischen Alpenrandes den ganzen Zauber zeitgenössischer Illusionsarchitektur oder öffnen in visionärer Schau den barocken Bauernhimmel.

In ihren schlichten und innigen Darstellungen, die oft in ganzen Zyklen die Hauswände überziehen, sind die sog. »Lüftlmalereien« ein beredtes Zeugnis barocker Lebensfreude, aber auch ein Hinweis auf die bäuerliche Frömmigkeit. Ihre hauptsächliche Verbreitung fand die »Lüftlmalerei« im Werdenfelser Land; in Ober- und Unterammergau wirkte der wohl bedeutendste Meister, Franz Seraph Zwinck (1748–1792). Die Malereien am Pilatushaus in Oberammergau gelten als der Höhepunkt seines Schaffens und der zeitgenössischen Fassadenmalerei überhaupt.

Den Begriff »Lüftlmalerei« für das bäuerliche Freiluft-Fresko führt die Überlieferung übrigens ebenfalls auf Zwinck zurück: »Da sei es... auf dem Malergerüst im frischen Gebirgswind recht zugig gewesen, eben lüftig, und außerdem hätte wegen des rasch trocknenden Mörtels der Malvorgang sehr schnell vor sich gehen müssen, fast so schnell, wie der Wind an Wand und Maler vorbeistrich.«

Diese Arbeitsweise habe eines Tages den Oberammergauer Maler Zwinck in einem Augenblickseinfall dazu gebracht, sich »Lüftlmaler« zu nennen. Inzwischen konnte anhand von Urkunden nachgewiesen werden, daß die Familie Zwinck damals in Oberammergau das Haus »Zum Lüftl« bewohnte; der erste Lüftlmaler hat also den Hausnamen seiner Familie zur Berufsbezeichnung gemacht.

Franz Karner, von Beruf Kohlenbrenner, war im Gegensatz zu Zwinck Autodidakt, er ist – nach Zwinck – der bedeutendste Meister, seine Hauptwerke finden sich in Mittenwald, doch bemalte er auch einige Fassaden in Wallgau, Krün, Vorderriß und in der Jachenau.

Ein weiteres bedeutendes Verbreitungsgebiet der Lüftlmalerei ist das Leitzachtal und die Gegend um den Schliersee; die ersten in Tölz noch feststellbaren Fresken des 18. Jahrhunderts stammen wohl von den dortigen Malern Adam Fett und Julian Preymayr. Der Hauptakzent der Malerei liegt hier auf den Fensterumrahmungen, die meist mit einem schmalen Marmorstreifen eingefaßt sind, auf denen sich Bekrönungen mit herabhängenden Zierstücken aufbauen; in den sehr lockeren Stuck aus Voluten, Ranken und Blattwerk schlingen sich Blumengirlanden, sind Rosen und Nelken gesteckt, und dazwischen haben sich Vögel niedergelassen.

Die bedeutendsten Malereien sind hier der Jodlbauer in Hagnberg bei Geitau, entstanden 1786, sowie der Wiedenbauer bei Wörnsmühle im Leitzachtal aus dem Jahre 1772. Für diese Gegend ist nur die Malerfamilie Behamb aus Glonn urkundlich feststellbar.

Ein weiteres Zentrum der Lüftlmalerei dürfte Ruhpolding gewesen sein. Im Miesenbachtal wurden die bedeutendsten Malereien in den Chiemgauer Alpen freigelegt, – der abgelegene Wastlbauernhof in Mauer bei Hammer mit einem religiösen Freskenzyklus von 1762.

Das östlichste bedeutende Beispiel dieser Kunst ist der Gruberhof in Weißbach an der Alpenstraße mit einem großen Heiligenzyklus von 1751.

Auch in Tirol bringt die 2. Hälfte des 18. Jahrhunderts die barocken Hauptwerke der Fassadenmalerei hervor.

Beherrschend sind hier Einzeldarstellungen von Heiligen, vielfach in Wolken gehüllt, daneben reiche Fensterumrahmungen. Sehr beliebt ist auch hier das Motiv des Blindfensters mit aufgemalten, herausschauenden Personen. In Tirol fällt vor allem das Lechtal mit den Orten Reutte, Elbingenalp, Holzgau und Hägerau durch seine Lüftlmalereien auf, auch im Gebiet des Walchensees sind noch einige wenige Beispiele erhalten.

Aus der Malerfamilie Zeiller sind vor allem die Vettern Johann Jakob (1710–1783) und Franz Anton (1716–1794) als Fassadenmaler in der Umgebung von Reutte bekannt geworden.

Im Lechtal können noch die Meister Josef Degenhart und Josef Anton Köpfle nachgewiesen werden. Köpfle bemalte um 1800 zwei Fassaden »in der Art von Festdekorationen« mit reicher Scheinarchitektur und üppigen Ornamenten, aber ohne jeden figürlichen Schmuck. Hier scheinen bereits klassizistische Stilelemente wie kannelierte Pilaster, Vasen, Girlanden und gedrehte Tücher auf.

Von den späteren Stilepochen gingen keine nennenswerten Impulse auf die eigentlich bäuerliche Fassadenmalerei aus.

Eine überaus beliebte Thematik in der Lüftlmalerei sind die Bauernheiligen. Aus der großen Schar der Heiligen der Kirche hat der bäuerliche Mensch mit sicherem Instinkt die wenigen herausgenommen und zu höherem Ansehen befördert, die von ihrem Attribut, ihrer Erscheinung oder ihrer Legende her Züge aufweisen, die sie für bestimmte Patrone geeignet machen.

In Bayern und Tirol war bis zum 18. Jahrhundert auch die Käsekalktechnik weit verbreitet. Lang eingesumpftem Löschkalk wurde Topfen beigemischt, wodurch sich eine dünne Kalkschlämme ergab, die, auf die Hauswand aufgetragen, einen blendend weißen Untergrund für die Bemalung bildete. Diese Kalkmalerei »a secco« zeichnete sich durch einen vorwiegend hellen Farbcharakter aus.

Das Sgraffito ist in Deutschland etwa seit Beginn des 13. Jahrhunderts bekannt und war ehedem auch im österreichischen und schweizerischen Alpenraum verbreitet. Aus der Renaissance sind Sgraffiti im Alpenraum selten, am häufigsten trifft man sie noch in Teilen der Schweiz. Im allgemeinen durchlaufen sie die gleiche Entwicklung wie die Freskomalerei. Die frühesten Beispiele zeigen reine Ornamentik, wie etwa Blattmuster, einfache Rustizierung oder vorgetäuschte Diamantquader.

Im Gegensatz zur farbigen Freskomalerei wird deren künstlerisches Hauptanliegen, die Illusion der räumlichen Tiefe, niemals angestrebt; für das silhouettenhafte Sgraffito blieb das flächige Element, die lineare Zeichnung, stets bestimmend.

In den figürlichen Darstellungen sind die Szenen mit der Absicht der Flächenfüllung über die Fassade verstreut.

Das Sgraffito ist eine Kratzputztechnik. Auf eine Mörtelschicht wird Farbe aufgetragen, die durch eine weitere, meist im Naturton gehaltene Mörtelschicht gedeckt wird. Der Handwerker ritzt, kratzt oder schneidet dann in den frischen weißen Verputz Linien, Ornamente oder Inschriften ein. Im Vergleich zur heikleren »Lüftlmalerei« ist das Sgraffito arbeitstechnisch problemlos, da es kein bestimmtes Arbeitstempo erfordert und nicht an Jahreszeit oder Witterung gebunden ist.

Der lineargeometrische holzschnitthafte Stil dieser Technik eignete sich sehr gut für vereinfachende Darstellungen und für die zeichenhafte Wiedergabe von Symbolen, Emblemen und Wappen.

Doppelhaus in Mischbauweise. Blockbauteil datiert 1566, massiver Teil datiert 1758. Trin. Graubünden.

Eine Zukunft für die Zeugnisse der Vergangenheit

Die Zeugnisse der historischen bäuerlichen Baukultur sind, zumindest in ihren älteren, ursprünglichen Formen, nicht der Ausdruck eines bewußten Gestaltungswillens. Sie sind vielmehr das fast zwangsläufige, wenn auch gestalterisch überformte Ergebnis von naturbedingten Zwängen, betrieblichen Notwendigkeiten und anderen Einflüssen. Große Beschränkung in den Möglichkeiten der Bewirtschaftung, in der Wahl der Baustoffe, der Handwerkstechniken und Transportmöglichkeiten trugen einen wesentlichen Teil zur Entstehung einer baulichen Grundordnung bei. Diese Ordnung, verfestigt durch die Kräfte der Tradition, bestimmt heute den Reiz aller alten bäuerlichen Ansiedlungen. Die geschichtlich gewachsenen, durch übergreifende und ortstypische Ordnungsmerkmale typisierten Bauernhöfe und die daraus sich ergebenden Hauslandschaften sind ein geschlossenes, dabei aber sehr empfindliches Ordnungsgefüge, in dem ursprünglich ein Ordnungsfaktor vom anderen abhängig war: Die Wirtschaftsform von Klima, Bodengüte und Topographie, die Gehöftformen von den Bewirtschaftungsformen, die Bauformen von den verfügbaren Baustoffen und Handwerkstechniken, die Bodenbewirtschaftung von der Vegetation und umgekehrt – die Darstellung der Abhängigkeiten ließe sich weiter fortsetzen und verfeinern. Zusätzlichen, oft erstaunlich beharrlichen und gravierenden Einfluß hatten Stammesunterschiede und Auswirkungen der Wirtschafts-, Sozial- und Rechtsgeschichte; diese Auswirkungen haben nicht nur Gehöfttypen und Haus-Charaktere, sondern ganze Siedlungslandschaften geprägt und Naturräume verformt. Flexible Anpassung der Lebens-, Wirtschafts- und Bauformen an natürliche Bedingungen und auch historische Gegebenheiten war zwingend notwendig, weil man die Natur nicht beherrschen konnte, sondern selbst von ihr beherrscht wurde. Mit der modernen Technik trat dann ein Fortfall oder zumindest grundlegender Wandel dieser Zwänge und Bindungen ein, wodurch auch der Bauernhof – das äußere Abbild dieser natürlichen und historischen Ordnungen – zu zerfallen anfing. Dieser Prozeß begann am flachen Lande schon früh, am Bergbauernhof mit teilweise erheblicher Verzögerung. Hier wie dort schuf die Industrialisierung

Spätgotische Motive an einer Hausfassade, datiert 1554. Bergün/Bravuogn, Graubünden.

Reich verzierte Fassade der Renaissance, datiert 1580. Alvaschein, Graubünden.

und damit der Zwang zur *Konkurrenzfähigkeit* – im Gegensatz zur früheren *Autarkie* – neue und sehr harte Sachzwänge. Hinzu kamen die verderblichen Einflüsse modischer Trends, im Gebirge vor allem die diktatorischen Forderungen des Fremdenverkehrs: Es gibt heute in den Alpen Schizentren, die noch nach dem Zweiten Weltkrieg geschlossene, unberührte Ensembles einer historischen Bergbauernhoflandschaft darstellten, jetzt aber – vielleicht mit Ausnahme der Kirche und einiger alter verfallener Stadel am Ortsrand – durchgreifend »modernisiert« sind. Das Ergebnis ist ein sicherlich komfortables, vielfach auch durchaus geschmackvolles, aber geschichtsloses, auswechselbares, d.h. innerhalb des gesamten Alpenraumes lokalisierbares Fremdenverkehrs-Quartier ohne eine Spur von Lokalkolorit.

Doch wird neuerdings das Unbehagen an dieser Enwicklung immer spürbarer, ja die Ansätze zur Erhaltung der bäuerlichen Baukultur, zumindest in kennzeichnenden Beispielen, tragen heute geradezu schon historische Züge.

In diesem Sinn bieten sich verschiedene Wege zur Erhaltung bäuerlicher Bausubstanz an, die im nachfolgenden kurz skizziert seien.

»Sicherlich hat der Denkmalpfleger die gute Absicht, ein schutzwürdiges Bauwerk am Platz seiner Entstehung und seiner geschichtlichen Verwurzelung in der ihm dabei zugekommenen Umgebung zu erhalten. Er muß zwar viele Zugeständnisse an Strukturveränderungen machen, bleibt aber bei dem Prinzip, wenn es auch ein Verzweiflungskampf, im Resultat gar eine Farce werden kann... Einzelne mumifizierte Althäuser zwischen Tankstellen und Selbstbedienungsschuppen erhalten zu wollen, wäre Illusion...« resümierte Prof. Dr. Alfred Kamphausen 1975. Die Erhaltung an Ort und Stelle – und die originäre Nutzung durch den Eigentümer – ist und bleibt gewiß und unbestritten der beste Weg denkmalpflegerischer Initiative, der einzige, der jeder Landschaft ihr unversehrtes und vollständiges geschichtliches Siedlungsbild bewahren kann und sie gleichzeitig am wirksamsten vor entstellender Verbauung schützt. Gegen den Willen des Eigentümers ist dieser Weg jedoch nur schwer zu beschreiten, denn wo die überaus schwierige Motivation versagt, führt auch gesetzlicher Zwang – sofern überhaupt möglich – nur zu zweifelhaften Erfolgen. Notwendige Kompromisse zersetzen allzu oft die baugeschichtliche Zeugnisfunktion, das ausgeprägte und typische Erscheinungsbild und letztlich damit auch die bestimmende Funktion für die Landschaft. Auch von der Sache her hat die vielbeschworene Erhaltung »in situ« ihre Grenzen: Gewiß, die Bauernhöfe des 19. Jahrhunderts, gebietsweise auch noch wesentlich ältere Höfe, sind bereits so »modern« konzipiert, daß sie ohne wesentlichen Verlust an historischer Zeugnisfunktion und ohne Verlust an formalen Werten heutigen Lebensbedürfnissen angeglichen werden können. Bei der Mehrzahl der älteren oder gar bei den ältesten und baugeschichtlich wertvollsten Höfen ist die Grenze der Zumutbarkeit bald erreicht – für diese unersetzlichen baulichen Kostbarkeiten müssen andere, *zusätzliche* Wege gefunden werden.

Die Erhaltung an Ort und Stelle durch einen begeisterten Liebhaber, der sich ein Freizeitdomizil oder ein Refugium für seine alten Tage schaffen und dafür manchen gewohnten Komfort opfern will, wird in der Praxis leider nur selten möglich sein, zumindest stehen den Vorteilen einer weitestgehenden Erhaltung der Originalsubstanz oder einer detailgetreuen, behutsamen Reparatur die Nachteile der verfremdeten Nutzung gegenüber. Gerade der Bergbauer duldet ungern auf längere Dauer oder gar für immer Fremde am Hof.

Die Erhaltung durch einen Liebhaber, der die kostspielige Transferierung eines Objektes an einen »anderen geeigneten Ort« auf sich nimmt, führt ebenfalls selten zum vollen Erfolg. Namentlich im Gebirgsraum ist die historische Siedlungsstruktur überaus empfindlich; ein versetzter Wohnteil, losgelöst vom Gesamtorganismus des Hofes, wirkt leicht als bezugsloser Fremdkörper.

Der Weg ins Freilichtmuseum ist in vielen Fällen die einzig noch mögliche, ja oft die allein vertretbare Lösung. Gerade die urtümlichsten und ältesten Bauwerke können an Ort und Stelle keiner sinnvollen Nutzung mehr zugeführt werden, es sei denn, man würde sie so vollständig verändern, daß sie gerade dadurch ihre Originalität verlören. Geschoßhöhen, die bis auf 1,7 m absinken, Türen mit 1,5 m Durchgangshöhe, Fensterluken von 22×22 cm, windschiefe Wände, schräge Decken, halsbrecherische Treppen, offenes Feuer, jeglicher Mangel an sanitären Anlagen ermöglichen bestenfalls den Wohnkomfort eines Biwaks. Gerade diese Bauten aber sind kostbarste Zeugnisse der Bau- und Kulturgeschichte, sie vermitteln ein lebendiges Bild vergangener Lebens- und Wohnformen, deren Anschaulichkeit und Erlebbarkeit durch keine Dokumentation wiederzugeben ist. Jedes einzelne Detail ist unersetzlich, nicht reproduzierbar. Modernisierung hieße hier Zerstörung. Im Freilichtmuseum können diese Bauten ohne materielle Veränderung ihren ideellen Wert entfalten und ihre volle geschichtliche Aussagekraft ohne Zugeständnisse an moderne Bedürfnisse erhalten. Freilichtmuseen sind ja nicht nur archivalische oder museale Dokumentation: Häuser wollen als Sachen und Räume gesehen und durchschritten sein und in des Wortes ursprünglichem Sinn »begriffen« werden – nur an »Begreifbarem« haftet wirkliche Begreifbarkeit und

fortwirkendes Verständnis. Die Notwendigkeit von Freilichtmuseen als kulturelle Aufgabe ist unumstritten, der früher vornehmlich eingeschlagene Weg zu einem »zentralen« Landes-Museum jedoch sollte nicht unbedingt weiter verfolgt werden. Die Zusammenführung von Objekten aus vielen Hauslandschaften an einem Ort ergibt zwar die einzigartige Möglichkeit des unmittelbaren Vergleichs und hat daher hohen instruktiven Wert, birgt aber die Gefahr, daß die aus einer jeweiligen historischen und naturgegebenen Situation gewachsenen Häuser allzusehr als sterile Exponate und bezugslose Präparate begriffen werden. Der ursprüngliche Trend zum Zentralmuseum ist begreiflich – 50 Gebäude an einem Ort sind leichter und wirtschaftlicher zu betreuen und wirksamer zu schützen, sie erweisen sich auch finanziell lohnender als 50 musealisierte Höfe am alten Ort.

Das Bauernhofmuseum – also die »Musealisierung« eines oder mehrerer Gehöfte an ihrem angestammten Platz – ist dennoch, trotz aller organisatorischen Schwierigkeiten, die aus der Sicht der Denkmalpflege richtigere Lösung. Beim »Denkmalhof« bleibt die volle Vebindung von Gehöft und Siedlungslandschaft hörigen Flur erlebbar, die peinliche Häufung ortsfremder Exponate auf »unhistorischem«, also eigentlich siedlungsfremdem Boden, tritt nicht ein. Auch ein Bau aus Feldsteingemäuer behält seine Originalsubstanz und bleibt somit voll und ganz ein »Denkmal« – müßte das Mauerwerk an anderen Ort, zwangsläufig auch mit anderen Baustoffen, neu errichtet werden, würde es ganz oder teilweise zum »Modell« im Maßstab 1:1.

Ein neuer, leider viel zu spät erkannter und beschrittener und erst in Ansätzen realisierter Weg, ist die Verbindung von Denkmalhöfen mit zusätzlichen Exponaten. Ein schutzwürdiger Hof, eine Gruppe von Höfen oder ein gesamter Weiler in möglichst unberührtem Umfeld wird musealisiert, als Ergänzung treten einzelne, am Ursprungsort nicht mehr haltbare transferierte Baulichkeiten hinzu, die nach Art und Umfang mit dem Charakter des Vorhandenen harmonieren, seiner natürlichen Entwicklung oder seinem möglichen natürlichen Wachstum entsprechen und das ganze zu einem gleichsam geschichtlich gewachsenen Organismus verbinden. Dieses im Kern aus angestammten Baudenkmälern bestehende, mit logisch und nicht willkürlich eingefügten Exponaten bereicherte Ensemble – in dem teilweise nach wie vor das Leben der Gegenwart weiterhin ablaufen kann und soll! – erscheint als der unter den gegebenen Umständen beste Weg, um nicht nur Einzelgehöfte, sondern auch alte Ortsbilder in ihrem geschichtlichen Zusammenhang der Nachwelt zu erhalten. Nur auf diesem Wege wird es möglich sein, den namentlich im Gebirge so mannigfaltigen, durch scharfe Grenzen innerhalb engstem Raum differenzierten Formenreichtum bäuerlicher Baukultur im Rahmen der jeweiligen Siedlungslandschaft in einigen wenigen Oasen zu bewahren. Jedes Tal, jeder Seitenast könnte und müßte sich wenigstens in einem einzigen Ensemble dieser Art ein letztes geschlossenes Denkmal seiner Kultur und Tradition setzen. In vielen frequentierten Hochtälern ist es leider heute dafür schon zu spät, in anderen, unberührteren Landschaften findet sich aber vielfach noch ein Weiler, dessen historische Restsubstanz die Baukultur eines engeren Raumes anschaulich repräsentiert und der sich für den Zweck eines teils musealisierten, aber teils von Leben erfüllten Ensembles geradezu anbietet.

Für diese noch ungewöhnliche Initiative seien drei gute Beispiele angeführt:

In Lehn im Ötztal, einem fast noch unberührten Weiler westlich Längenfeld, wurde in einem prächtigen alten Hof von 1677 ein Museum bäuerlicher Kultur eingerichtet, eine Reihe vorhandener Baulichkeiten unter Schutz gestellt, eine Anzahl todgeweihter Baudenkmäler gesellten sich hinzu: Am Wildwasser des Lehnbaches können nun neben der bestehenden, aber neu in Gang gesetzten Säge mit Wasserantrieb eine alte Hausmühle und eine Schwinghütte wieder in Betrieb genommen werden. Der vorhandene, rührend romantische Kreuzweg mit Lourdes-Kapellchen fügt sich wie selbstverständlich ein. Die Aufstellung weiterer Exponate aus dem engeren Raum des Ötztales ist geplant. Lehn wird vielleicht das letzte halbwegs geschlossene Ensemble bäuerlicher Kultur im Ötztal bleiben.

In den ausgedehnten Staatsforsten im südlichen Teil des Landkreises Traunstein, deren Bestände früher das Brennmaterial für die Sudpfannen der staatlichen Salinen lieferten, war der Holzknecht jahrhundertelang zu Hause. Um den Waldarbeitern lange Anmarschwege zu ersparen, wurden an geschützten Waldplätzen in der Nähe von Wasserquellen Unterkünfte errichtet, in denen die Holzknechte die Woche über lebten. Diese Holzhacker-Behausungen – je nach Bauart Kobel, Sölden, Holz- oder Winterstuben, Trift- oder Leitstuben genannt – sollen im Forstmuseum Laubau bei Ruhpolding zu einem Museumsdorf für Forstwesen zusammengefaßt werden und zu neuem Leben erstehen. Hier wird die Welt der Holzknechte in eindrucksvoller und halbwegs erschöpfender Weise an einem historischen Kernpunkt dargestellt; die alten Sägen und Schlitten und Schnitzwerkzeuge werden in ihrem ursprünglichen Rahmen gezeigt, zusammen mit den urtümlichen Behausungen, mit ihren primitiven Herdformen, der dazugehörigen Köhlerei sowie dem Hausgarten mit Heilkräutern und blutstillenden Pflanzen.

Im Nationalpark Berchtesgaden wurde auf der Bindalm die Ruine eines 1686 datierten Rundumkasers peinlichst detailgetreu restauriert, auf dem Standort eines früheren, noch älteren Kasers wird ein weiterer historischer Kaser, der an Ort und Stelle untergehen müßte, wieder aufgebaut. Beide Baudenkmäler werden mit altem Gerät und Zubehör ausgestattet und der Öffentlichkeit zugänglich gemacht. Zusammen mit zwei noch bestoßenen Almhütten aus dem 19. Jahrhundert wird die Bindalm ein lebendiges Zeugnis alter Berchtesgadener Almtradition, in dem es auch an lebendem Inventar nach historischem Vorbild nicht fehlen soll: Sogar einige Schweine sollen wieder, wie früher üblich, den Sommer auf der Alm zubringen dürfen.

Ein beklagenswerter Fehler ist die Ausschließlichkeit, mit der immer noch manche – haupt- und nebenberufliche sowie ehrenamtliche – Denkmal- und Heimatschützer einen oder nur einige der möglichen Wege zur Erhaltung verfechten und beschreiten. Wenn auch den aufgezeigten »Wegen« – je nach Region – eindeutige Prioritäten einzuräumen sind, so ist es heute – angesichts einer jährlichen Abbruchquote von 3–8% historischer Bausubstanz! – unerläßlich, *jeden* der sich bietenden Rettungsanker zu ergreifen und *alle* Möglichkeiten zur Erhaltung von Restbeständen bäuerlicher Kultur bis zum letzten auszuschöpfen. Wer auch nur eine der sich bietenden Möglichkeiten aus »ideologischen« Gründen vollständig ausschließt, ist entweder vollkommen ahnungslos oder will sich – ohne Rücksicht auf Verluste – auf dem von ihm gewählten Wege profilieren – in beiden Fällen versündigt er sich am kulturellen Erbe der Väter. Mehr noch als auf vielen anderen Gebieten gilt hier der Grundsatz: Man soll zwar das eine tun, braucht aber das andere nicht zu lassen.

Geschätzte Anteile am Gesamtvolumen der historischen bäuerlichen Bausubstanz und Möglichkeiten ihrer Erhaltung

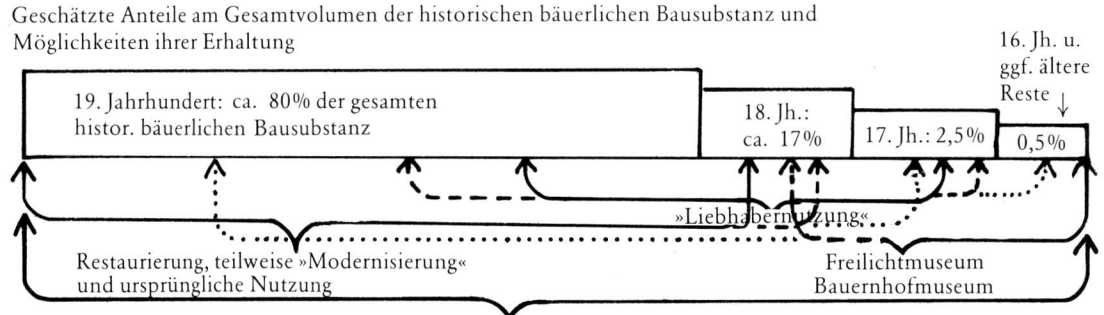

Schwerpunktmäßige Erhaltung intakter gewachsener Ortsbilder unter Ergänzung durch Exponate

1 Eine der großen Almen östlich des Königsees ist die Gotzenalm mit 65 Hektar Lichtweidefläche. Sie liegt in einem mäßig geneigten Gelände, dessen geologischer Untergrund im wesentlichen aus weich verwitterndem Juragestein besteht. Berchtesgadener Land.

2 Sommerlicher Heutransport am Hinterkaiserhof im Kaisertal unter dem Stripsenkopf, Tirol.

3 Das Heuziehen am Steilhang erfolgte auch im Sommer oft mit dem Hörnerschlitten – wie hier bei Holzgau im Lechtal, Tirol.

4 Typische Heumandl'n bei Kienberg im Pitztal, Tirol.

5 Heumahd an den steilen Grashängen unter der Serles,
am Ausgang des Stubaitales, Tirol.

6 Auf den Bergmähdern der Blässe in der Wildalpseegruppe, einem Seitenkamm des Allgäuer Hauptkammes. Hier wurde noch um 1940 alle drei Jahre einmal gemäht. Im Hintergrund die Lachenspitze, 2130 m, und die Landsberger Hütte.

7 Arbeit an der Heuharfe. Kärnten.

8 Winterliches Heuziehen von den hochgelegenen Heustadeln im Reintal bei Garmisch-Partenkirchen, Oberbayern.

9 Das im Winter zu Tal gefahrene Bergheu muß oft noch über lange flache Strecken gezogen werden.

10 Das »Schinderseil nach Väterart« erleichtert die Düngerausbringung auf steilen Wiesen – eine der anstrengendsten Frühjahrsarbeiten am Bergbauernhof. Schnalstal im Vinschgau, Südtirol.

11 Wo die Äcker in Hanglage liegen und die Furchen quer zum Hang verlaufen, mußte man vor dem Pflügen die Erde der untersten Furche an den oberen Rand des Ackers schaffen. Diese Arbeit war auch dort erforderlich, wo die Äcker wegen ihrer besonderen Steillage oder ihrer geringen Größe nur im Hackbau bearbeitet wurden; allein beim Pflügen mit Bodenseilzug – wobei die Furchen von unten nach oben in der Fallinie gezogen werden – erübrigt sich diese Arbeit.

12 Düngerausbringung mit dem Mistkorb. Schnalstal im Vinschgau, Südtirol.

13   Kraxenträger aus dem Ötztal, Tirol.

14 Mistaufzug mit Auskippvorrichtung auf der Strindenalpe über Haldensee, Tannheimer Tal, Tirol.

15 Milchaufzug von Elmen im oberen Lechtal zur hochgelegenen Alpe, Tirol.

16 Mistfahren unter der Strindenalpe über Haldensee, Tannheimer Tal, Tirol.

17 Am Seilerbock hängt die »Bird«, die am straffen Drahtseil über steile Felsen und Gräben bis zur Auffangvorrichtung im 800 m tiefer gelegenen Tal herabgelassen wird. Bergheutransport über dem Tannheimer Tal nahe dem Traualpsee, Tirol.

18 Der mittels Seilzug hochgezogene Mist wird auf den letzten Almweiden mit Roß und Schlitten auf die umliegenden Anhöhen verteilt.

19 Seilpflügen am Steilhang mit Motorwinde. Wörth über Rauris, Salzburg.

20 An der Seilwinde hängt noch ein Holzpflug, allerdings mit eisernem Sech. Wörth über Rauris, Salzburg.

21 Primitiver Holzpflug mit hölzernem Sech. Grödnertal, Südtirol.

22 Ärmere Bergbauern, die kein zugkräftiges Vieh besaßen, mußten ihre »Weibersleut« vor den urtümlichen Holzpflug spannen. Molveno, Südtirol.

23 Die sahnige, „dicke Almmilch wird geseiht.

24 Kälberhirten vor ihrer urtümlichen Feuerstelle. Die noch mitten im Raum angelegte Erdaufschüttung ist mit hochkantigen Feldsteinen eingefaßt, die von einem Kantholzrahmen zusammengehalten werden. Oberes Lechtal, Tirol.

25 Ein Senn an der Butterrührmaschine, links der »Milchstotzen«. Hintere Vilbalpe im Tannheimer Tal, Tirol.

26 Die Almbutter wurde auf vielen Almen mit einer reich gestalteten Holzmodel verziert.

27 Der »Untermelker« mit untergebundenem Melkschemel. Allgäuer Alpen, Schwaben.

28 Arbeit auf einer Almkäserei; der aus Feldsteinen gemauerte Ofen wird von einer Grube aus beheizt. Oberinntal, Tirol.

29 KäsSchöpfer aus Kupferblech. Melchamalm am Hundstein, Pinzgau, Salzburg.

30 Käskeller mit den großen Käslaiben. Lohningalm am Hundstein, Dientner Berge im Pinzgau, Salzburg.

31 Der »Milchstotzen« wird am großen Kupferkessel mit heißer Molke gewaschen. Links der Kästisch, die sog. »Käslade«, rechts die Butterrührmaschine. Willersalpe über Hinterstein, Allgäu, Schwaben.

32 △ 33 ▽   34 △ 35 ▽

32 In Kramsach im Unterinntal befindet sich die »Lände« der großen Trift, wo die angetriebenen Stämme mittels Triftstangen und Sarpinen nach Holzsorten geordnet und an entsprechende Stapelplätze gezogen wurden. Die Bergbauern standen bei diesem harten Nebenverdienst oft 5 Stunden im eiskalten Wasser. Tirol.

33 Winterliches Holzziehen mit Roß und Schlitten. Altenau bei Unterammergau, Oberbayern.

34 In sehr steilen Hanglagen werden die Baumstämme über eine »Holzriese« abgelassen.

35 Holzknecht am Hörnerschlitten mit vorgespannten Pferden. Fieberbrunn bei Kitzbühel, Tirol.

36 Holztrift in der Brandenberger Ache. Kramsach im Unterinntal, Tirol.

37 Der Einlaßkanal der Triftanlage der Brandenberger Ache. Kramsach im Unterinntal, Tirol.

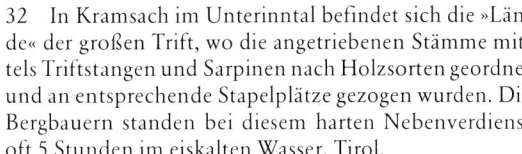

38 Arbeit am Amboß einer alten Hammerschmiede: Schmieden des Heftkengels einer Maurerschaufel. Bad Oberdorf im Allgäu.

39 Geflochtene Bienenkörbe an einem Bergbauernhof des Berchtesgadener Landes.

40 Manche Bienenhäuser sind menschlichen Behausungen nachgebildet. Bach in Tirol.

41 »Schindel-Kliab'n« am »Schneidesel«, eine wichtige Arbeit im Winter und Frühjahr. Ramsau, Berchtesgadener Land.

42 Nordosttiroler Einhof, Kantholzblockbau mit zwei Reihen umlaufender Lauben. Zell am Ziller an der Gerlospaß-Straße (Talstation der Gerlosstein-Seilbahn), Zillertal, Tirol. ▷

43 Typischer Unterkärntner Bauernhof, wie er früher in den geschlossenen Dörfern der Talniederungen und in den Einzelhöfen der Karawankentäler vorherrschte. Das Schopfwalmdach ist mit derben Brettschindeln gedeckt. Südliches Kärnten.

44 Blockbau mit Rauchkuchl, wohl aus dem 17. Jh.; der Rauch entweicht durch die Luke im Dach. Ferlach im Rosental, Kärnten.

45 Laufbrunnen mit einfacher Überdachung in Makek, Slowenien.

46 Bergbäuerliches Ensemble in den Steiner Alpen. Rechts der Speicher mit Schopfwalm; die umlaufende Laube und die verbretterte Giebelaltane stammen aus dem späten 19. Jh. Links das ehemalige Wohnhaus, heute eine Gastwirtschaft, in der Mitte im Hintergrund die große Remise. Makek bei Jezersko südlich des Seebergsattels, Slowenien.

47 Bergbauernhoflandschaft mit zahlreichen kleinen Hausmühlen. Oberstes Mölltal nahe Heiligenblut, Kärnten.

48 Turmförmiger Getreidekasten, als Zuhaus ausgebaut. Bergbauernhof bei Heiligenblut, Kärnten.

49 Älteste Form eines Brunnenhäuschens: Primitiv überdachter Laufbrunnen. Südliches Kärnten.

50 Offene Feuerstelle mit doppeltem schwenkbarem Galgen für Kessel und Pfannen. Bergbauernhof in 1680 m Höhe über Heiligenblut, Kärnten.

51 Offene Feuerstelle mit verputzter Ziegelummauerung. Bergbauernhof bei Ferlach im Rosental, Kärnten.

52 Blockbau mit Traufschrot, links der winzige Hausgarten. Bergbauernhof an der Großglocknerstraße über Heiligenblut, Kärnten.

53 Mühle mit oberschlächtigem Wasserrad und langem Gerinne. Gesäuse, Steiermark.

54 Kleine Hausmühle bei Döllach nahe Heiligenblut, Kärnten.

55 Urtümliche Flodermühle mit zwei Achsstöcken und schwenkbarem Gerinne-Arm. An den Steilhängen über dem obersten Mölltal, Kärnten.

56 Im »Tal der zwölf Mühlen«, Terenten, Pustertal, Südtirol.

57 Hausmühlen bei Döllach im obersten Mölltal, Kärnten.

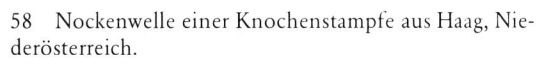

58 Nockenwelle einer Knochenstampfe aus Haag, Niederösterreich.

59 Waschküche eines Bergbauernhofes hoch über dem obersten Mölltal nahe Heiligenblut, Kärnten.

60 Bergbauernhöfe nahe Döllach, über dem obersten Mölltal, Kärnten.

61 Feldstadel und »Girschten«-Zaun im Rauristal, Salzburg.

62 Hof bei Rauris, Salzburg.

63 Zwiehof im Rauristal, Salzburg.

64 Höfe im Lesachtal, Osttirol.

65 Außergewöhnlich urtümlicher firstgeteilter Mittertennhof in Mischbautechnik. Das Ergeschoß ist gemauert, der Wohnteil sogar verputzt. Der Oberstock über dem Wohnteil ist in Blockbau gezimmert, der Stadel in Ständerbohlentechnik ausgeführt. Links der dicht umfriedete Kräutergarten. Südlich Matrei, Osttirol.

66 Originelles Zuhaus; Erdgeschoß Ständerbohlenbau, Obergeschoß Blockbau, umlaufende Laube mit geschnitzten Laubensäulen und Freitreppe. Oberlienz, Osttirol.

67 Massiv gemauerter Hof mit hohem Kniestock, kleiner Giebellaube und Rundbogenportal, an den Gebäudeecken Reste der Eckrustizierung. Ainet nördlich Lienz, Iseltal, Osttirol.

68 Heuharfe bei Mojstrana, Slowenien.

69 Große hausförmige Hofharfe mit Walmdach. Ainet nördlich Lienz, Iseltal, Osttirol.

70 Stadel mit massivem Stallgeschoß. Der umlaufende Söller gibt sich deutlich als Sekundärform der freistehenden Harfen zu erkennen. Gruben im obersten Iseltal, Osttirol.

71 Almstädel in Rundholzblockbau und mit Legschindeldach. Zillergrund, Zillertal, Tirol. ▷

72 Stadel mit Stallgeschoß aus Ständerbohlenbau und Giebelsöller. Gruben im obersten Iseltal, Osttirol.

73 Heustadel im Rauristal, Salzburg.

74 Hausförmige Heuharfe in Makek bei Jezersko, Slowenien.

75 Urtümliche Holzknechthütte. Flach gebogene, nach oben sich weitende, mit Rundstämmen »gewölbte« Zwischendecke unter dem eigentlichen, offenen Dachraum. Freilichtmuseum Stübing bei Graz, Steiermark.

76 Typischer Hof aus dem Lungau, Salzburg.

77 Typischer Berghof aus dem Sellraintal, Tirol.

78 Typischer Blockbau aus dem Brixental, Tirol.

79 Hausschlüssel von der alten Melchamalm am Hundstein, Pinzgau, Tirol.

80 Hölzerne Schließvorrichtung an einem Stadel in Dürnbach, Niederösterreich.

81 Überwölbter Backofen mit Bretterdach, Lehn, Ötztal, Tirol.

82 Pfostenspeicher in Sölden, Ötztal, Tirol.

83 Vorbund mit geschnitzter Kreuzigungsgruppe, ausgesägten Bretterbalustern und geschnitzten Laubensäulen. Geburtshaus des 1831 hier geborenen »Gletscherpfarrers« Senn, 18. Jh. Längenfeld, Ötztal, Tirol.

84 Detail von Abb. 82.

85 und 87 Radmühle mit unterschlächtigem Wasserrad. Lehn, Ötztal, Tirol.

86 Barocke Hauskapelle des Gletscherpfarrers Senn, Längenfeld, Ötztal, Tirol.

85 ▽

86 △

87 ▽

88 Hof im Ötztal, Tirol.

89 Riesiger Stadel am Lawinenhang. Die Hocheinfahrt führt völlig eben in das Obergeschoß. Das Gelände ist teilweise durch Trockenmauern terrassiert. Poschach bei Untergurgl, Ötztal, Tirol.

90 Einfacher Speicher mit steiler Außentreppe und originellem Außenpodest. Lehn, Ötztal, Tirol.

91 Zwiehöfe mit hölzernen Wasserleitungen. Hochsölden, Ötztal, Tirol.

92 Ein System von hölzernen Wasserrinnen zur künstlichen Bewässerung und zum Antrieb einer kleinen Hausmühle. Winnebach, 1700 m, oberhalb Gries im Ötztal, Tirol.

101

93 und 94   Die Rofenhöfe in 2014 m Höhe – eine ehemalige Schwaige, heute der höchste Bergbauernhof in Österreich. Charakteristisch sind die derbe Blockbauweise, die einfache Bretterdeckung und die Bretterverschalung. Vent im Ötztal, Tirol.

95   Urtümliche Kerbbalkentreppe an einem Stadel in Lehn, Ötztal, Tirol.

96   Zwiehöfe in Hochsölden, Ötztal, Tirol.

97   Stadel in luftiger Rundholzblockbauweise. Die Innenwände liegen genau unter den Mittelpfetten. Lehn, Ötztal, Tirol.

98   Zwiehof aus dem 17. Jh.; der einfache Holzblockbau trägt neben Originalfenstern bereits zugesetzte Fenster aus dem 18. Jh. und die Befensterung des 19. Jhs. Die Fensterläden sind aus einem Stück von Hand gespalten. Zwieselstein, Ötztal, Tirol.

99   Urtümlicher Stall in Ständerbohlentechnik, der Oberstock ist in Blockbauweise aufgezimmert. Bemerkenswert die geschnitzten Sockel am Ständerfuß, gestalterische Anleihen aus dem Massivbau. Winnebach, 1700 m, oberhalb Gries im Ötztal, Tirol.

103

100 Zwiehof an der Ötztaler Ache. Der Stadel mit dem typischen Vorbau über der Einfahrt ist in luftiger Rundholzblockbauweise, das Wohnhaus in einfacher Kantholzblockbauweise gezimmert und auf der Wetterseite mit senkrechter Holzverschalung versehen. Zwieselstein, Ötztal, Tirol.

101 Altartiger Haufenhof im Dornaubergtal, einem Seitenast des Zillertales, Tirol.

102 Kleinviehstall in Holzblockbauweise, mit Pultdach und Zwischendecke. Almgelände im Dornaubergtal, Zillertal, Tirol.

103 Urtümlicher Schweinestall in primitiver Holzblockbauweise auf der Grawandtrett-Alm, 1740 m, oberhalb des Zemmgrundes. Zillertal, Tirol.

104 Gerlosstein-Alm nahe der Bergstation der Gerlosstein-Seilbahn, wohl noch 18. Jh. Gerlos, Zillertal, Tirol.

105 Primitives Gerinne für einen kleinen Generator. Alm im Zillergrund, Zillertal, Tirol.

106 Prächtiger nordosttiroler Einhof mit zwei umlaufenden Altanen, 18. Jh.; das Dach des Stadels wurde später angehoben. Hainzenberg oberhalb Zell am Ziller an der Gerlospaßstraße, Zillertal, Tirol.

107 Idyllischer nordosttiroler Kleinbauernhof, Blockbau mit umlaufender Giebelaltane. Fügen, Zillertal, Tirol

108 Ausgeprägter nordosttirolischer Einhof aus dem späten 19. Jh. bei Finkenberg, Zillertal, Tirol.

109 Kleines Almdorf auf der Unteren Pfunds-Alm, 1635 m, im hintersten Finsinggrund. Zillertal, Tirol.

110 Almhütte in Mischbauweise auf der Oberen Pfunds-Alm, 1700 m, im obersten Finsinggrund, Zillertal, Tirol.

111 △ 112 ▽ 113 ▽

111 Nordosttirolischer Einhof, mit umlaufender Laube und Giebelaltane; Mischbauweise des frühen 19. Jhs. Wildschönau, Tirol.

112 Nordosttirolischer Kleinbauernhof, Holzblockbau, 18. Jh. Wildschönau, Tirol.

113 und 115 Nordosttirolischer Einhof in einfachem Holzblockbau mit origineller Füllungstür und Hennengatter, 18. Jh. Niederau, Wildschönau, Tirol.

114 Glockenständer an einem Hof in Niederau, Wildschönau, Tirol.

116 Originelles, dekorativ ausgesägtes Brüstungsfeld einer Laube. Niederau, Wildschönau, Tirol.

◁114 115△

116▽

117 Freistehender gemauerter Backofen mit überwölbter Heizkammer und einfach aufgesetztem Satteldach. Niederau, Wildschönau, Tirol.

118 Aufgestelzter Backofen mit ausgemauertem Holzständergerüst und aufgesetztem Satteldach. Niederau, Wildschönau, Tirol.

119 Originell gestaltetes Malschrot in Oberau, Wildschönau, Tirol.

120 Futterstall mit Söller am Steilhang, Auffach, Wildschönau, Tirol.

121 Feldstadel in offener Rundholzblockbauweise bei Niederau in der Wildschönau, Tirol.

122 und 125 Nordosttirolische Einhöfe in der hochgestelzten Bauweise des Alpbachtales, Tirol.

122 ▽

123 △

123 und 124   Offenes Herdfeuer, dahinter das mit Holzstäben vergitterte Hühnergehege. Alpbachtal, Tirol.

123 ▽

124 ▽

125 ▽

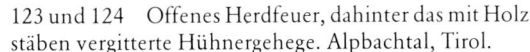

126   Berghöfe bei Oberlehen im Pitztal, Tirol.   127   Dörfliches Bild aus Wenns im Pitztal, Tirol.

128   Backofen aus Jerzens im Pitztal, Tirol.

129 Berghof in Wenns im Pitztal, Tirol.

130 Siedlungsbild von Lechleiten im obersten Lechtal, Tirol.

131 Dorfbild von Holzgau im obersten Lechtal, Tirol.

132 Nordosttiroler Einhof an steilem Hang. Das Wohnstallhaus, datiert 1764, bildet mit einer Reihe von Nebengebäuden ein unberührtes bergbäuerliches Ensemble von außergewöhnlich malerischem Reiz. Baumgarthof am Nordabhang des Roßkopfes, zwischen Niederau und Oberau, Wildschönau, Tirol. ▷

133 Zwiehof bei Steinhaus in etwa 1100 m Höhe. Ahrntal, Südtirol *(siehe nächste Doppelseite)*.

◁ 134 Nordosttiroler Einhof in prächtiger Ausformung: Zwei dreiseitig umlaufende Lauben und eine Giebellaube unter weit ausladendem Vordach umschließen die beiden Holzblock-Obergeschosse, die Fenster des massiv gemauerten Erdgeschosses sind mit ornamentaler Lüftlmalerei verziert. Jochberg bei Kitzbühel, Tirol.

135 Imposanter Hof mit Schopfwalmdach und auffallend schräg gestalteten Fensterstürzen. See im Paznauntal, Tirol.

136 In der Malerei auf dem Gemäuer dieses alten Hofes überlagern sich mehrere Kulturepochen. Kappl, Paznauntal, Tirol.

137 Heustadel am Steilhang oberhalb der Trisanna nördlich von See, Paznauntal, Tirol.

138 Stadel in urtümlicher Rundholzblockbauweise, die Längszwischenwände steigen schräg zu den Mittelpfetten auf. Das Untergeschoß ist in Kantholzblockbauweise gezimmert. See im Paznauntal, Tirol.

139 Hof am steilen Hang oberhalb der Trisanna, Paznauntal, Tirol.

140 Riesenhaftes Arma-Kreuz mit überreicher Ausstattung, 1. Hälfte 20. Jh. Kappl, Paznauntal, Tirol.

141 und 142 Hauskreuz, Marienbild und Nepomukfigur an einem Bergbauernhof in See, Paznauntal, Tirol.

143 Bemalte hölzerne Blumenkästen an einem Bergbauernhof in See, Paznauntal, Tirol.

144 Heustadel in Rundholzblockbauweise mit eingeschobenen Zwischenhölzern. Leutasch, Tirol.

145 Einfirsthof mit Giebellaube und Vorbund. Leutasch, Tirol.

146   Einfirsthof mit Giebellaube und Vorbund sowie reichem Freskoschmuck. Tür und Fensterläden sind in einheitlicher Rahmenbauweise gestaltet. Leutasch, Tirol.

147   Einfirsthof mit Giebellaube und sehr einfachem Vorbund. Leutasch, Tirol.

148   Einfache bäuerliche Privatkapelle mit Bretterdach und schindelgedecktem Türmchen; auffällig ist die hoch gestreckte schmale Tür mit profilierter Aufdoppelung und geschnitztem Edelweiß. Leutasch, Tirol.

128

149, 150 und 151   Breitgestreckte Giebellauben und ein kunstvoll geschnitzter Vorbund unter flachgeneigtem Legschindeldach sind die gestalterischen Leitmerkmale der fast durchwegs massiv gemauerten Höfe in der Leutasch, Tirol.

152, 153, 155 und 156 Kunstvoll gestaltete Eingangstüren, z.T. mit Freskoumrahmung. Sämtliche Türen sind als Füllungstüren konstruiert. Leutasch, Tirol.

152 △　　　　　　　　153 △　　　　　　　　154 ▽

154 und 157 Prächtige barocke Einfirsthöfe mit reichem Freskoschmuck, verkümmertem Vorbund und fehlender Giebellaube sind ebenfalls ein häufig vertretener Haustypus in der Leutasch, Tirol. Der Hof auf Bild 154 ist mit 1745, der Hof auf Bild 157 mit 1736 datiert.

155 △   156 △   157 ▽

158 Stalltüre in derber Bohlenbauweise und primitiver Außenverriegelung. Eng-Almen, Rißtal, Tirol.

159 und 160 Aborthäuschen mit legschindelgedecktem Pultdach und sehr origineller Verriegelung. Eng-Almen, Rißtal, Tirol.

161 Osttirolischer Bergbauernhof, Blockbau mit Traufschrot und Giebellaube, wohl 18. Jahrhundert. Iseltal zwischen Ainet und Lienz, Osttirol. ▷

162 Backofen mit Zuhaus und aufgestocktem Kamin, davor Laufbrunnen mit steinernem Stantner. Jochberg bei Kitzbühel, Tirol.

163 Ornamental gestalteter Malschrot auf einem Almgebäude in der Eng, Rißtal, Tirol.

164 Massive Almbehausung mit weit vorkragendem Legschindeldach. Oswaldhütte bei Vorderriß, Rißtal, Tirol.

165 Almhütte in Holzblockbauweise, das abgeschleppte Legschindeldach ist an der Traufe aufgeständert. Eng-Almen, Rißtal, Tirol.

166 Massiv gemauerte Almhütte mit hohem, ausgebautem Holzblock-Kniestock – das verkleinerte Abbild eines nordosttirolischen Einfirsthofes. Griesbodenalmen am Wildseeloder ober Fieberbrunn, Tirol.

167 Nordosttirolischer Einfirsthof mit zwei umlaufenden Laubengängen und Giebellaube, datiert 1843. Das Vordach lädt am Giebel weit über 3 m aus. Nördlich des Paß Thurn, Tirol.

168 Einfaches Feldkreuz auf den Griesbodenalmen, Tirol.

169 Erkerbackofen mit aufgesetztem Pultdach, auf Feldsteinmauer abgestützt. Fiß, Oberinntal, Tirol.

170 Der alte Hof in Wand ist der Prototyp des dreifach geteilten Oberinntaler Hauses mit 3 Erker-Backöfen. Pfunds, Oberinntal, Tirol.

171 Firstgeteilte Mittertennhöfe am steilen Hang, Pazöhl oberhalb Nauders, Oberinntal, Tirol.

172 Holzblockstadel mit Anbauschupfen und gemauertem Stall, links vorne ein Schaffbrunnen. Ladis, Oberinntal, Tirol.

173 Rätoromanisches Ortsbild. Fiß, Oberinntal, Tirol.

174 Rätoromanisches Ortsbild. Serfaus, Oberinntal, Tirol.

175 Rätoromanisches Bergbauerndorf am Steilhang, im Hintergrund die Lechtaler Alpen mit Parseierspitze. Hochgallmig, Oberinntal, Tirol.

176 Torbogen eines Mittertennhofes in Fiß, Oberinntal, Tirol.

177 Oberinntaler Hof mit hinterschaltem Giebel und Vorbund. Ladis, Oberinntal, Tirol.

178 Der wohl prächtigste Hof des Oberinntals; datiert 1684. Reicher Freskoschmuck, ein origineller Erker mit plastischer Zier und ein Vorbund zieren die dem Ort zugewandte Schauseite. Ladis, Oberinntal, Tirol.

179 Schaffbrunnen mit geschnitzter Nepomuk-Figur; der Stantner hat einen angeformten Sockel. Fiß, Oberinntal, Tirol.

180 Zwei über Eck zusammengebaute Höfe mit schmuckem Erker. Ladis, Oberinntal, Tirol.

181 Typisches Oberinntaler Gehöft: Massivbau mit hinterschaltem Giebelfeld, einfachem Vorbund und mächtigem rundbogigem Tennentor. Ladis, Oberinntal, Tirol.

182   Rätoromanisches Dorfbild mit Erker-Backofen. Fiß, Oberinntal, Tirol.

183   Polygonaler Übereck-Erker mit Fensterband und Gesimsen. Fiß, Oberinntal, Tirol.

184   Besonders reich gestalteter Hof mit polygonalem Erker, spitzbogig überwölbtem Eingang, geschnitztem Giebelbund und geschnitzten Fensterstöcken, im Kern spätgotisch. Pfunds, Oberinntal, Tirol.

185 Geschlossenes rätoromanisches Dorfbild; nur kleine Heustadel ziehen verstreut an den Hängen empor. Fiß, Oberinntal, Tirol.

186 Mehrfach umgebauter nordosttirolischer Einhof. Pillberg oberhalb Schwaz, Tirol.

187 Mittertennhof mit barockem Freskenschmuck. Am Söller trocknet der Mais. Flanerling bei Zirl, Tirol.

188 Dalfazerhochalm im Rofan, Tirol.

189 Hochgelegener Zwiehof über St. Ulrich im Grödnertal, Südtirol. Im Hintergrund Langkofel und Plattkofel. ▷

190 Berghöfe am Steilhang im Grödnertal, Südtirol.

191 Talhöfe im Grödnertal, Südtirol.

192 Vielfach umgebauter Hof in St. Margreid, hinter Tramin, Überetsch, Südtirol.

193 Verstreute Gehöfte inmitten terrassierter Hänge prägen das Siedlungsbild des Martelltales, eines Seitenastes des Vinschgauer Etschtales, Südtirol.

149

194 Alte Höfe in der Felsenge von St. Margreid hinter Tramin, Überetsch, Südtirol.

195 Almen im Tal von Auronzo in den östlichen Dolomiten, Südtirol.

196 Alter Hof mit doppelstöckiger Giebellaube. Passeiertal, Südtirol.

197 Gehöft Vorberg am Vinschgauer Sonnenberg, 1000 m über der Talsohle der Etsch. Gemeinde St. Martin am Kofel, Vinschgau, Südtirol.

198 Einfacher Bundwerkstadel und Feldkreuz. Asten im Sarntal, Südtirol.

199 Derbe Bohlentüre an einem Stadel im Schnalstal, Südtirol.

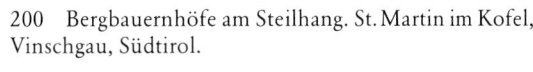

200 Bergbauernhöfe am Steilhang. St. Martin im Kofel, Vinschgau, Südtirol.

201 Herrgottswinkel mit Hl.-Geist-Taube als Deckenmalerei. Rimpf-Hof westlich Schlanders, Südtirol.

202 Haufenhof am gefährlichen Steilhang. Gehöft Vorra, genannt »Vorra-Stadt«. St. Martin im Kofel, Vinschgau, Südtirol.

203 Haufenhof in extrem exponierter Lage. Egghof, Vinschgau, Südtirol.

204 Schwaigerhof am Hang des Tschöggl-Berges bei Meran, Südtirol. Der außergewöhnlich urtümliche Stadel des Zwiehofes besitzt noch ein Steildach mit Strohdeckung. ▷

205 Reich gestaltetes Hauskreuz: Kruzifix mit Gott Vater, Hl. Geist-Taube, Maria, St. Florian, St. Sebastian und zwei Engeln. Ramsau, Berchtesgadener Land.

206 Das Kneifllehen am steilen Südabhang der Kneiflspitze, ein sehr derber Kantholzblockbau, ist einer der ältesten Einhöfe des Berchtesgadener Landes.

207 Eingadiger massiver Wohnteil eines Zwiehofes mit auffallend hohem Kniestock-Geschoß. Unteraschaulehen, Bischofswiesen, Berchtesgadener Land.

208 Wegkreuz mit Gedenkbrettern. Ramsau, Berchtesgadener Land.

209 Ehemaliges Ortsbild der Ramsau im Berchtesgadener Land.

210 Ausschnitt aus der Haustür des Mausbichllehens.

211 Urtümlicher Stadel eines Zwiehofes mit geschickt angelegter Hocheinfahrt. Mösslerlehen, Ramsau, Berchtesgadener Land (heute im Freilichtmuseum des Bezirks Oberbayern auf der Glentleiten über Großweil).

212 Unverändert erhaltener Einfirsthof, datiert 1823, mit originaler Rauchkuchl. Mausbichllehen, Untersalzberg, Berchtesgadener Land.

213 Urtümlicher sekundärer Einfirsthof am Ostabhang des Untersberges, datiert 1668. Schebererlehen, Hinterettenberg über Markt Schellenberg, Berchtesgadener Land.

214 Typisches »Traunsteiner Gebirgshaus«, datiert 1751, mit barockem Freskenzyklus. Gruberhof, Weißbach an der Alpenstraße, Berchtesgadener Land.

215 Die Mitterkaser-Alm im Berchtesgadener Land.

216 Das Schusterlehen aus dem 16. Jh. ist einer der ältesten Zwiehöfe des Berchtesgadener Landes: Wohnhaus, Stadel und Feldkasten sind weit voneinander abgerückt und stehen hoch droben am Hang inmitten der Einödblockflur. Maria Gern, Berchtesgadener Land.

217 Blockwerk und Laubenkonsole eines Feldkastens. Schusterlehen, Maria Gern, Berchtesgadener Land.

218 Alter Lesewall im ehemaligen Almgelände in der Ramsau östlich des Fernsebenlehens. Berchtesgadener Land.

219 und 220 Hölzerne Schließvorrichtung, primitiver eiserner Vorschubriegel und 2 verschiedene schmiedeeiserne Kastenschlösser am Bernegglehen (16. Jh.) Untersalzberg, Berchtesgadener Land.

221 Typischer Berchtesgadener Feldkasten: weit vorkragendes verschaltes Ständergerippe auf derbem Holzblockbau. Klettnerlehen, Ramsau, Berchtesgadener Land.

222 Apotropäische Zeichen (»Abwehrhände«) an der Kasstöckltür des Baldramkasers (datiert 1686). Bindalm, Berchtesgadener Land.

223 Apotropäische Zeichen (»Abwehrhände«) und Jagdzauber (stilisierte Hirsche) an der Kasstöckltür des Hainzenkasers, Königsbachalm, Berchtesgadener Land. (jetzt im Heimatmuseum Berchtesgaden).

224 Berchtesgadener Einfirsthof in Mischbauweise, Firstpfette datiert 1723, Stube mit Ausmalung von 1849. Fernsebnerlehen, Gnotschaft Antenbichl der Gemeinde Ramsau, Berchtesgadener Land. ▷

◁ 225 Eine typische Sattelalm in Holzblockbauweise mit Feldsteinfundament. Halsalm am Fuße der Reiteralm, Ramsau, Berchtesgadener Land. Im Hintergrund Teufelskopf, Grundübelhorn und Wagendrischelhorn.

226 Rundumkaser aus dem 18. Jh. Ruppenkaser, Gotzenalm, Berchtesgadener Land.

227 Kaser aus dem späten 19. Jh. Bindalm, Berchtesgadener Land.

228 und 230 Prächtige aufgedoppelte Türen ehemaliger Bergbauernhöfe, jetzt im Heimatmuseum Berchtesgaden.

229 Nachgotisches Marmor-Türgewände. Unteraschaulehen, Bischofswiesen, Berchtesgadener Land.

231 Originelle Füllungstüre. Schleching, Landkreis Traunstein.

232 Fenster mit Marmorgewände und schmiedeeisernem Durchsteckgitter. Darüber ein »Dampfloch«. Unteraschaulehen, Bischofswiesen, Berchtesgadener Land.

233 Dübelverbindungen im Rundholzblockbau. Kaskastl-Eingang der Gugelalm, Berchtesgadener Land.

228 △

230 △

232 △

229 ▽

231 ▽

233 ▽

234 Kaser in Kantholzblockbauweise. Klinger-Alm, Berchtesgadener Land.

235 Laufbrunnen beim ehemaligen Forsthaus in der Ramsau, Berchtesgadener Land.

236 Doppelsitziger Trockenabort. Loipl bei Bischofswiesen, Berchtesgadener Land.

237 Herrgottswinkel in Loipl, bei Bischofswiesen, Berchtesgadener Land.

238 Hölzerne Schließvorrichtung am Kaser auf der Königsbergalm am Südabhang des Jenner, Berchtesgadener Land.

239 Hölzerne Schließvorrichtung am Hainzenkaser, Berchtesgadener Land (jetzt im Heimatmuseum Berchtesgaden).

240 Rundumkaser in Kantholzblockbau, 18. Jh., mit gut erkennbarer Rauchluke. Untergrainswieserkaser auf der Moosenalm im Lattengebirge, Berchtesgadener Land.

241 Rundumkaser in Rundholzblockbau, 17. Jh., mit gut erkennbarer Rauchluke. Wahlkaser, Gotzentalalm, Berchtesgadener Land.

242

243

244

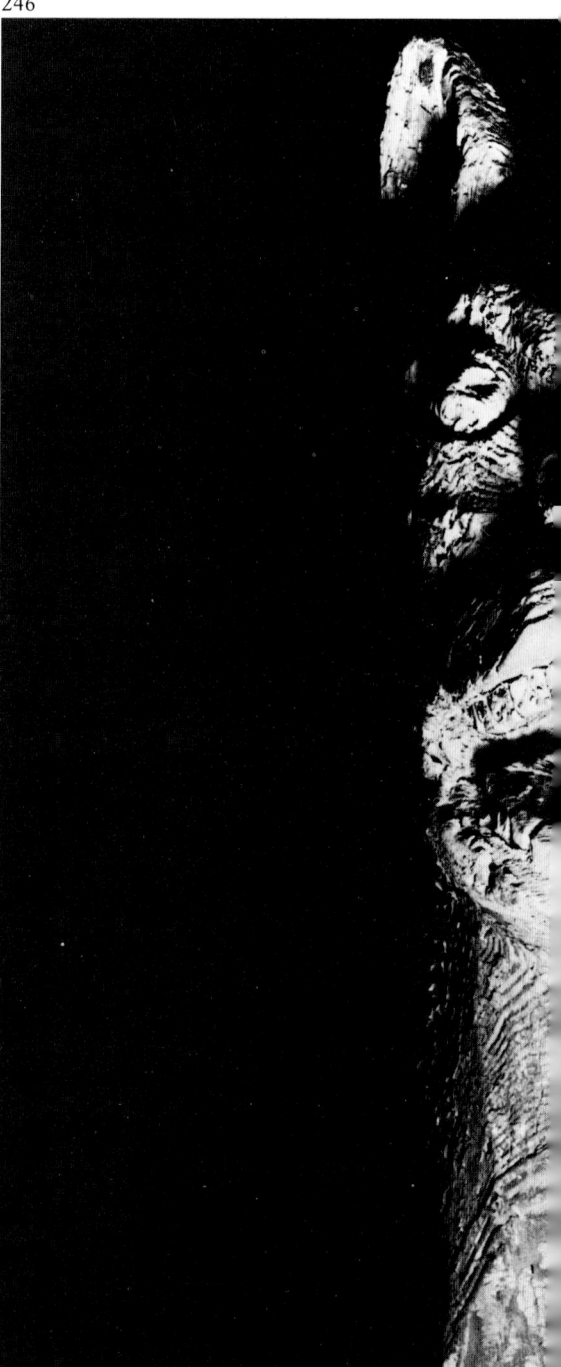

246

242, 243 und 244 Verzierte Deckenbalken (»Tram«), datiert 1603, 1710 und 1697, aus ehemaligen Berchtesgadener Bergbauernhöfen.

246 und 247 Unterfirst in Form einer apotropäischen Fratze (»Houdibock«), datiert 1599, von einem ehemaligen Berchtesgadener Bergbauernhof.

245

248, 249 und 250   Geschnitzte und z. T. bemalte und datierte Pfettenköpfe von ehemaligen Berchtesgadener Bergbauernhöfen.

Die Objekte der Seiten 106, 114 und 115 stammen von ehemaligen Bergbauernhöfen und befinden sich nun im Heimatmuseum Berchtesgaden.

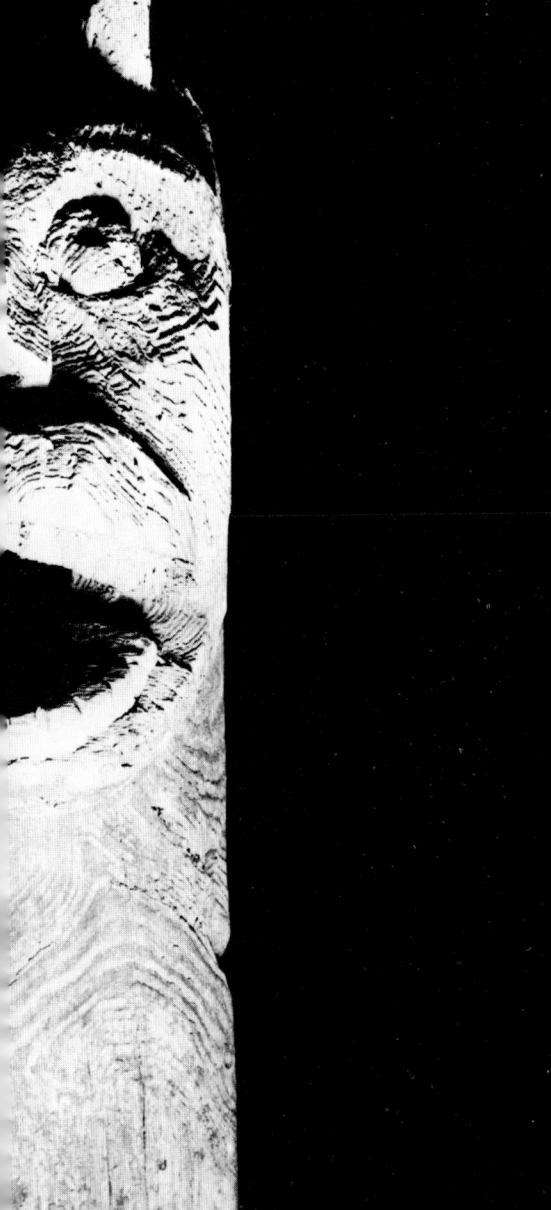

247 △

248 △

249 △   250 ▽

175

251 Barocker Zehentstadel der ehemaligen Fürstpropstei Berchtesgaden mit riesigem schindelgedecktem Halbwalmdach und überwölbten Stallungen, wohl 2. Hälfte 17. Jhs. Oberaschaulehen, Bischofswiesen, Berchtesgadener Land.

252 und 253 Das Hausknechtlehen aus dem 16. Jh. ist einer der ältesten Zwiehöfe des Berchtesgadener Landes. Das eingadige, in derbem Holzblockbau errichtete »Feuerhaus« und der turmartige Feldkasten sind noch in Originalsubstanz erhalten. Berchtesgadener Land.

254, 255, 256 und 257 Almen aus dem 18. Jh. an der Südflanke der Kampenwand, Chiemgau, Landkreis Traunstein.

258 Glockenständer aus einer gewachsenen »Zwiesel«, mit schindelgedecktem steilem Zeltdach.

259 Bienenstöcke aus Strohgeflecht.

260 und 261 Kopfbüge der Tennensäulen in der Mittertenne.
Die Bilder 257–260 stammen vom Wastlbauernhof (datiert 1762) in Mauer bei Hammer, Landkreis Traunstein.

262 Vorbereitungen zum Almabtrieb. Waicher Alm hinter dem Rauschberg, Chiemgau, Landkreis Traunstein.

181

263 Einfirsthof aus Graswang, Landkreis Garmisch-Partenkirchen.

265 Phantasievoll geschnitzter und bemalter Pfettenkopf und kassettierte Vordachverschalung aus dem späten 19. Jh. Jachenau, Landkreis Bad Tölz-Wolfratshausen.

266 Einfirsthof aus Graswang, Landkreis Garmisch-Partenkirchen.

264 und 267 Charakteristisches Bundwerk an den Traufwänden der Stadel, 19. Jh. Einöde Sachenbach am Walchensee, Landkreis Bad Tölz-Wolfratshausen.

265  △ 266 △ 267 ▽

183

268 Christus als Weltenrichter. Lüftlmalerei am sog. Schusterhäusl in Törwang am Samerberg, Landkreis Rosenheim.

269 »Traunsteiner Gebirgshaus« in Mischbauweise, datiert 1762, im Kern wesentlich älter. Die Erdgeschoßumfassungen und der Flez haben einen großartigen Freskenzyklus von durchwegs religiöser Thematik bewahrt, auch die Holzteile zeigen reichen malerischen Schmuck. Wastlbauernhof in Mauer oberhalb Hammer, Landkreis Traunstein. ▷

271 Alter Pferch aus ausgelesenen Steinen auf der oberen Wendelstein-Alm, Landkreis Miesbach.

272 Pferch auf dem Geitauer Aipl über Geitau, Landkreis Miesbach.

◁ 270 Feuerhaus eines urtümlichen Berchtesgadener Zwiehofes, erdgeschossiges, aus Feldsteinen gemauertes Doppelanwesen (Gmoa), wohl 17. Jh. Bärnlehen, Gnotschaft Oberschönau der Gemeinde Schönau, Berchtesgadener Land.

273 Almhütte in der Form eines Einfirsthofes, Blockbauweise; datiert 1678, erweitert 1809. Neuhüttenalm am Seeberg bei Bayerisch Zell, Landkreis Miesbach.

274 Mistauswurf an der Neuhüttenalm.

275 Alter Steinwall, mit Holzzaun verstärkt. Untere Dichlalm unter dem Wendelstein, Landkreis Miesbach.

276 Bergbauerndorf Bellwald/Goms im Wallis. Schweiz.

277 Dichtgedrängte Häuserzeilen mit vorwiegend parallelen, der Fallinie folgenden Firsten und terrassierten Ackerflächen in größtmöglicher Nähe des Ortskernes charakterisieren die Walliser Bergbauerndörfer. Suen, 1430 m, im Val d'Hérens, Wallis, Schweiz.

278 Hohe, eng aneinandergereihte Blockbauten aus dem 17. und 18. Jh. bestimmen das bergbäuerliche Ortsbild von Kippel im Lötschental, Wallis, Schweiz.

279 Das langgestreckte Straßendorf Biel im Goms/Wallis. Im Hintergrund die Marien-Wallfahrtskapelle auf dem Feld von Ritzingen.

280 Dreigeschossige, eng gereihte Blockbauten bestimmen die Ortsbilder im Lötschental, Wallis, Schweiz.

281 Pilzförmige Stütze mit steinernem Kapitell an einem Getreidespeicher im Wallis, Schweiz.

282 Getreidespeicher in 1800 m Höhe. Saas-Fee, Wallis, Schweiz.

283 Ortsbild von Saas-Fee, 1800 m, Wallis, Schweiz; im Hintergrund der Dom, 4554 m.

284 Verschindelter Blockbau mit Fensterbändern und Butzenscheiben. Kandersteg, Berner Oberland, Schweiz.

285 Reich verzierter Blockbau in Rougemont im Simmenthal, Berner Oberland, Schweiz.

286 Hofanlage mit getrennten Wohn- und Wirtschaftsgebäuden (Mehrhausbau), Berner Oberland, Hasleberg. Im Vordergrund das Waschhaus. ▷

◁ 287 Hofgruppe in Blatten im Lötschental, Wallis, Schweiz. Im Hintergrund das Restirothorn.

288 Typisches Flurgefüge im Schächental am Klausenpaß, Schweiz.

289 Almsiedlung am Nordhang des Schächentales an der Klausenpaßstraße, Schweiz.

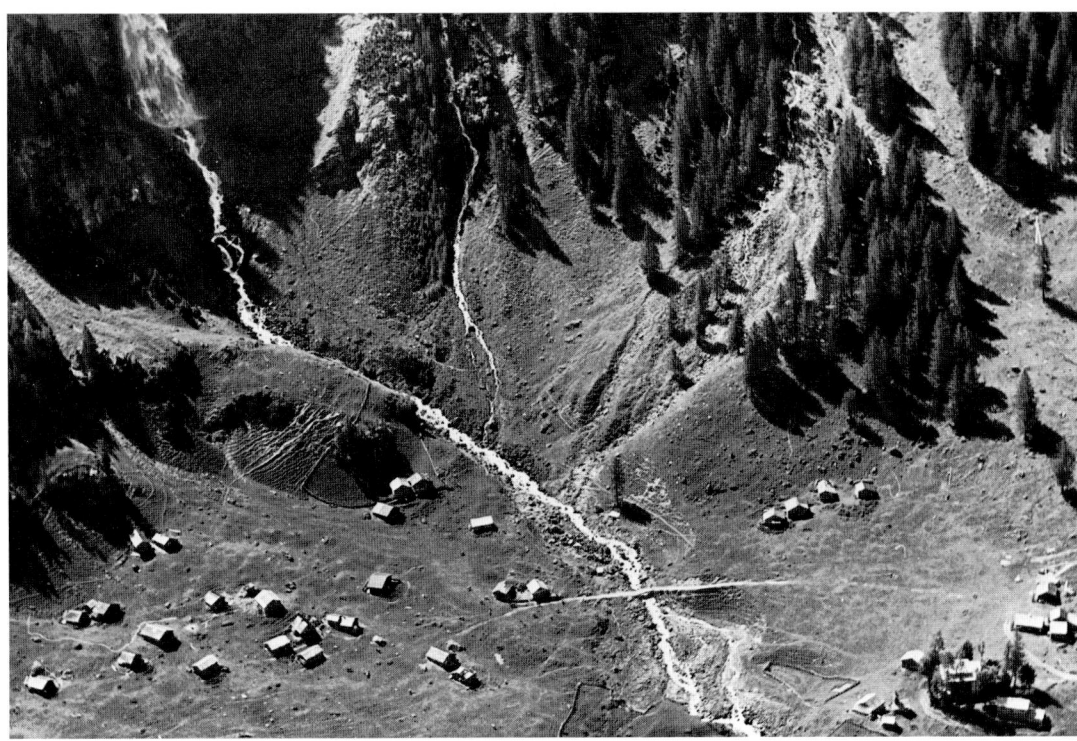

290 Aus Hausteinen gemauerte Bogenbrücke im Verzascatal, Tessin, Schweiz.

291 bis 294 Mauerwerk aus Feldsteinen und Dächer aus Gneisplatten – völlige Einheitlichkeit im Baustoff und überzeugende Harmonie von Landschaft und gebauter Umwelt, vom Viehpferch bis zur Kuppel des Kirchturmes. Aus dem Ortsbild von Foroglio, Tessin, Schweiz.

295 Der Stein als universeller Baustoff für Mauerwerk und Dachdeckung prägt und bestimmt den Charakter des gesamten Ortsbildes. Die riesige Geröllhalde hinter dem Dorf und die gewaltigen Felsblöcke mitten im Ort zeigen aber die latente, stetige Bedrohung durch Bergsturz. – Der Stein hat hier zwei Gesichter. – Foroglio, Tessin, Schweiz.

296 und 297 Ortsbilder aus Indemini, Tessin, Schweiz.

298 Almhütten bei Cravi, Bergell, südliche Schweiz.

299 Dorfbild aus Soglio, 1100 m; Bergell, südliche Schweiz.

201

300 Das geschlossene Dorfbild von Soglio mit seiner verblüffenden Vegetationsfülle in 1100 m Höhe. Bergell, südliche Schweiz.

301 Steinplattendach über einem offenen Waschhaus, davor ein hölzerner Schaffbrunnen. Soglio, Bergell, südliche Schweiz.

302 und 303 Dorfbilder aus Soglio, Bergell, südliche Schweiz.

304 und 306 Ortsbilder aus der südlichen Schweiz. Neben der vorherrschenden Steinbauweise ist auch urtümlicher Blockbau zu finden. Soglio, Bergell, Schweiz.

305 Charakteristischer Rundholzblockbau mit urtümlichem Ansdach. Speicher bei Soglio, Bergell, Schweiz.

307 Sgraffito-Schmuck italienischer Prägung, datiert 1501. Andeer in Graubünden, Schweiz.

308 Walsersiedlung in 1875 m Höhe. Obermutten, Graubünden, Schweiz.

309 Freskoschmuck, datiert 1728. Engadin, Schweiz.

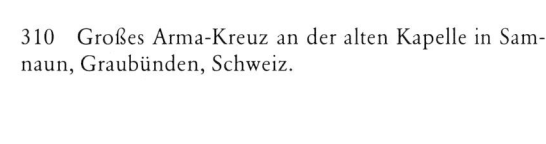

310 Großes Arma-Kreuz an der alten Kapelle in Samnaun, Graubünden, Schweiz.

311 Gasse in Sent, einem Dorf des untersten Engadin auf einer sonnigen Terrasse 300 m über dem Inn, Schweiz.

Anhang

Übersichtskarte über die Verteilung der Schwaighöfe in Tirol

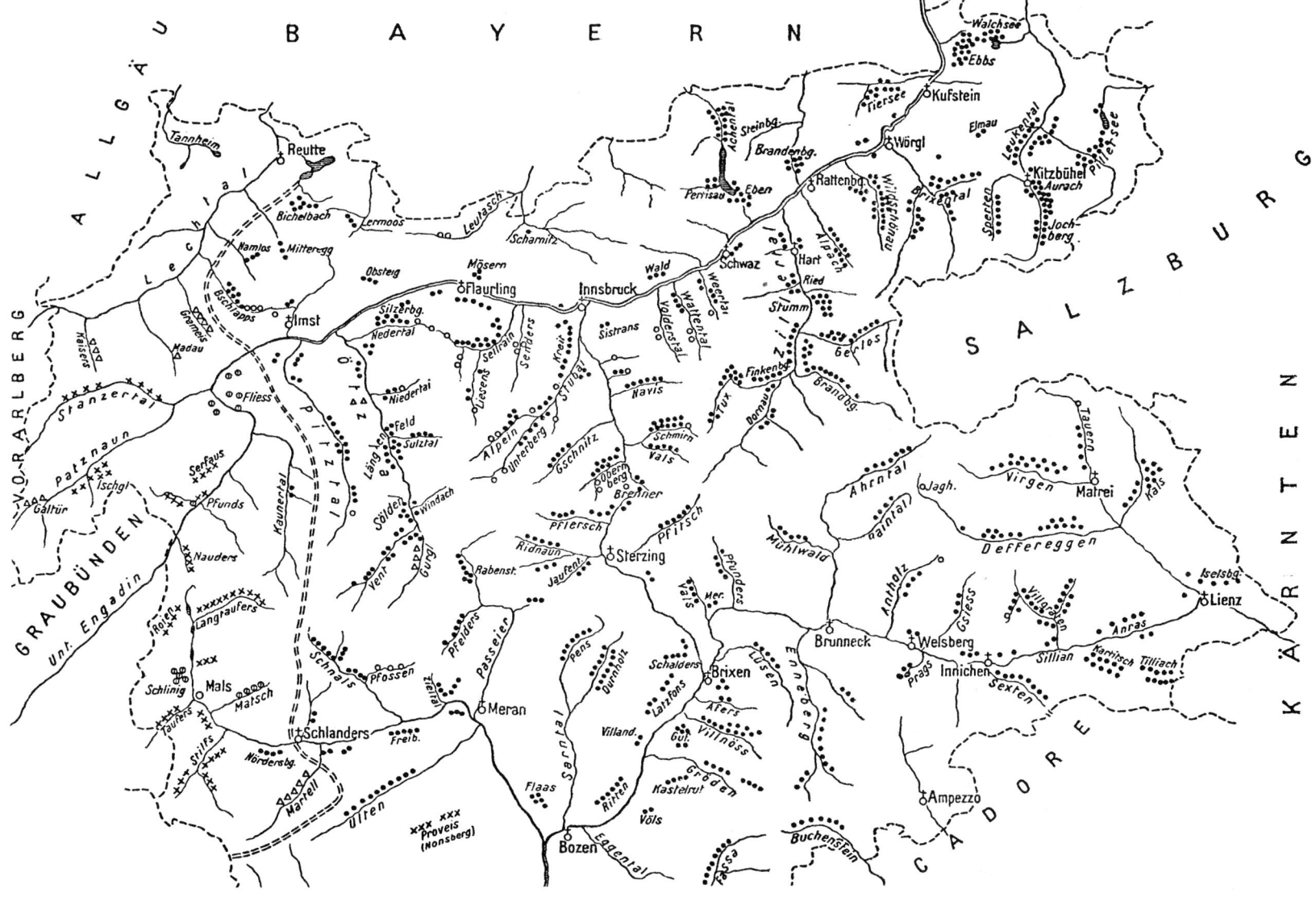

Zeichen-Erklärung:

• Gegenden mit Höfen, die früher ausdrücklich als Schwaigen bezeichnet wurden und mit dem Zins von 300 Käsen belastet waren.
○ Ebensolche Höfe, die später in Almen oder Zugüter verwandelt wurden.
⊕ Gegenden mit Höfen, welche zwar als Schwaighöfe bezeichnet wurden, deren Käsezinse aber nach Schot festgesetzt waren.

× Gegenden mit Höfen, welche zwar mit hohen, nach Schot berechneten Käsezinsen belastet waren, aber nicht als Schwaighöfe bezeichnet wurden.
△ Gegenden mit hochgelegenen Höfen, die aber keine Käsezinse der oben bezeichneten Arten zu tragen hatten und auch nicht als Schwaighöfe bezeichnet wurden.
⚲ Größere Orte, nur zur Orientierung auf der Karte eingetragen.

= Ostgrenze des Gebietes innerhalb des Landes Tirol, in welchem die Siedlung in den Hochlagen durchwegs von Schwaighöfen bestritten wird, während westlich davon in den Hochlagen andere Wirtschaftsformen zu finden sind.

Die Anzahl der jeweils angebrachten Zeichen bedeutet die verhältnismäßige Dichte der Schwaighöfe in den einzelnen Talgebieten, und zwar derart, daß auf ein Zeichen ungefähr 1–3 Höfe zu rechnen sind.

Verbreitungsgebiet des Legschindeldaches

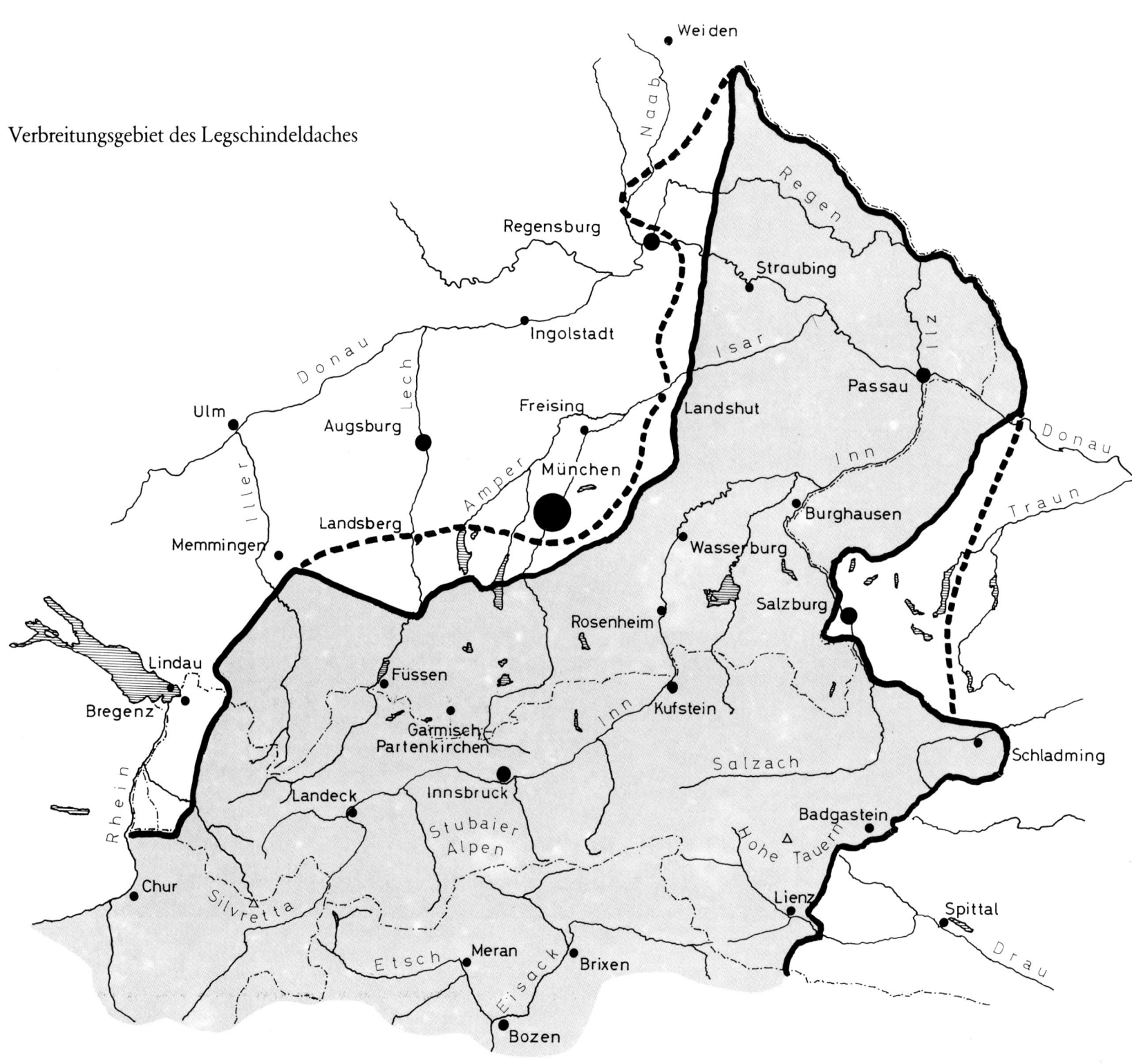

Die gestrichelten Linien umgreifen das ursprüngliche, die ausgezogenen Linien das frühere Verbreitungsgebiet des Legschindeldaches, das innerhalb dieses Gebietes allerdings keineswegs die ausschließliche Dachform ist. Das Steildach war hier seit jeher bei bestimmten Gebäudetypen genauso ursprünglich; außerhalb dieser Grenzen ist jedoch kein einziges Legschindeldach anzutreffen.
(nach Erdmannsdorffer)

Literaturverzeichnis

Alpen-Institut Strukturdaten der Alm-/Alpwirtschaft in Bayern, Schriftenreihe Heft 9, München 1978
Anderegg, F. Illustr. Lehrbuch f. d. gesamte Schweizerische Alpwirtschaft, 1896–98
Aufleger, O. Bauernhäuser aus Oberbayern und angrenzenden Gebieten Tirols. München 1900
Bauernhaus, Das im Deutschen Reiche und seinen Grenzgebieten. Hrsg. vom Verband deutscher Architekten- und Ingenieurvereine, Atlas und Textband. Dresden 1906, unveränderter Nachdruck, Hannover Hannover 1973/74
Bauernhaus, Das in Österreich-Ungarn und seinen Grenzgebieten. Österr. Ingenieur- und Architekten-Verein, Wien ab 1901
Bauernhaus, Das in der Schweiz. Schweizerischer Ingenieur- und Architekten-Verein, Dresden ab 1901
Baur-Heinhold, M. Bemalte Fassaden, München 1975
Baur-Heinhold, M. Deutsche Bauernstuben, Königstein im Taunus 1975
Bayerisches Staatsministerium des Inneren, Oberste Baubehörde Bayerisches Staatsministerium für Ernährung, Landwirtschaft und Forsten Schutz dem Bergland, Almen/Alpen in Bayern 1, München 1972
Bergmann, J. Die Gestalt des Hochalpenhauses als Funktion der Landschaft, in: Zeitschrift des Deutschen und Österreichischen Alpenvereins 56/1925
Blaser, W. Der Fels ist mein Haus, Au/Zürich 1976
Blättler, A. Almwirtschaft und Wildheuer im Erstfeldertal, in: Schweiz. Archiv für Volkskunde 42/1945
Dachler, A. Karte der österreichischen Bauernhausformen. Mit Beigabe textlicher Erläuterungen. Zeitschrift für österreichische Volkskunde 15, 1909 Suppl.-Heft 6
Deininger, J.W. Das Bauernhaus in Tirol und Vorarlberg, Wien (um 1895)
Erdmannsdorffer, K. Flachdach und Steildach im bayerischen Hochland, in: Der Bauberater, 15. Jahrgang, 1950, Heft 3–6
Erdmannsdorffer, K., Die Dachdeckung, Natürliche Deckungsstoffe, in: Der Bauberater 37/1972
Escher, W. Die Almgenossenschaft in St. Antönien, in: Bündner Monatsblätter, 1946
Ficker, F. Mittelalterliche Quellen zur Geschichte des Bauerngartens, in: Freundeskreisblätter des Freundeskreises Freilichtmuseum Südbayern eV. 3/1975
Finsterwalder, K. Zur Namens- und Siedlungsgeschichte des inneren Ötztales, in: Jahrbuch des Österreichischen Alpenvereins 74/1949
Fried, P. Beiträge zur Almhauslandschaft im bayerisch-tirolerischen Karwendel, in: Bayr. Jahrbuch für Volkskunde 1969, Würzburg 1970
Frödin, J. Zentraleuropas Alpwirtschaft, Oslo 1940
Gayl A. Ordnung von Wald und Weide im Bereich der Almen. Sonderdruck aus Angewandte Pflanzensoziologie, Heft 2, Villach 1951

Gebhard, T. Kasten und Speicher, in: Heimat und Volkstum 16/1938
Gebhard, T. Die Sachkultur der Almwirtschaft in Bayern, in: Bayerisches Jb. für Volkskunde, 1955
Gebhard, T. Wegweiser zur Bauernhausforschung in Bayern, München 1957
Gebhard, T. Der Bauernhof in Bayern, München 1975
Gebhard, T. Alte Bauernhäuser, München 1977
Gennep, A.v. Le folklore des Hautes-Alpes, 2 Bde., Paris 1946/47
Geramb, V.v. Das Bauernhaus in der Steiermark, in: Zeitschrift des Historischen Vereins für Steiermark 9, S. 188–264, Graz 1911
Geramb, V.v. Die Kulturgeschichte der Rauchstube, Wörter und Sachen 9, S. 1–67, Heidelberg 1924
Geramb, V.v. Die geographische Verbreitung und Dichte der ostalpinen Rauchstuben, in: Wiener Zeitschrift für Volkskunde 30, S. 70–123, Wien 1925
Geramb, V.v. Die Rauchstuben im Lande Salzburg, Salzburg, 1950
Gräff, H. Grundzüge der Alpwirtschaft, o.O., 1915
Grass, N. Beiträge zur Rechtsgeschichte der Almwirtschaft (bes. Tirol), o.O., 1948
Greiderer, S. Haus und Hof in Salzburg, Wien 1925
Gschwend, M. Schweizer Bauernhäuser, Material, Konstruktion und Einteilung, Schweizer Heimatbücher 144–147, Bern 1971
Haberlandt, A. Die Bauernhausformen im deutschen Volksgebiet, in: Wiener Zeitschrift für Volkskunde 31/1926
Haberlandt, A. Zur Vereinheitlichung der Typologie und Terminologie des Bauernhauses in Österreich, in: Mitteilungen der Anthropologischen Gesellschaft in Wien 87/1957
Haiding, K. Almwirtschaft in der Steiermark, Ausst. d. Heimatmuseums Trautenfels, 1962
Hart, F. Baukonstruktion für Architekten, München 1951
Haushofer, H. Die politische Bedeutung der Almen und Alpen, Referat an der 9. Internationalen Almwirtschaftstagung, Schliersee 1978
Helbok, A. Der germanische Ursprung des oberdeutschen Bauernhauses, in: Schlern-Schriften 9/1925
Helbok, A. Haus und Siedlung im Wandel der Jahrtausende, in: Deutsches Volkstum 6/1937
Hösli, J. Glarner Land- und Almwirtschaft, 1948
Hoferer, R. Der Mittertennbau in Süddeutschland, Bayerisch-Südostdeutsche Hefte für Volkskunde II, 1940
Hoferer, R. Die Hauslandschaften Bayerns, Bayerisch-Südostdeutsche Hefte für Volkskunde 15, S. 1–12, 1942
Hubatschek, E. Bauernwerk in den Bergen, Innsbruck 1961
Hubatschek, E. Zur bäuerlichen Arbeits- und Gerätekunde des inneren Stubaitales, in: Volk und Heimat 1949
Huber, K. Über die Histen und Speichertypen des Zentralalpengebietes, Erlenbach/Zürich 1944
Ilg, K. Im Bewegungsfeld der bäuerlichen Hauslandschaft in Tirol und Vorarlberg, in: Tiroler Heimatblätter Bd. 13/14, Innsbruck 1949/50
Ilg, K. Die Tiroler bäuerlichen Haus- und Hofformen, in: Haus und Hof in Österreichs Landschaft, Notring-Jahrbuch 1973
Ilg, K. Herd und Ofen, in: »Tiroler Heimat« XI Band 1947, Innsbruck
Institut für Landschaftsökologie und Institut für Bodenkunde der TU München zu Weihenstephan Bericht über die »Landschaftsökologischen Geländepraktiken«, Sommersemester 1970 und 1972

Jüngling, A. Bundwerk an Wohnhaus und Scheune, in: Bayerland, München 1968
Jobst, E. Über die Beziehungen zwischen Land- und Fortswirtschaft im oberbayerischen Bergbauerngebiet, Veröffentlichung aus dem Institut für Forstpolitik und forstliche Betriebswirtschaftslehre der Forstlichen Forschungsanstalt, München 1960
Kapfhammer, G. Brauchtum in den Alpenländern, München 1977
Kargl, J. Die Almwirtschaft im Bezirk Garmisch. Maßnahmen zu ihrer Förderung. Dissertation, München 1946
Kasseroler, A. Der vorgeschichtliche Weiler auf dem Himmelreichbühel, o.O., o.J.
Keim, H. Pfostenspeicher und -scheunen in Tirol, Band I und II, unveröffentlichte Dissertation TU München 1976
Klaar, A. Bäuerliche Dachstuhlformen, in: Volk und Heimat, Festschrift für Viktor von Geramb. Hrsg. von H. Koren und L. Kretzenbacher, Graz 1949
Kempf, J. Die bayerische Heimat, München 1927–1929
Kerner von Marilaun, A. Die Alpenwirtschaft in Tirol, ihre Entwicklung, ihr gegenwärtiger Betrieb und ihre Zukunft, Unveränderter Nachdruck aus der Österreichischen Revue 1868, neu herausgegeben vom Institut für angewandte Pflanzensoziologie, Villach 1941
Klebelsberg, R.v. Die Obergrenze der Dauersiedlung in Südtirol, in: Schlern-Schriften 1/1923
Klein, H. Schwitzbad (Sauna) noch vor 150 Jahren in Salzburg, in: Mitteilungsblatt Salzburger Heimatwerk 1943
Klein, H. Das Aussterben der Bauernbadstube in Salzburg, ÖZVkde 57, 1959
Kober, R. Die landwirtschaftlichen Seilwege, Wien und Leipzig 1938
Kriss-Rettenbeck, L. Bilder und Zeichen religiösen Volksglaubens, München 1963
Ladurner-Parthanes, M. Das Legschindeldach, in: Der Schlern 41/1967
Liedke, V. Oberbayerische Bauernhöfe des 16. Jahrhunderts, in: Freundeskreisblätter des Freundeskreises Freilichtmuseum Südbayern e.V. 5/1976
Löwl, F. Siedlungsarten in den Hochalpen, Stuttgart 1888
Menghin, O. Die prähistorische Durchsiedlung Tirols, in: Der Schlern 2/1921
Moritz, A. Die Almwirtschaft im Stanzertal, 1956
Moro, O. Troadkasten im Nockgebiet, Kärnten 8/1931
Moro, O. St. Oswald ob Kleinkirchheim. Ein Buch vom Kärntner Bergbauerntum. Archiv für vaterländische Geschichte und Topographie 34/35, Klagenfurt 1951
Moser, O. Kärntens Bauernhäuser, in: Die Kärntner Landsmannschaft, Klagenfurt 1966–1967
Moser, O. Das Pfettenstuhldach, Wien 1976
Moser, O. Das Bauernhaus und seine landschaftliche und historische Entwicklung in Kärnten, Kärntner Museumsschriften 56, Klagenfurt 1974
Moser, O. Das Kärntner Freilichtmuseum in Maria Saal, Museumsführer, Klagenfurt 1970
Nemec, H. Alpenländische Bauernkunst, Wien 1966
Neu, W. Das südwestoberbayerische Giebelbundwerk in: Freundeskreisblätter des Freilichtmuseums Südbayern e.V., Heft 3, Dez. 1975
Notring-Jahrbuch 1973, Haus und Hof in Österreichs Landschaft, Wien
Phleps, H. Holzbaukunst – Der Blockbau, Karlsruhe 1942

Phleps, H. Ost- und westgermanische Baukultur, Berlin 1934

Phleps, H. Der Speicher, der vornehmste Bau des germanischen Hofes, in: Deutsche Volkskunde 1/1939

Phleps, H. Alemannische Holzbaukunst, Wiesbaden 1967

Plog, E. Studien zur Lage der Stube im deutschen Bauernhause, Inaugural-Dissertation an der Philosophischen Fakultät der Universität Greifswald, Stralsund 1932

Pöttler, V.H. Führer durch das österreichische Freilichtmuseum, Graz 1972

Pöttler, V.H. Die Hauslandschaften der Steiermark. Erläuterungen zum Atlas der Steiermark, S. 215–229, Graz 1973

Pöttler, V.H. Alte Volksarchitektur, Graz 1975

Rauter, O. Das Bauernhaus im Gau Tirol und Vorarlberg, in: Schriften für neues Bauerntum, Berlin 1942

Rauter, O. Häuser, Höfe, Handwerkskunst – Bäuerliche Kultur im Zillertal, Innsbruck 1978

Roth, H. Alte Hausinschriften, München 1975

Rubi, Ch. Der Emmentaler Speicher, Berner Heimatbücher 2, Bern 1942

Rudolph-Greiffenberg, M. Uralpenländisch-Rätischer Hausbau, in: Der Schlern 27/1953

Rudolph-Greiffenberg, M. Tiroler Baukultur 6 – Bäuerliche Baukunst im Sarntal, in: Südtirol in Wort und Bild 12/1968, H. 3

Rudolph-Greiffenberg, M. Tiroler Baukultur 8 – Holzbaukunst am Südrand der Ötztaler Alpen, in: Südtirol in Wort und Bild 13/1969, H. 1

Rudolph-Greiffenberg, M. Tiroler Baukultur 10 – Wipptaler Häuser am Berg und an der Brennerstraße, in: Südtirol in Wort und Bild 13/1969, H. 4

Schier, B. Hauslandschaften und Kulturbewegungen im östlichen Mitteleuropa, Reichenberg 1932

Schier, B. Das deutsche Haus, in: Deutsche Volkskunde I, 1934

Schmidt, L. Haus und Hof in Österreich, in: Haus und Hof in Österreichs Landschaft, Notring-Jahrbuch 1973

Schneiter, F. Almwirtschaft, 1948

Seifert, A. Das echte Haus im Gau Tirol Vorarlberg, Innsbruck 1943

Seifert, A. Wesen und Herkunft des oberbayerischen Bauernhauses, in: Schönere Heimat 55/1966

Senn, U. Die Alpwirtschaft der Landschaft Davos, in: Geogr. Helvet. 7/1952

Silbernagel, H. Die oberbayerische Almwirtschaft, Referat auf der 9. Internationalen Almwirtschaftstagung Schliersee, 1978

Simonett, Ch. Die Bauernhäuser des Kantons Graubünden
I: Die Wohnbauten, Basel 1965
II: Die Wirtschaftsbauten, Basel 1968

Stebler, F.G. Alp- und Weidewirtschaft, o.O., 1903

Stolz, O. Die Schwaighöfe in Tirol – Ein Beitrag zur Siedlungs- und Wirtschaftsgeschichte der Hochalpentäler, in: Wissenschaftliche Veröffentlichungen des Deutschen und Österreichischen Alpenvereins 5/1930

Stolz, O. Der deutsche Raum in den Alpen und seine Geschichte, in: Zeitschrift des Deutschen und Österreichischen Alpenvereins, Band 63, Innsbruck 1932

Stolz, O. Die Ausbreitung des Deutschtums in Südtirol im Lichte der Urkunden, München/Berlin 1934

Swoboda, O. Alte Holzbaukunst in Österreich, Salzburg Band I, 1975

Swoboda, O. Alte Holzbaukunst in Österreich, Salzburg, Band II, 1978

Tränkel, M. Das Bauernhaus im Berchtesgadener Land, unveröff. Dissertation TH Aachen, 1947

Weiser, L. Das Bauernhaus in Tirol, in: Oberdeutsche Zeitschrift für Volkskunde 1/1927, S. 41ff.

Weiss, R. Das Almwesens Graubündens, 1941

Weiss, R. Volkskunde der Schweiz, 1946

Weiss, R. Alpiner Mensch und alpines Leben in der Krise der Gegenwart, in: Alpen 33, 1957

Weiss, R. Häuser und Landschaften der Schweiz, Erlenbach-Zürich 1959

Werner, K.-H. Die Almwirtschaft des Schnalstales, 1969

Werner, P. Schmuck am Haus, Freilassing 1978

Werner, P. Vom Sterben der Zuhäuser, in: Schönere Heimat 3/78

Werner, P. »Klingschrot und Malschrot« oder Bemalte Durchsteckverbindungen in Surheim/Obb., in: Volkskunst 3/1978, München

Werner, P. So geht's nicht! (Hütten-»Renovierung« auf Abwegen – Beispiele aus dem Berchtesgadener Land), in: Der Bergsteiger, 1/1978, München

Werner, P. Fiß, uraltes rätoromanisches Dorf, in: Bergwelt 9/1978

Werner, P. Das Bergbauernleben im Frühjahr, in: Der Bergsteiger, 1979, München

Werner, P. Backhaus und Backofen, in: Schönere Heimat 2/1979

Werner, P. Das Bergbauernleben im Winter, in: Der Bergsteiger, 2/1979, S. 100, München

Werner, P. Vom Marterl zum Gipfelkreuz, in: Bergwelt, 2/1979, München

Werner, P. Bauernhöfe zwischen Inn und Salzach, Freilassing 1979

Werner, P. Die letzten Rundumkaser des Berchtesgadener Landes, in: Volkskunst 2/1979

Wilckens, M. Die Almwirtschaft der Schweiz, des Allgäus und der westöstlichen Alpenländer, 1874

Wolf, A. Aus alten Stuben und Kammern, München 1978

Wolfram, R. Die gekreuzten Pferdeköpfe als Giebelzeichen, in: Veröffentlichungen des Instituts für Volkskunde der Universität Wien 3/1968

Wopfner, H. Entstehung und Wesen tirolischen Volkstums, hrsg. vom Deutschen und Österreichischen Alpenverein 1933

Wopfner, H. Volkskunde als Arbeitskunde, Der Schlern 14/1933

Wopfner, H.
Bergbauernbuch I, 1, Innsbruck 1951
Bergbauernbuch I, 2, Innsbruck 1954
Bergbauernbuch I, 3, Innsbruck 1960

Wopfner, H. Formen des bäuerlichen Hausbaus in Tirol, in: Mitteilungen des Vereins für Heimatschutz in Tirol, Heft 2–4, Innsbruck 1919

Wopfner, H. Anleitung zu volkskundlichen Beobachtungen auf Bergfahrten, in: Beiträge zur Jugend- und Heimatkunde, hrsg. v. d. Landesgruppe Tirol des Vereins für christliche Erziehungswissenschaft, Heft 4/1927 Innsbruck

Wopfner, H. Eine siedlungs- und volkskundliche Wanderung durch Villgraten, Innsbruck 1931

Wopfner, H. Zur Geschichte des bäuerlichen Hausgewerbes in Tirol, Innsbruck

Zimmeter, K. Getreidekästen, in: Tiroler Heimatblätter 12/1934

Zimmeter, K. Alte Getreidekästen in Tirol, in: Schönere Heimat 34/1938

Register

Die geraden Ziffern verweisen auf die Textseiten, die kursiven auf die Bildnummern.

Aab 51
Aasdach, s.a. Ansdach
abbinden 41
Abendmahlskelch als Christussymbol 54
Abfasungen 48
Aberglauben 53f., 56
Ablegzaun 34
Abort *159, 160, 236*
Abschwemmung 34
Abschwerstangen 44
Abwehrhände 53f.
Abwehrzauber (–zeichen) 20, 53–56
Achental (Tirol) 11
Achsstock, s.a. Floder 31
Ackerbau (Ackerbauer) 13f., 22, 29, 38
Ahrntal (Tirol) 18, *133*
Ainet (Lienz, Tirol) *67, 69*
Albulatal (Graubünden) 48
Alemannen 40, 45
Allgäu (Bayern) 40, 52, *27, 31–38*
Alm(en), s.a. alle Stichworte mit Alm... 8f., 11f., 32f.
Almabtrieb *1,* 20, 27
Almanger 19
Almauftrieb 18, 20, 27
Almbauern 18–21
Almbräuche 20
Almböden 19
Almgebäude (Almhütten) 32f., 49, 60, *71, 109, 110, 158–160, 163–166, 195, 215, 218, 222, 223, 225–227, 234, 238–241, 254–257, 262, 271–275, 289, 298*
Almgürtel 19
Almkreuz 54
Almlichte(n) 19
Almnamen 20
Almsiedlung 19
Almstandorte 19, 60
Almtradition, Berchtesgadener 60
Almwesen (–wirtschaft) 18–21, 60
Almwald 19
Almweide (–rechte) 16, 18–21
Almweidewege 18
Alpbachtal (Tirol) 23, 57, *122–124*
Alpenföhn, s.a. Föhn 12
Alpenraum passim
Alpenvorland, flaches 31
Altanen 47f.
Altbaiern, s.a. Bayern 52
Altenau *33*
Altenteil, s.a. Austrag 30
Altersversicherung 30

Altöttinger Votivbilder 52
Altsiedellandschaften 7
Alvaschein (Graubünden) 58f.
Amboß *38*
Andachtsbilder, mittelalterliche 54
Andeer (Graubünden) *307*
Angel 50
Ankerbock 17
Ansdach, s.a. Aasdach 27, 42, *305*
Anspanner, s.a. Grundschwellen 35
Antenbichl (Berchtesgadener Land) *224*
Antike 28
Antriebsmaschinen 17
Apennin 21
Apotropaion (apotropäisch) 20, 53–56, *222, 223*
aqua viva, s.a. Branntwein 14
Arbeit 14ff.
Arbeiten des Holzes 35
Arbeitswerkzeuge 35
Arlberg (Tirol) 24, 42
Arma Christi (Arma-Kreuz) 54, *140, 310*
Arsch 41
Artischocken 13
Asten, s.a. Voralmen 19, 27, *198*
Au bei Ötz (Tirol) 11
Aufdoppelung (aufgedoppelte Haustür) 50
Auffach (Wildschönau, Tirol) *120*
Aufhängegerüste 32
Augustiner-Chorherrenstift 21
Auronzo (Südtirol) *195*
Austrag (Austragler) 30, 39
Austragshaus, s.a. Zuhaus 39, 48
Austragstüberl 30
Autarkie, s.a. Eigenversorgung, s.a. Selbstversorgung 7, 13, 16, 28f., 59

Bach (Tirol) *40*
Bachgeschiebe 11
Backhaus 29
Backherd 29
Backofen 22f., 25, 29f., 40, *81, 117, 118, 128, 162, 169, 170, 182*
Bad 22
Badekultur (Badesitten) 28
Badeverbot 29
Badstube, s.a. stuba 24, 28f.
Bänder 50
Bänderzaun 34
Bärnlehen (Schönau, Berchtesgadener Land) *270*
Baiern (baierisch, bajuwarisch) 8, 21, 37, 40, 43
Baldramkaser (Berchtesgadener Land) *222*
Balken 46, 52
Balkone 47f.
Baluster 47
Bannwaldzone 22
Bannzaun 33f.
Bannzeichen 53–56
Bansenräume 25
Barock (–zeit) 41, 47, 52, 56f.
Basel, Baurechnungen aus 52
Basilikum 13
Bastelkammer, s.a. Machkammer 16, 23
Bauerngärten, Südtiroler 13
Bauernheilige in der Lüftlmalerei 57
Bauernhoflandschaften 22, 52, 59
Bauernhofmuseum (–museen) 60

Bauglieder, hölzerne 53
Baujoch 14
Bauklassen 39, 45
Baukultur, bäuerliche, Erhaltung der 59
Bauleute 9
Baumgartof (Wildschönau, Tirol) *132*
Baumgrenze 18
Baumrinden (–teppich) 33, 47
Bautechnik, landwirtschaftliche 25, 35–52
Bauteile 35–52
Bauunterhalt 16
Bayerischer Landesverein f. Heimatschutz 45
Bayerischer Salforst 19
Bayerischer Wald 40
Bayern (auch Freistaat) 20, 36, 45, 48, 58
Beckensiedlungen 10
Beetpflug 14f.
Behamb (Malerfamilie) 57
Behelfsbauten 16
Beifirstsäulen 37
Beihilfen 18
Bellwald (Goms, Wallis/Schweiz) *276*
Bemalung 50, 52, 55–58
Benzinmotor 17
Berchtesgaden (Berchtesgadener Land) 19, 22–29, 33, 39, 46, 48f., 56, 60, *1, 39, 41, 205–209, 212–253, 270*
Berchtesgadener Stadel, s.a. Stadel 26
Berechtigungsalmen 20
Bergbau 8, 16
Bergbauernhoflandschaft, s.a. Bauernhoflandschaften
Bergell (Graubünden) 45, *298–305*
Bergeraum, s.a. Quertenne 26
Bergmahd (Bergmähder, Bergwiesen) 13, 16, 18f., 33, *6*
Bergsturz 10
Bergün/Bravuogn (Graubünden) 58f.
Bergwerke 35
Berieselungsanlagen 13
Berner Oberland 284–286
Bernegglehen (Berchtesgadener Land) *219, 220*
Berufsembleme 55
Besitzzersplitterung 14, 25
Betriebstechnik, landwirtschaftliche 25
Beutelvorgelege, s.a. Mühlen 31
Beutelwerk, s.a. Mühlen 31
Bevölkerungsdruck 18
Bewässerung (auch künstliche) 13, 16
Bewirtschaftungsdauer (der Almen) 19
Bewirtschaftungsform (der Almen) 19f.
Bidel 26f.
Biel (Goms, Wallis) *279*
Bienenhaus *40*
Bienenkorb *39, 259*
Bilderchroniken, Schweizer 52
Bildhauerei 15
Bildinhalte 53
Bindalm (Berchtesgadener Land) 60, *222, 227*
Bindemittel 38
Bird 17
Bischofswiesen (Berchtesgadener Land) *207, 229, 232, 236, 237, 251*
Blattmuster, s.a. Ornamente 58
Blechdach 45
Bleichen 16

Bleichen 16
Bleirahmen (–sprossen) 52
Blindfenster 57
Blindläden 52
Blockbalken, überstehende 36
Blockbau (–technik) 25, 27, 35f.
Blockbaugebiete, alpine 39
Blockflur 22
Blocklehm 10
Blockpfettendächer 42
Blockständerbau 37
Blockständerpfettendächer 42
Blockstreifenflur 22
Blumenkelch, s.a. Jexenbänder 38
Bockshörner 53
Bodenkonstruktionen (Böden) 47
Bodenseilzug, s.a. Seilaufzüge usw. 14f.
Bodensiedlungen 10
Bodenwinde 17
Bohlen 37, 46, 50
Bohlenbalkendecke 46
Bohlendecke 45
Bohlenständerbau 37
Bohlenstockfenster 51
Bohlentüren 50
Bohnen 13
Bozen (Südtirol) 14
Brandenberger Ache (Unterinntal/Tirol) *36, 37*
Brandgefahr (–verhinderung) 25
Brandrodung 8
Brandschutz, s.a. Brandgefahr 45
brandschutztechnische (auch feuerpolizeiliche) Verordnungen 29f., 39
Branntwein (–brennen, –erzeugung) 14, 16
Brechlbad (auch Brechelbad) 28f., 40
Bregenzer Wald (Vorarlberg) 24
Brenner (–Paß) 14
Breonen 8
Brettenkopf 41
Bretterdach (Bretterdeckung) 44, *43, 81, 93, 94*
Bretterläden 52
Brettertüren 50
Bringerlohn, winterlicher 16
British Columbia (Kanada) 44
Brixental (Südtirol) *78*
Bronzezeit 8
Brot (–backen, –frucht) 13, 29
Brothengl 28
Bruchstein (–mauerwerk) 38–39
Bruchteilseigentum (an Almen) 20
Brückenbau 16
Brüstung 47f.
Brüstungsbretter 47, 55
Bruneck (Südtirol) 30
Brunnen (–säulen, –trog) 30
Bundbänder 37
Bundbandl'n 37
Bundtram 43
Bundwerk (–formen) 37f., 56f., *264, 267*
Burgen 21, 47f., 51
Burgenland 31, 43
Butter (–erzeugung, Buttern) 20, *26*
Butzenscheiben 52f., *284*

casa 33
caseus, s.a. Kaser 33

213

Casolarium, s.a. Kerner von Marilaun, Anton 33
Castaneda (Graubünden) 45
Chiavenna (Norditalien) 45
Chiemgau 40, 48, 57, *254–262*
christliche Zeichen (Bildinhalte, Darstellungen, Symbole) 54–58
Christus (Bilder, Darstellungen, Monogramme, Symbole) 54–58, *268*
Churrätien (auch churrätisch, rätisch) 8
Compatsch (Samnaun/Graubünden) 21
Cravi (Bergell) *298*

Dach, profilgleiches 23
Dach, Schmuckformen am 56
Dachbelag (–deckung, –haut) 43 ff.
Dachbinder 26
Dachdecke 45
Dachfirst als Zeichenträger 54
Dachformen (Dächer) 40–45
Dachgerüstformen, vorhandwerkliche 41 f.
Dachkonstruktion 41 ff.
Dachlatten 42 f.
Dachneigung(en) 40 f.
Dachpfanne 45
Dachrinnen (–träger) 45
Dachstangen 42
Dachsteinkalk 19
Dachstühle 41 ff.
Dachüberstand (–vorsprung) 40
Dachziegel 45
Dalfazerhochalm (Rofan/Tirol) *188*
Dammstufen 10
Dampfbad, s.a. Sauna, bäuerliche 28
Dampfbalken (Dampflöcher) 51, *232*
Datierungen 41, 54, 56
Dauersiedlungen (auch baierische, rätische usw.) 8, 12, 18, 32 f.
Davos (Schweiz) 52
Deckbrett 41
Decken (–systeme) 45 f.
Deckenbalken *242–244*
Deckleisten 48
Degenhart, Josef 57
Deicheln, s.a. Holzröhren 30
Delphine als Schnitzwerk 56
Denkmalpflege(r) 7, 59
Denkmalschutzgesetz, bayerisches 7
Diagonalband 38
Diamantquader, vorgetäuschte 58
Dichlalm, Untere (Oberbayern) *275*
Dieme, s.a. Schober 31
Dieselmotor 17
Döllach (Mölltal/Kärnten) *57*
Dörrbadl 30
Dörren (Dörrhaus) 30
Dörrhuden (–hütten, –öfen) 30
Dolomiten (–täler) 11, 21
Donau 40
Doppelfalzpfanne (–ziegel) 45
Doppelfeuerstätte in Rauchstuben 25
Doppelharpfe, s.a. Harfe 32
Doppelschere 38
Doppelgiebel, s.a. Jexenbänder 38
Dorfbilder, rätoromanische 21
Dorfbrunnen 30
Dorfgemeinschaft 22, 30
Dorfzaun 33

Dornaubergtal (Tirol) *101, 102*
Drachenköpfe, s.a. Jexenbänder 38, 56
Drahtseiltransmission 18
Drautal (Kärnten) 32
Drehmühlen, s.a. Flodermühlen 31
Drehriegel 50
Dreifaltigkeit (Symbole) 54
Dreifuß (Ankerbock) 17
Dreigadenhaus 24
Dreikönigsbuchstaben 54
Dreipaß 38
Dreiraumlösung, s.a. Sennhütte 33
Dreiraumwürfel 24
Dreiseithof (–höfe) 31
Dreißigjähriger Krieg 24
Dreschmaschine 18
Dreschtenne 25 f.
Drillbaum, s.a. Tram 46
Drischbei 33
Drudenfuß, s.a. Hexenkreuz, s.a. Pentagramm 53
Dübel 35, *233*
Düngen (Dünger, –ausbringung) 14, 17 f., 20, *10*
Dürnbach (Niederösterreich) *80*
Durchsteckgitter 52

Eckflurhaus 24
Eckverbindungen (im Blockbau) 36 f.
EG-Bergbauernprogramm 21
Egge (eggen) 14, 16 f.
Eigentumsformen (der Almen) 19 f.
Eigenversorgung, s.a. Autarkie, s.a. Selbstversorgung 7, 16, 28 f., 59
Eigenwald 16
Einachsschlepper 15
Einfachfenster 52
Einfang 33
Einfirsthof, s.a. Einhof
Einfriedung(en) 33 f.
eingeriegelte Türen 50
Einhaus (–bau), s.a. Einhof 23, 33
Einhof 23, 31, 33, 39, 48, *42, 106–108, 111–119, 122, 125, 132, 134, 145–157, 167, 186, 206, 212–214, 224, 262–264, 267, 269*
Einödblockflur 22
Einödhof 16
Einödstreifenflur 22
Einraumbau (–haus) 2, 27 f., 33, 51
Einraum-Halle (-Hallenhaus) 24
Einstemmen 52
Eintragestege 27
Einwalzen 17
Einwölbung 39 f.
Einzelhof (–gehöft) 21 f., 34
Einzweckbau 23, 26 f.
Eisack (–tal) (Südtirol) 8, 38
Eisengitter 52
Eisenofen 29
Eisenzeit 8, 45
Eishof (Südtirol) 8
Eiszeit (auch »kleine«) 8, 12
Elektrifizierung (Elektrizitätswerke) 18
Embleme 54 f., 57 f.
Engadin (Schweiz) 8 f., 21, 38, 40, 45 f., 48, 52, 56, *309, 311*
Eng-Almen (Riß-Tal/Tirol) *158, 160, 163, 165*

Erbleihe 9
Erbrecht 30
Erbsen 13
Erdaufführen (–aufschinden, –aufziehen) 14, 17 f.
Erdgratten 18
Erdhütten 33
Erdrutsch 10
Erdstadel 26
Erker 48 f., *178, 180, 183, 184*
Erosion (Erosionstrichter) 10 f., 21, 34
Eselsrücken 50
Essensglocke, s.a. Glockenständer
Etrusker 8
Etsch (-tal) (Südtirol) 8, 14, 18, 38, *193*
Exzenter 18
Fabelwesen als Giebelschmuck 56
Fachwerk (–bauten) 37, 51
Familienbetrieb, bäuerlicher 14
Familienwappen, s.a. Wappen 55
Farben (Farbgebung, Farbigkeit, Farbstoffe) 55–58
Faust, s.a. Jexenbänder 38
Feder (und Nut) 50
Feige, s.a. Jexenbänder 38
Feime, s.a. Schober 31
Feldanbau 16
Feldarbeiten 17
Feldbackofen 29
Feldgeräte 16
Felkapelle 54
Feldkasten 22, 28 f., 49 *217, 221*
Feldkreuz 54
Feldscheune 22
Feldspat 11
Feldstadel 22 f., 50, *61, 121*
Feldzaun 33
Felsstaffel 10
Felsterrassen 11
Felzen
Fendels (Oberinntal, Tirol) 21
Fenster 51 f.
Fensterbank 51
Fenstergewände 51 f.
Fensterformate 51 f.
Fensterkörbe (–läden) 52
Fensterlandschaften 52
Fensterrahmen (–scharte) 51
Fenstersprossen 52
Fensterstang 52
Fensterumrahmungen 57
Fergl (auch Ferkl) 15 f.
Ferlach (Kärnten) *44, 51*
Fernsebnerlehen (Ramsau im Berchtesgadener Land) *224*
Fett, Adam 57
Feuergrube 25
Feuerhaus 22, 25
feuerpolizeiliche Verordnungen 29, 39
Feuerrest 33
Feuersicherheit 39
Feuerstätten (–räume) 25, 39
Feuerstelle 24 f., 33, *24, 50, 51, 123, 124*
Fieberbrunn (Tirol) *166*
Findlingsmauerwerk 33, 38 f.
Finkenberg (Zillertal, Tirol) *108*
Finsinggrund (Zillertal, Tirol) *109, 110*
Firstpfette 41, 54
Firstsäule 37

Fisch (Symbolgehalt) 54
Fischgrätenmuster 44
Fisole 13
Fiß (Oberinntal/Tirol) 18, 21, *169, 173, 176, 179, 182, 183*
Flachdach (–bauten, –landschaft) 40 f.
Flachs 28, 30
Flachsbrechen 28
Flachsbrechlhütten, s.a. Brechlbad 28 f.
Fladenbrot 28
Flanerling (bei Zirl/Tirol) *187*
Flechten 16
Flechttechnik 44
Flechtwerk 36 f.
Flechtzaun 34
Flez 40
Floder (Flodermühlen), s.a. Stockmühlen 31, *55*
Flößerei 16
florale Motive 56
Flugpfette 41
Flugsparren 38
Flur (–formen, –teilungen) 21 f.
Flurkreuz 54
Flurküche 24
Flurzaun 33
Flysch 20
Föhn (auch Nordföhn, auch Südföhn) 12
Foroglio (Tessin/Schweiz) *291–295*
Forstordnungen, bayerische von 1565, 1594, 1598 39
Franken 39
Frankreich 23
Frauenarbeit 16
Frauenchiemsee (Oberbayern) 21
Frauenmoahd, s.a. Moahd 27
Frauenzell, Kloster (Bayerischer Wald) 21
Freilichtmuseum (–museen) 59 f., *75, 211, 223*
Freipfette 41
Fremdenverkehr 13, 20, 59
Fresko (–malerei) 56 f., *136, 146, 152–157, 178, 187, 268, 269*
Fries(e) 50 f.
Frischmilchlieferung 17
Frömmigkeit, bäuerliche, Zeichen für 57
Fruchtmeister 14
Fügen (Zillertal/Tirol) *107*
Fugendichtung 35 f., 51
Füllungstür 50 f.
Fürköpfe 36
Füssen (Allgäu) 38
Furchenziehen 17
Furglerjoch (Tirol) 18
Furmbrett 41
Fußband 38
Fußpfette, s.a. Traufpfette 42
Fußhölzer 37
Futterhaus 22, 25
Futterkasten 25
Futterstadel 23
Futterstall 15, 27, *120*

Gabelpfosten 34
Gaden 24 f.
Gailtal (Kärnten) 32
Galtalmen, s.a. Almen, s.a. Galtvieh 20
Galterer 20
Galtür (Paznauntal) 21

Galtvieh, s.a. Galtalm 20
Gang (Gänge) 25, 28, 49
Ganggeld 15
Garbenböden 25
Garbenbündel 31
Garmisch-Partenkirchen (Landkreis) 263, 264
Garten (–bau) 13
Gastgewerbe 16
Gebäudebrandversicherungen s. Landesbrandversicherungsanstalten
Gefüge, nordisches 49
Gehängedetritus 11
Gehängeschutt 10
Gehöftformen 22f.
Geißfuß 37
Geitau (Oberbayern) 57
Geitauer Aipl (Oberbayern) 272
gekuppelte Fenster, s.a. Fenster 51
Gemeinschaftsalmen, s.a. Almen, s.a. Genossenschaftsalmen 20
Gemüse (–anbau) 13
Genaunen 8
Genossenschaften, Deutschrechtliche 20
Genossenschaftsalmen, s.a. Almen usw. 20
Geomorphologie (geomorphologische Einflüsse) 9, 19
geophysikalische Einflüsse 11, 19
Georgi-Bidel, s.a. Bidel 27
Geräms 52
Gerichte 21
Gerinne 31, *53, 55, 105*
Gerlos (Gerlosstein-Alm/Tirol) *104*
germanisch-slawischer Raum 28
Gerste (Gerstenmehl) 13
Gerstruben (Allgäu) 19
Gesäuse (Steiermark) *53*
Geschiebe 10
Geschiebelehm (–terrassen) 11
Gesperr 41
gestemmte Tür 51
Getreide (–bau) 13, 28–31, 40
Getreidekasten (–speicher), s.a. Speicher 22, *48, 281, 282*
Gewölbe 39f.
Giebelaltane(n) 48, *44, 107, 111*
Giebelbinder 37
Giebelbundwerk 37, 56f., *184*
Giebelfeld (–lauben) 48, *145–147, 149–151, 161, 167*
Giebelpartien, verzierte 56
Giebelpfahl (–säule, –zeichen) 56
Girschtenzaun 34, *61*
Gitter, schmiedeeiserne 48
Gitterbundwerk 32
Gletscherbewegung (–rückgang, –vorstoß) 11f.
Gletschermessen 12
Glimmer (–schiefer) 11
Glockenständer (–türmchen) 56, *114, 258*
Glonn (Oberbayern) 57
Gneis(e) 11, 29, 45
Gosau (Oberösterreich) 23
Gotteszell, Kloster (Bayerischer Wald) 21
Gotzenalm (Berchtesgadener Land) *1, 226*
Gotzentalalm (Berchtesadener Land) 32f., *241*
Grabendach 23
Grabungsfunde 29

Gramais (Tirol) 19
Grammeln, s.a. Flachsbrechen 16
Granit 11, 29
grano turco, s.a. Mais 13
Graswang (Garmisch-Partenkirchen) 263, 266
Graswuchs 11
Graubünden (Schweiz) 8, 32, 38, 40, 45f., 48, 50–55, 58f., *307, 308, 310*
Grawandtrett-Alm (Zillertal/Tirol) *103*
Greifkopf, s.a. Jexenbänder 38
Griesboden-Alm (Tirol) *166, 168*
Grödnertal (Südtirol) *21, 150, 151, 189*
Große Mühl (Österreich) 40
Großfamilie, bäuerliche 48
Gruben (Iseltal/Tirol) *70, 72*
Grubenhütten 33, 36
Gruberhof (Weißbach an der Alpenstraße, Berchtesgadener Land) 57, *214*
Grundherrn (Grundherrschaft) 21f., 31
Grundmoränen 11
Grundschwellen, s.a. Anspanner 35
Grundzins 9
Grundrißentwicklung (Wohnhaus) 24f.
Grundrißentwicklung (Rundumkaser) 32
Gruppenhof 22
Grus 10
Gschnoadbidel, s.a. Bidel 26
Güterzersplitterung (–teilung), s.a. Besitzzersplitterung 9, 13f., 24f.
Gufler, Anton 18
Gugelalm (Berchtesgadener Land) *233*
Gurgl (Gurgler Ferner, Gurgler Tal, Tirol) 11, 18
Gutsübergabe 30

Haag (Niederösterreich) *58*
Hackbau 14
Hägerau (Tirol) 57
Hängeböcke 48
Hängeschindeln 43
Hafer 13
Hag 19, 33 f.
Hagnberg (bei Geitau/Oberbayern) 57
Hahn als Symbol 54
Hahntennjoch (Tirol) 19
Hainzenberg (Zillertal/Tirol) *106*
Hainzenkaser (Berchtesgadener Land) *223, 239*
Halbkreisgewölbe (Tonnengewölbe) 40
Halbkreiszeichen 53
Halbwalmdach, s.a. Walmdach 32, 40f.
Haldensiedlungen 9f.
Halsalm (Ramsau/Berchtesgadener Land) *225*
Halter 20
Halthuben 19
Hand, menschliche, s.a. Jexenbänder 38
Handel 15
Handelsstraßen 16
Handwerk (handwerkl. Tätigkeiten) 14f.
Handwerkszeug als Ornamentmotiv 55
Hangleisten (–siedlungen) 9
Hangsiedlungen 11
Hangschutt 11, 19
Hangterrassen 11
Hangvegetation 13
Harfe (auch Harpfe) 32, *7, 68, 69, 74*
Harpfstuhl 32, *7*

Harscht-Roaf, s.a. Schneereifen 15
Hasleberg (Berner Oberland) *286*
Hauerlohn 16
Haufendorf 21
Haufenhof 22, 26, 29, 33, *101, 202, 203*
Hauptstall 28
Haupttenne, s.a. Dreschtenne 26
Haupttäler 13, 23
Haus 24f., 49
Haus als Symbol 55
Hausaltar 33
Hausbau (auch alpiner, auch steinzeitlicher) 16, 36
Hausbrunnen 30
Hausformen, vor- und frühgeschichtliche 22
Hausforschung 22, 25
Hausgarten 34, *52*
Haushaltgeräte 16
Hausharfe, s.a. Harfe *74*
Hausierer (Hausierhandel) 15
Hausinschriften 54f.
Hauskapelle 22
Hausknechtlehen (Berchtesgadener Land) *252, 253*
Hauslandschaften, s.a. Bauernhoflandschaften 22, 31, 49
Hausmühlen 30f., *45, 53–57, 92*
Haussprüche 54f.
Haustür, s.a. Tür
Hecken 34
Heckentür 50
Heiligenblut (Kärnten) 47, 48, 50, 52, 54, 59
Heilig-Geist-Taube (Heilig-Geist-Symbole) 54, *201, 205*
Heilige Schrift als Motivquelle 56
Heimarbeit 9
Heimatschützer 60
Heimstall 19f.
Heimvieh 20
Heinzen, s.a. Aufhängegerüste 32
Helvetier 8
Hennengatter 50, *113, 115*
Herbizide 21
Herd 24f.
Herdbackofen (–grube) 29
Herrenlohn 16
Herrgottswinkel 24, 54, *201, 237*
Herrschaftsbauten 40
Herz als Symbol
Herzblatt, s.a. Jexenbänder 38
Heubidel, s.a. Bidel 26
Heuen (Heueinbringen, Heumahd, Heutragen, Heutransport, Heuziehen) 14f, 17, 19, 27, *2, 3, 5, 8, 9, 17*
Heukappe 15
Heumanndl'n *4*
Heusäge 18
Heuschupfen (–stadeln) 15f., 27, 35, *73, 137, 144*
Heuzimmer 15
Hexenkreuz, s.a. Drudenfuß, s.a. Pentagramm 53
Hifler, s.a. Aufhängegerüste, s.a. Harfe 32
Hilgen, s.a. Harfe 32
Hinterettenberg (Berchtesgadener Land) *213*
Hinterkaiserhof (Tirol) *2*

Hinterlader 25
Hinterschalung 38
Hirnholz, s.a. Stirnholz 36, 47
Hirsau (Schwarzwald) 21
Histen, s.a. Harfe 32
Hitzsteinbäder 28
Hoarbad, s.a. Brechlbad 29
Hocheinfahrt(en), s.a. Tennbrücken 25
Hochgallmig (Oberinntal/Tirol) *175*
Hochgebirge 45
Hochjoch (–ferner/Tirol) 18
Hochleger, s.a. Oberleger 19, 32
Hochmäder, s.a. Bergmahd 19
Hochsäulen 42
Hochschwelle, s.a. Trischbei 28, 33
Hochsölden (Tirol) *91, 96*
Hochweiden, s.a. Weide 18
Höggenzaun 34
Höhenflucht 9
Höhensiedlung 7, 9, 21
Hörndlbauer 40
Hörnerschlitten 16
Hof 27
Hofbereich, eingefriedeter 33
Hofformen, vor- und frühgeschichtliche 22
Hofharpfe, s.a. Harfe 32
Hofnamen 22
Hofübergabe 30
Hoftor 50
Hofzaun 33
Holzbautechniken 36
Holzbemalung 55f.
Holzdauben, s.a. Taufen 30
Holzdübel 36f.
Holzgau (Tirol) 57, *3, 131*
Holzhacker-Behausungen 60
Holzknecht (–arbeit) 15f., 60
Holzknechthütte, s.a. Holzhacker-Behausung 46, *75*
Holzleitungen, s.a. Waale 16
Holznägel 35, 43ff., 49f., 55
Holzriese *34*
Holzröhren, s.a. Deicheln 30
Holzschuber 51, 53
Holzstube 60
Holztransport (–ziehen) 16f., *33–35*
Holzumfassung bei Feuerstätten 25
Holzverbindungen (im Blockbau) 36
Holzverschläge 49
Holzzapfen 43
Hornblende 11
Hoß 49
Houdi (Houdibock) 56, *246, 247*
Hühnerverschlag 28, *123, 124*
Hülsenfrüchte 13
Hütt'l (Berchtesgadener Land) 33
Hundstein (Pinzgau/Tirol) 79

IHS, s.a. INRI, Jesusmonogramm 54
Illusionsarchitektur, s.a. Scheinarchitektur 52, 57
Illyrer (illyrisch) 8, 40
Imst (Tirol) 19
Indemini (Tessin) *296, 297*
Industrialisierung 58
Initialen 41, 55

Inn-Salzach-Städte 48, 52
inneralpiner Raum 31
Innerkärnten, s.a. Kärnten 30
Innsbruck (Tirol) 23
Inntal 21, 37, 48
INRI 54
Inversion 11 f.
Inzell (Oberbayern) 49
Iritag (St. Georg, 24. April) 14
Isarken 8
Isarwinkel (Oberbayern) 40
Iseltal (Kärnten) 32, *67, 69, 70, 72, 161*
Ischgl (Tirol) 21
Italiker 8

Jachenau (Oberbayern) 56 f., *264–267*
Jäger, Kulturstufe der 22
Jaufenjoch (Südtirol) 15
Jerzens (Tirol) *128*
Jesusmonogramm, s.a. IHS 54
Jexenbänder 37 f.
Jezersko (Slowenien) *45, 46, 74*
Jochbalkenzimmerung 43
Jochberg (Tirol) *134, 162*
Jodlbauernhof (Hagenberg bei Geitau, Oberbayern) 57
Jöchl 15
Joseph, Heiliger (auch IOSEP)
Jugendstilmotive, florale 52
Jungkühe, s.a. Galtalmen, s.a. Galtvieh 20
Jungsteinzeit, s.a. Steinzeit 8
Jura (–gestein) 19 f., *1*
Jutentrog 33

Kachelofen 25, 29
Kärnten 25, 27 f., 31 f., 36, 43, 48, *7, 43, 44, 47–52, 54–57, 59, 60*
Käse (–erzeugung) 20, 24, 28, 29
Käsekalktechnik 58
Käsekeller *30*
Käsezins 9
Käswasser 33
Kaisertal (Tirol) *2*
Kalk (–gebirge, –gesteine) 9, 11
Kalkalpen (auch Nördliche, Südliche) 11, 19
Kalkkaseinfarben 55
Kalkmalerei »a secco« 58
Kalkmörtelmauerwerk 38 f.
Kalkschlämme 58
Kalligramme 54
Kamille 13
Kamin 39, 51, *162*
Kammer 24 f.
Kammerstiege 49
Kampenwand (Oberbayern) *254–257*
Kamphausen, Alfred 59
Kamprad, s.a. Radmühlen 31
Kanada 44
Kandersteg (Berner Oberland) *284*
Kantholzblockbau 35
Kappl (Paznauntal/Tirol) *136, 140*
Karalmen, s.a. Almen usw. 19
Kare 10
Karner, Franz 57
Karthaus (Schnalser Tal, Südtirol)
Kartusche 41, 56
Karwendel 11, 33
Kaser, s.a. Rundumkaser 19, 33

Kaskast'l (Kasstöck'l) 33, 49
Kassettendecke, s.a. Renaissance 46
Kastanie (Kastanienmehl) 13
Kasten 24 f.
Kastenschloß 50, *219, 220*
Kaunerberg (Kaunertal/Tirol) 11
Kauns (Tirol) 11
Kegel, s.a. Blockbalken, überstehende 36, 50
Kegelwände 42
Kehlbalken 43
Keilbohle 46
Keilsteinbogen 51
Keller (–räume) 38, 40
Kelten 8, 49
keltisches Türgefüge 49
Kematen (Tirol) 19
Kerbbalkentreppe 49, *95*
Kerbschnittmuster 55
Kerner von Marilaun, Anton 33
Kernsiedlungslandschaften, rätoromanische 35
Kesselhang (–reiten) 33
Ketteln 16
Kielbogen 50
Kinderkammer 49
Kippel (Lötschental/Wallis) *278*
Kirche als Motiv 55
Kitzbühel (Tirol) 34
Kitzbüheler Alpen (Tirol) 11
Klammen 10 f.
Klappläden, s.a. Fensterkörbe (–läden) 52
klassizistische Stilelemente 57
Kleinbauernhäuser 48
Kleinbauten 27–32, 40
Kleinseilbahnen 17
Kleinviehstall (–ställe) 27 f., *102, 103, 278*
Klettnerlehen (Ramsau im Berchtesgadener Land) *221*
Klima (–norm, –schwankungen, –verschlechterung, –wechsel) 11 f., 18
Klingeisen 36
Klingeralm (Berchtesgadener Land) *234*
Klingschrot 36, 46
Klinkholz 51
Kneifllehen (Berchtesgadener Land) *206*
Knochenstampfe *58*
Kloben 15
Klocken 14
Klöppeln 16
Klöster 21
Kobel, s.a. Holzhacker-Behausung 60
Kögeltrümmer 52
Königsbachalm (Berchtesgadener Land) *223*
Königsbergalm (Berchtesgadener Land) *238*
Köpfle, Josef Anton 57
Körndlbauer 40
Kös'n (auch Krainer Köse) 32
Kösten (Edelkastanie) 13
Kohl 13
Kohlenbrennen 16
Kolonisation 21 f.
Kommunwand 23
Konkurrenzfähigkeit, Zwang zur 59
Kopfbüge *260, 261*
Kopfhölzer 37
Kopfputz (Kopfschmuck der Kühe) 20

Kopfsalat 13
Kopfstrick, s.a. Blockbalken, überstehende 36
Korbspeicher 28
Kornbau 9
Kragbalken 28
Kragkuppeln 40
Kragstufe 49
Kralen 14 f.
Kramsach (Unterinntal/Tirol) *32, 36, 37*
Kranz (–hölzer) 37
Kratzputztechnik, s.a. Sgraffito 58
Kraxen (–träger) 15 f., *13*
Kreide (Obere und Untere) 19
Kreiszeichen 53
Kreister 33
Kren, s.a. Meerrettich 13
Kreuth (Oberbayern) 23
Kreuz 13, 54, 56
Kreuzbund 38
Kreuzgewölbe 40
Kreuzhag 34
Kreuzsprossen (–fenster, –teilung) 52
Kreuzzaun 34
Krün (Oberbayern) 57
Krüppelwalmdach 40
Kruzifix, s.a. Kreuz 54
Kuchl, s.a. Wohnküche 25
Küche (Küchenräume) 24 f., 39 f.
Küchenflurhaus 24
Küchenkräuter 13
Kühtai (Südtirol) 11
Kuhalmen, s.a. Almen usw. 20
Kuhhörner 53
Kunstblumen 16
Kunstdünger 13
Kuppelform, s.a. Stubenofen 29
Kuppeln 39 f.

Laden 46
Ladiner 8
Ladis (Oberinntal/Tirol) 21, *172, 177, 178, 180, 181*
Lälli, s.a. Neidkopf 53
Längenfeld (Tirol) 60, *83, 86*
Längsaufstallung 26
Längslaubenhaus 38
Längsornamente, s.a. Ornamente 53
Längsscheune 26
Längsstadel, s.a. Stadel 26
Längsstall, s.a. Stall 26
Lärchenholz, s.a. Grundschwellen 35
Landeck (Tirol) 57
Landesausbau 21
Landesbrandversicherungsanstalten 39, 43, 45
Landes-Museum, zentrales 60
Landesordnung, tirolische von 1532 13
Landflucht (–hunger) 9
Landnot 8
Landrecht, bayerisches v. 1616 bzw. 1568 39
Landwirtschaft 15
Lappach (Pustertal/Südtirol) 30
Laret (Samnaun/Graubünden) 21
Laternenwalzen 31
Lattenspeicher 28
Lattich 13

Laubau (bei Ruhpolding/Oberbayern), Forstmuseum 60
Lauben (–gang, –säulen) 23, 47 ff., *44, 66, 111*
Laubhütte 26
Laubsägearbeiten (–muster) 41, 48
Laufbohlen 48
Laufbrunnen 30, *45, 49, 162, 235*
Laufender Hund 53
Laufrohr 30
Laufwagen 17
Lavanttal (Kärnten) 28, 37
Lawinen 23 f., 32
Lebensart, bäuerliche 25
Lech (Lechtal/Tirol) 19, 57, *3, 15, 24, 130, 131*
Lechleiten (Tirol) *130*
Lechtaler Alpen (Tirol) 11
Leges Alamannorum 24, 36
Legschindel (–dach) 28, 40, 43 f., *210*
Lehen 22
Lehn (im Ötztal/Tirol) 60, *81, 85, 87, 90, 95, 97*
Lehmboden 33, 47
Lehmmantelmauer um Feuerstätte 25
Lehmofen 29
Lehn (Ötztal/Tirol) 60
Leiherecht 9
Leinöl 55
Leinenweberei 15 f.
Leistensiedlungen 10 f.
Leiter, s.a. Stiege, s.a. Treppe 49
Leiterdülln 49
Leiterzaun 34
Leitstube, s.a. Holzhacker-Behausung 60
Leitzachtal (Oberbayern) 46, 48, 55, 57
Lesachtal (Kärnten) 32, *64*
Leutasch (Tirol) 37, *144–157*
Lex Baiuvariorum 33 f., 37
Lex Salica 31
Lichtmeßmoahd, s.a. Moahd 27
Lichtweideflächen 21
Liebstöckl 13
Lienz (Osttirol) *67, 69*
Liesertal (Kärnten) 34
Ligurer 8
Linsen (–gerichte) 13
Lötschental (Wallis) *238, 280, 287*
Lohningalm (Pinzgau/Österreich) *30*
Loipl (bei Bischofswiesen/Berchtesgadener Land) *236, 237*
Ludovici, Wilhelm 45
Lüftlmalerei, s.a. Fresko, s.a. Sgraffito 55
Luftgespärre 38
Luken 51, 57
Lungau (Land Salzburg) 22, 33 f., *76*

Machkammer (auch Machlkammer) 16
Mähbinder (–drescher) 13
Mähen 15
Männerwirtschaft 20
Mahdwiesen, s.a. Bergmahd 27
Maiensäß 19
Mais, s.a. Türken, s.a. grano turco 13
Majoran 13
Makek (Slowenien) *45, 46, 74*
Malkreuz 50
Malschrot 36, 55, *119*

Mankaihütt'n 33
Maria, Heilige (Bilder, Darstellungen, Monogramme, Symbole) 54–58
Maria Gern (Berchtesgadener Land) 216, 217
Martelltal (Südtirol) 11, *113*
Marterl 54
Maschinen 18
Massenerhebung (der Gebirge) 9, 11, 13, 19
Massendörfer, rätoromanische 30
Massivbau 38f., 49
Matatsch (Passeier/Südtirol) 18
Mauer bei Hammer (Oberbayern) *257–260, 269*
Mauerpfettendächer 42
Mauersubstruktion 38
Mauertechnik, bäuerliche 40
Mauertechnik, römische 38
Mausbichllehen (Berchtesg. Ld.) *210, 212*
Meerrettich, s.a. Kren 13
Mehlhaus 31
Mehrhausbau 23
Mehrzweckgebäude 23, 25
Melchamalm (Pinzgau/Tirol) *29, 79*
Melken (Melkarbeit) 20, 33, *27*
Melkbracken, s.a. Melkschemel 33
Melkschemel 20, 33, *27*
Meran (Südtirol) 15, 18, *204*
Mergel (–zonen) 11
Metalle (Metallbergbau) 16
Metallzeiten 36
Mezlaun (Schnalstal/Südtirol) 13
Miesbach (Landkreis) 29, *271–274*
Miesenbachtal (Oberbayern) 57
Milch (–verarbeitung, –verwertung, wirtschaft) 7f., 13f., 20, 31, 33
Milchaufzug *15*
Milchbehälter, hölzerne, s.a. Stootz'n 33
Milchkübei 33
Milchseilbahn 16f.
Milchstotzn (auch –stootzn) *25, 31*
Mineraldünger 21
Mischbauweisen 39, 58
Misox (Graubünden) 43, 45
Mistaufzug *14*
Mistbock 14
Mistfahren *16*
Mistkorb *12*
Mittelalter 38, 50
Mitteleuropa 22, 28, 36
Mittelflurhaus 24f.
Mittelgebirgsterrassen 23
Mittelgestäng 51
Mittelkärnten 43
Mittelknoten 38
Mittelleger 19
Mittelmeerraum 28
Mittelpfette 41
Mittelsäule 38
Mittenwald (Oberbayern) 45, 57
Mitterhof 27
Mitterkaseralm (Berchtesgadener Ld.) *215*
Mittertenne (Mittertennbau, Mittertennhof) 23, 50, *65, 171, 176, 187*
Mitterzaun 33
Mixnitz (Steiermark) 46
Moa (Moahd) 27

Mölltal (Kärnten) 8, 32, 34, *47, 55, 57, 59, 60*
Mörtel, s.a. Bindemittel 38
Mösslerlehen (Ramsau, Berchtesgadener Land) *211*
Molke 20, 28, *31*
Molkerei 17
Molveno (Südtirol) *22*
Monogramme 54
Moosenalm (Berchtesgadener Land) *240*
Moränen (–schutt) 9, 11, 19
Motive, Schmuck–, s.a. Ornamente 56
Motormäher 18
Motorseilzug 17
Motorwinde *19*
Mühlen (–beschriebe) 30f.
Mühlenboden 31
Mühlwaldtal (Taufers/Südtirol) 11
Münstertal (Schweiz) 46, 48, 56
Muhr (Lungau/Land Salzburg) 15
Muren (Murkegel) 10, 14, 32
Musikinstrumentenbau 19

Nachlaßbeschreibungen (16. Jahrhundert) 13
Nachtrocknung 32
Nachweide 19
Nagelschindeldeckung 45
Nationalpark Berchtesgaden 60
Naturalrenten 30
Naturns (Südtirol) 8
Naturreligionen, uralte 53
Nauders (Oberinntal/Tirol) 21, *171*
Nebenerwerb (–tätigkeiten, –verdienste) 15f.
Nebenknoten 38
Nebentäler 13
Needertal (Tirol) 19
Neidkopf, s.a. Lälli 53
Neugotik 52
Neuhüttenalm am Seeberg (Oberbayern) *273, 274*
Niederaltaich, Kloster (Niederbayern) 21
Niederau (Wildschönau/Tirol) *113–117, 121*
Niederjoch (Südtirol) 15, 18
Niederleger 19
Niederösterreich 31, 43, *58, 80*
Nockenwelle 18
Nolpenstiege 48f.
Nördliche Kalkalpen 11, 19
Nordhänge, s.a. Schattenseiten 23
Nordosttirolischer Einhof 23, *42, 106–108, 111–119, 122, 125, 132, 134, 167*
Nordschweiz 43
Nordtirol, s.a. Tirol 8
Normfenster 52
Nut (und Feder) 50
Nutzungsverhältnisse, s.a. Rechtsverhältnisse 33

Obenauf 49
Oberammergau (Oberbayern) 57
Oberau (Wildschönau/Tirol) *119*
Oberaschaulehen (Bischofswiesen/Berchtesgadener Land) *251*
Oberbayern passim
Oberdorf (Allgäu) *38*
Obergurgl (Tirol) 8

Oberinntal (Tirol) 9, 16, 21, 23, 29, 38, 48, 56f., *28, 169–185*
Oberkärnten 8
Oberleger, s.a. Hochleger 19
Oberlehen (Pitztal/Tirol) *126*
Oberlienz (Osttirol) 66
Oberschönau (Berchtesgadener Land) *270*
Obst (–bau, –kulturen) 12, 14, 30
Obstdörren 30
Ochsen 20
Ochsenblut (Farbstoff) 55
Ochserer 20
Österreich passim
Ötz (Tirol) 16, 57
Ötzerberg (Tirol) 11
Ötztal (Tirol) 13, 15f., 37, 44, 57, 60, *13, 81–100*
Ötztaler Alpen (Tirol) 11, 18
Ofen 24f., 29, *28*
Ornamente (Ornamentik) 53–58
Ortgang 44
Ortlergruppe (Südtirol) 11, 13
Ortschaftsaufzüge 17
Ostalpen (–raum) 11, 21, 23, 25, 38, 40, 49f., 55
Oststeiermark 43
Osttirol 17, 29, *64–67, 69, 70, 72, 161*
Oswaldhütte (Vorderriß/Tirol) *164*
Ottobeuren (Schwaben/Bayern) 21

Paarhof, s.a. Zwiehof, s.a. Parallelhof 22f., 28, 31, 33
Parallelhof, s.a. Zwiehof, s.a. Paarhof 22f., 28, 31, 33
Passeiertal (Südtirol) 15, 18, 21, 43, 50, *196*
Paznauntal (Tirol) 18, 21, *136–143*
Pazöhl (Nauders/Tirol) *171*
Pentagramm, s.a. Hexenkreuz, s.a. Drudenfuß 53
Periodizitäten (klimatische) 12
Petersilie 13
Pfafflar (Tirol) 19
Pfahlbühne 31
Pfanne 50
Pfefferminze 13
Pferch *271, 272*
Pferdeköpfe als Giebelzeichen 56
Pfetten 40f.
Pfettendach(stuhl) 40f.
Pfettenköpfe 41f., 56, *248–250, 265*
Pfettenkopfdeckbretter 41, 57
Pfettenkranz 28
Pfettenrofendach 26, 43
Pfettenstuhldächer 42f.
Pfitsch (Tirol) 18
Pflanzengrenze 19
Pflasterböden 47
Pflug (Pflügen) 14, 17, *11, 12, 22*
Pflugmesser, s.a. Sech 14
Pfossental (Südtirol) 8
Pfostenbau (–technik) 36f.
Pfostenhütten, frühmittelalterliche 36
Pfostenscheunen 31, 47
Pfostenspeicher 28, 47, 49, *82, 84*
Pfostenstangengewand 34
Pfunds (Oberinntal/Tirol) 19, *170, 184*
Pfundsalm (Zillertal/Tirol) *109, 110*
Pilatushaus in Oberammergau (Obb.) 57

Pillberg (Tirol) *186*
Pillen 19
Pinzgau (Salzburger Land) 8, 23, 33, 34, *29, 30, 79*
Pitztal (Tirol) 11, 46, 57, *126–129*
Planail (Vinschgau/Südtirol) 21
Plateaualmen, s.a. Alm(en) usw. 19
Polygonalerker 48
Pongau (Salzburger Land) 8, 22f.
Poschach (Untergurgl/Tirol) *89*
Prais (Oberinntal/Tirol) 19
Preymayr, Julian 57
Privatalmen, s.a. Alm(en) usw. 20
Privatkapelle 54, *108*
Prucken, Haus zur (Berchtesgaden) 56
Pultdach 32
Punktsiedlungen 21
Puschlav (auch Poschiavo/Graubünden) 45, 48
Pustertal (Südtirol) 30, 32, 38, 43, 56
Pustertaler Inventar von 1746 20
Putzen 20

Quaglio, Lorenzo 20f., 23
Quarz 11
Queraufstallung (Querstall) 26
Querscheune (–stadel) 26
Quertenne 26

Radmühlen 31, *85, 87*
Radwinde, s.a. Dorfbrunnen 30
Rähm 47
Rätoromanen (Räter, rätisch, rätoromanisch) 8, 18, 21, 30, 35, 38, 48, 55, *173–185*
Rafen, s.a. Rofen 37, 41
Rahmentür 50f.
Ramosch (Unterengadin) 45
Ramsau (Berchtesgadener Land) *41, 205, 208, 209, 211, 218, 224, 225, 235*
Ramsau (Steiermark) 23
Ramsaudolomit 19
Rantnzaun 34
Rauchboden 32
Rauchfang 24
Rauchkuchl (–küche, –stube) 24f., *44*
Rauchofen 25
Raumgefüge, inneres 25
Rauris (Salzburger Land) 28, *19, 20, 61, 62, 63, 73*
Raute 50
Rautengitter 37
Realteilung 9
Rechteckerker 48
Rechtsformen (Rechtsverhältnisse der Almen) 20
Rechtsschutz 33
Rechtsverhältnisse 34
Regenablaufrinnen (–rinnen) 45
Reichgab'l 32
Reihenfenster 51
Reihensaat 18
Reintal (bei Garmisch-Partenk./Obb.) 8
Renaissance 46, 56ff.
Reschental (Südtirol) 11
Reutte (Tirol) 57
Rheintalhaus 24
Riegel (–werke) 37, 47, 50
Rimpfhof (Südtirol) *201*

217

Ringmauern 11
Ringzaun 34
Rinnenhakeln (Rinnhaken) 45
Rißtal (Tirol) *158–160, 163–165*
Ritten (Südtirol) 43
Rocaillen 52
Rod (–fuhren, –leute), s.a. Rott 15
Rodung (Rodungsgebiet) 8, 21f., 33
Rodungsinseln 8
Rodungsklöster 21
Römisches Reich 12
Rofan (Tirol) *188*
Rofen, s.a. Rafen 37, 43, 45
Rofenhöfe (Ötztal/Tirol) *93, 94*
Roggen (–anbau, –mehl) 8, 13
Rojen (Reschental/Südtirol) 11
Rokoko 57
Romanen (romanisch) 8, 45
Ronnebach (Villgraten/Kärnten) 31
Ronsberg (Schwaben/Bayern) 21
Rosenheim (Landkreis) *268*
Rosental (Kärnten) 32, 38, *44,* 51
Rott, s.a. Rod 15
Rottdach 43
Rotzeder 44
Rougemont (Schweiz) *285*
Rüben, rote 13
Rückerlohn 16
Ruhpolding (Oberbayern) 57, 60
Rundbogen (–portale) 40, 51
Rundhöckersiedlungen 11
Rundholzblockbau 35
Rundumkaser 33, 49, 60, *222, 223, 226, 239–241*
Rundumstall, s.a. Rundumkaser 33
Runen (–Alphabet) 53
Rupertiwinkel (Oberbayern) 28, 56
Ruppenkaser (Gotzenalm/Berchtesgadener Land) *226*
Rustizierung 58

Saas-Fee (Wallis) *282, 283*
Saatgut, Aufbewahrung 28
Sachenbach a. Walchensee (Obb.) *264, 267*
Säge (–mühlen) 44
Säulenpfettendächer 42
Salbei 13
Salinen, s.a. Salzbergbau 35, 60
Salz (–bergbau) 16
Salzburg (Land Salzburg) 19, 28, 31, 36, *19, 20, 29, 30, 61–63, 73, 76*
Salzkammergut (Oberösterreich) 23, 40
Salzstraßen 15
Sammler, Kulturstufe der 22
Samnaun (Graubünden) 18f., 21
Sarntal (Südtirol) 43, *198*
Sarpine *32*
Sattelalmen, s.a. Alm(en) 19
Satteldach 32, 40f.
Sauna, bäuerliche, s.a. Dampfbad 28f.
Sauna, finnische 28
Savognin (Graubünden) 46
Schächental (Schweiz) *288, 289*
Schafe (Schafalmen, Schafer) 18, 20f.
Schalbretter 37f.
Scharschindel (–dach, –mantel) 44
Schattenseiten, s.a. Nordhänge 23
Schaufelrad, s.a. Floder 31

Schebererlehen (Berchtesgadener Land) *213*
Scheinarchitektur, s.a. Illusionsarchitektur 52, 57
Schellenberg (Berchtesgadener Land) 28
Schere 38
Scherendach 41
Scherenjoch (–dach) 43
Scherenpfettendach 43
Scherenbachschlucht (Graubünden) 19
Schersparren 43
Schiebefenster 51
Schiedzaun 33
Schiefer 45
Schieferdach 43
Schießbretter 47
Schindeln (Schindeldach) 43ff.
Schindel kliab'n 43, *41*
Schinderseil nach Väterart 17, *10*
Schlafräume (–kammern) 24, 54
Schlanders (Südtirol) *201*
Schlangen als Giebelkrönung 56
Schleching (Oberbayern) *231*
Schleifen 15
Schlierseer Berge (Oberbayern) 49, 55, 57
Schließvorrichtung, s.a. Schloß 50f., 80, 219, 220, 238, 239
Schlitten 15
Schloß, s.a. Schließvorrichtung
Schlüssel 50, 79
Schlußzaun 34
Schmiedehandwerk 16
Schmuck (–elemente, –formen) 53–58
Schnals (–tal) (Südtirol) 11, 30, *10, 12, 199*
Schneefallgrenze (Schneegrenze) 12
Schneeflucht (–recht) 18
Schneefresser, s.a. Föhn 12
Schneereifen, s.a. Harscht-Roaf 15
Schneestühle, s.a. Ständerrähme 43
Schneeverwehungen, Schutz gegen 34
Schneidesel *41*
Schnittlerhof (Passeiertal/Südtirol) 18
Schnitzerei 15, 48, 50, 55
Schober, s.a. Tristen 19, 31
Schönau (Berchtesgadener Land) *270*
Schöpfbrunnen 30
Schöpfeimer 30
schöpsen 35
Schopfwalm (–dach) 40, *43*, 44
Schrankenzaun (Schrankzaun) 34
Schrapper 47
Schrögzaun 3
Schrotbalken 28
Schrotbaum 47
Schrotköpfe, s.a. Blockbalken, überstehende 36
Schrotsäulen (Schrotstützen) 47
Schuber 51, 53
Schubriegel 50
Schüsselrem 33
Schusterlehen (Maria Gern, Berchtesgadener Land) *216, 217*
Schußzaun 34
Schutthalden 9f.
Schuttkegel (–siedlungen) 10
Schutzwall, s.a. Lawinen 27
Schutzzauber (–zeichen) 33, 53–56
Schwaben (Regierungsbezirk) *27, 31*

Schwaigen, auch Schwaighöfe (Ötztal/Tirol) 8f., *93, 94*, 209
Schwagerin 20
Schwalbenschwanz 36f., 50
Schwangau (Oberbayern) 21
Schwardach 43
Schwarlatten (Schwarstangen) 44
Schwarzwald 21
Schwaz (Tirol) 37
Schweine (–haltung) 20
Schweinestall 27f.
Schweiz passim *276–311*
Schweizerei 20
Schweizerkäse 20
Schwellen 37, 47, 49, 50
Schwellhölzer 48
Schwemmschuttkegel 9
Schwenden 20
Schwingen 44
Schwinger 45
Schwitzbad, s.a. Dampfbad, s.a. Sauna 28f.
Schwitzbühne, hölzerne 29
Schwoabloch 47
scindula, s.a. Schindel(n) 43
Sech (Seh), s.a. Pflugmesser 14, 20, 21
See im Paznauntal (Tirol) *137, 138, 141–143*
Seebecken 10
Seefeld (Tirol) 11
Seeriegel 10
Segmentbogen 51
Seifert, Alwin 41
Seilaufzüge 16ff.
Seilbahnanlagen (Seilgeräte) 16ff.
Seilpflügen 17f., *19*
Seilriesen 17f.
Seilscheiben (–trommel) 17f.
Seilumführungsscheibe 17
Seilwege (–bau) 16f.
Seilwinde 20
Seilzüge 17, 20
Seilzüge 17, *18*
Seitenflurhaus 24f.
Seitenpfette 41
Seitenwasser 31
Selbstdarstellung, s.a. Versinnbildlichung 53
Selbstentleerer 18
Selbsversorgung, s.a. Autarkie, s.a. Eigenversorgung 7, 13, 16, 28f., 59
Sellraintal (Tirol) 19, 21, *77*
Senn (Sennerin) 20f., 33
Sennhütte(n) 33
Sense 13
Serfaus (Oberinntal/Tirol) 18, *174*
Setzluft 49, 51
Sgraffito, s.a. Kratzputztechnik 56f., *307*
Sichel 13
Siedler, vorromanische 18
Siedlung (Siedlungsformen) 21f.
Siedlungsgebiet, ladinisches, romanisches 8, 21
Siedlungsraum, deutscher, auch bajuwarischer 8, 21f.
Siedlungsraum, rätoromanischer 55
Simmenthal (Schweiz) *285*
Sitzerberg (Tirol) 11
Skandinavien 42

Skelettbauweisen, s.a. Holzbautechniken 36
Slawen 25
Slowenien 45, 46, 68, 74
Sockelmauerwerk 35
Sölden (Tirol) *82*
Sölden, s.a. Holzhacker-Behausung 60
Söller, s.a. solarium 32, 70
Söllhaus, s.a. Austragshaus, s.a. Zuhaus 39, 48
Sömmerung 19
Soglio (Schweiz) *299–306*
solarium, s.a. Söller 32
Sommerdörfer 19
Sommerfutter 20
Sommerweiden 18
Sonne (Sonnenzeichen, –motiv) 50, 53
Sonogno (Tessin) 38
Spaltenfrost 10
Spannbalken 37
Spanner 45
Spannriegel 37f., 43
Spanschindeldach 44
Spargel 13
Sparherd 25
Sparren 43
Sparrendachformen 43
Sparrstangen 43
Spatzenbaum 41
Sperrbalken 50
Sperrhaxndach 43
Speicher (–bauten) 28, *44, 90*
Speltn 34
Spinat 13
Spitzbogenfenster, s.a. Neugotik 51f.
Spitzzaun 34
Spreiz'n 32
Sprengwerk 41f.
Sprossenteilung(en) 52
Spund 49
Spundung 36
St. Blasien (Schwarzwald) 21
St. Märgen (Schwarzwald) 21
St. Magreid (Südtirol) *192, 194*
St. Martin am Kofel (Südtirol) *197, 207*
St. Peter (Schwarzwald) 21
St. Ulrich (Grödnertal/Südtirol) *189*
Staatsalmen, s.a. Alm(en) 20
Stacheldraht 34
Stadel 15, 19, 25ff., 35, 37, 42, *72, 89, 97, 138, 172, 199, 211, 264, 267*
Stadthäuser 48
Stadttor als Motiv 55
Ständer 36f.
Ständerbau (–techniken) 35ff.
Ständerbaugebiete 43
Ständerbohlenbau (–weise) 23, 28, *65, 66, 72, 99*
Ständergebinde 43
Ständerkonstruktion (–werk) 28
Ständerpfettendächer 42f.
Ständerrähme, s.a. Schneestühle 43
Staffelsiedlungen 10
Stallbauten, s.a. Stadel 27f.
Stallgatter 50
Stallmist, s.a. Mist 13f.
Stallschcunc, s.a. Stadel 25
Stalltierhaltung 28
Standrohr 30

Stangenzaun 34
Stantner 30
Stapfen 49
Staubecken 10
Steckenzaun 34
Steften 51
Steiermark 8, 25, 31, 43 f., *53, 75*
Steigbaum 49
Steigeisen 19
Steignägel 43
Steildach (–bauten, –landschaft) 40 f., 43, 45, 61
Steinbauüberlieferung, südalpine 28
Steinbauweise (–gebiete) 38 f., 45
Steinmauerwerk 38
Steinofen (im Brechlbad) 29
Steinölbrennen 16
Steinplattenböden 47
Steinplattendächer 44 f., *301*
Steinumfassung bei Feuerstätten 25
Steinwälle 33
Steinzeit (steinzeitlich) 8, 36
Stern (–motiv) 50
Stichbalken 43
Sticken 16
Stiefler, s.a. Aufhängegerüste, s.a. Harfe 32
Stiegen, s.a. Treppen 25, 48 f.
Stiegenbaum 49
Stieralmen, s.a. Alm(en) usw. 16, 20
Stierschädel 53
Stifter, Adalbert 7
Stipfl'n 34
Stirnbrett 41, 47
Stirnholz, s.a. Hirnholz 36, 47
Stockmühlen (auch Stotzmühlen) 31
Stockpfettendächer 42
Stootz'n, s.a. Milchbehälter, hölzerne 33
Strafandrohungen 39
Straßenbau 16
Strebenwerk 37
Streckhof (–höfe) 23
Streckhölzer 44
Streuhof 23
Streusiedlungen 21 f., 34
Stricken 16
Strohbidel, s.a. Bidel 26
Strohdach 40, 43, 56, *204*
Strohhütte 16
Stubai (–tal) (Tirol) 14
stuba, s.a. Badstube 24
Stuben 24 f., 39, 54
Stubendecken 46
Stubenkammer 39
Stubenöfen 25, 29
Stubentüren 51
Stübing, Freilichtmuseum (bei Graz/Steiermark) *75*
Stuck (Stuckatur, Stuckierung, –reliefs, –zier) 52, 57
Stucker 30
Stuhlgerüst 43
Stumpfseich (Tirol) 16
Sturz (–balken, –Stein) 49 ff.
Sturzhalden 23
Südalpen, italienische, karnische 32
Südbayern 23
Südhänge 23
Südliche Kalkalpen 11
Südschweiz, s.a. Schweiz

Südsteiermark, s.a. Steiermark
Südtirol, s.a. Tirol 8, 11, 14, 18, 38, *10–12, 21, 22, 56, 189–203*
Suen (Val d'Herens/Wallis) *277*
Suldental (Südtirol) 11
Surheim (Berchtesgadener Land) 36
Symbole, s.a. Motive 38, 53–56, 58, *141, 142, 168, 179, 205, 208, 268*

Tallandschaften, nordalpine 13
Talschaft 16
Talschluß 8, 11
Talweide 18
Talwiesen 13
Tannheimer Tal (Tirol) 14, 16, 17, 25
Taubenkästen (–kobel, –zucht) 31
Tauern (Österreich) 40
Taufen, s.a. Holzdauben 30
Taufers (Südtirol) 11
Technik (–behelfe) 18
Tempel, klassische griechische 53
Temporärbehausungen 32 f.
Temporärsiedlungen 8
Tennbrücken 25
Tenneinfahrten, bergseitige 27
Terenten (Pustertal/Südtirol) *56*
Terrassenbau, voreiszeitlicher 10
Terrassensiedlungen 10
Tessin 32, 38, 45, *290, 297*
Thiersch, Friedrich von 7
Tiefbansen 25
Tiefbrunnen 30
Timmelsjoch (Südtirol) 15, 18
Tirol 8, 17, 20 f., 24, 39, 57 f., *2–6, 13–17, 24–26, 28, 32, 35–37, 40, 42, 71, 77–79, 81–160, 162–188*
Tobel (Tobeldeltas) 10
Tölz, Bad (Oberbayern) 57
Tölz-Wolfratshausen (Landkr.) *265–267*
Törwang (Oberbayern) *268*
Ton (–gehalt, tonige Gesteine) 11, 19
Topfen, s.a. Kalkschlämme 58
Tonnengewölbe 40
Tore 49 f.
Trafoital (Südtirol) 11
Tragbaum 46
Traggen 48
Traglan 15
Tragseil 17
Traktor 15
Tram, s.a. Drillbaum 37, 46 f., *242, 243, 244*
Tramin (Südtirol) *192, 194*
Transgressionsgesteine (–sedimente) 19
Transportvorrichtungen 18
Traubenkocher, s.a. Föhn 12
Traufbrett 44
Traufe 40 f.
Traufpfetten 42
Traufstellung, romanische 21
Traunstein (Landkreis) 60, *231, 254–262, 269*
Traunsteiner Gebirgshaus *214, 269*
Trentino (Südtirol) 14
Treppen (–wangen) 48 f.
Triasgesteine 19
Trichtertäler 10
Trift (Triften, Triftanlage) *32, 36, 37*
Triftstube, s.a. Holzhacker-Behausung 60

Trin (Graubünden) 58
Trinität (Symbole) 54
Trisanna (Tirol) 18
Trischbei, s.a. Hochschwelle 28
Tristen (auch Triststelle), s.a. Schober 15, 19, 31
Trittroste 34
Trittstufen 49
Troadkasten 16
Trockengerüste, s.a. Aufhängegerüste 31 f., 36, *4, 7, 68, 69, 74*
Trockenmauer(n) als Lawinenschutz 23
Trockenmauerwerk 33, 35, 38
Trocknungsverfahren 31
Trüllkübel 18
Trümmerwände 42
Türblatt 50
Türen (Türkonstruktionen) 49 ff., *146, 148, 152–156, 158, 228, 230, 231*
Türken (Türkenbrot), s.a. Mais 13
Türkenkopf 30
Türkenkriege 43
Türpfosten (–sturz) 49 f.
Turbine 18
Tux, Tuxer Joch (Tirol) 18
Tuxertal (Tirol) 14, 34
Tuxer Voralpen (Tirol) 11
Tuxer Vorpflug 14

Überblattung 36
Übereckerker 48, *183*
Überfälzen 50
Übergabeverträge 30
Überschiebungseinheiten 19
Überstiege 34
Uhrennische 24
Ulmenholz, s.a. Grundschwellen 35
Ultental (Südtirol) 18
Umadumstall, s.a. Rundumkaser 33
Umlaufställe 34
Umwallungen 21
Unkrautbekämpfung 18
Unterammergau (Oberbayern) 57, *33*
Unteraschaulehen (Berchtesg. Land) *207, 229, 232*
Unterengadin (Schweiz) 48, 56
Unterfirst 56, *246, 247*
Untergrainswieserkaser (Berchtesgadener Land) *240*
Untergurgl (Ötztal/Tirol) *89*
Unterinntal (Tirol) 13, 19, 23
Unterkärnten 43
Untermair-Alm (Schnalsertal/Südtirol) 13
Untersalzberg (Berchtesgadener Land) *212, 219, 220*
Urbare 9
Urgebirge (Urgesteinsgebirge) 9, 11

Val d'Herens (Wallis) *277*
Vegetationsperiode 12
Veltlin (Norditalien) 45
Vennoneten 8
Venosten 8
Vent, Venter Tal (Ötztal/Tirol) 8, 18, *93, 94*
Verblattung 41
Verfaltungserscheinungen 19
Vergitterung(en) 52
Verkämmen (Verkämmung) 36
Verkehrsnetz, römisches 8

Verschlußkonstruktionen, s.a. Schließvorrichtungen)
Verschränken (Verschränkung) 36
Versinnbildlichung (des Berufes, Standes) 53
Versteppung 13
Verzapfen (Verzapfung) 36
Verzascatal (Tessin) *290*
Verzierungen 53–58
Verzinken (Verzinkung) 36
Viehhof 26
Viehtrift 20
Viehwirtschaft (–zucht, –züchter) 7 f., 13 f., 18–23, 31
Vielhaus-Hofanlage 24, 26
Viergadenhaus 24
Vierpaß 38
Vierraumlösung, s.a. Sennhütte 33
Vierseithof (–höfe) 31
Vilbalpe (Tannheimer Tal, Tirol) 25
Villach (Kärnten) 32
Villgraten (Kärnten) 23, 31
Vindeliker 8
Vinschgau (Südtirol) 8 f., 14, 18, 21, 38, *10, 12, 193, 200, 202, 203*
Vogelkopf, s.a. Jexenbänder 38
Volksheilige 53
Volksrechte, s.a. Weistümer 33
Voralm, s.a. Alm(en) 18 f.
Voralpenraum, oberbayerischer 8
Vorarlberg 24, 49, 52
Vorberg (Südtirol) *197*
Vorbund 38, *83, 145–147, 149–151, 154–157, 177, 178, 181*
Vordach (bairisches, tirolisches) 41
Vorderbrand (Berchtesgadener Land) 29
Vorderlanersbach (Zillertal/Tirol) 31
Vorderrheintal (Schweiz) 56
Vorderriß (Oberbayern) 57, *164*
Vorkopf 36
Vormauerung 39, 51
Vorra-Stadt (Vinschgau/Südtirol) *202*
Vorratshaus 24, 28
Vorratskasten 24
Vorratswirtschaft, alte 27
Vorreiber 51
Vorsäß 19
Vorschuß 41
Vorstellungen, magische 54
Vorstoß 36
Vortenne 25
Vorweide 19

Waale, s.a. Holzleitungen 16
Wände (Wandbautechniken) 35–39
Wagenschupfe(n) 22
Wahlkaser (Gotzentalalm/Berchtesg. Ld.) 32 f.
Walchensee (Oberbayern) 57
Waldgrenze 8, 12, 18 f., 21, 33
Waldweide (Waldweidenanteil) 20
Waldzaun 34
Wallgau (Oberbayern) 57
Wallis (Schweiz) 32, 42, *276–283, 287*
Walmdach 32
Walzenform, s.a. Stubenöfen 29
Wandblockbalken 55
Wanderarbeiter 9
Wanderberuf(e) 15

Wandhölzer 27
Wandkasten 25
Wappen 54f., 57f.
Warenträger 15, *13*
Warmwasser-Wannenbad 28
Waschhaus (–küche) 30, 40
Wassergräben 13
Wasserkraft 13, 17f.
Wasserrad 18, 31
Wastlbauernhof (Mauer ober Hammer bei Inzell) 49, 57, *257–260, 269*
Wegebau 16
Wegerecht 33
Wegkreuz 54
Wehrgänge 48
Weide (–gang, –rechte, –tage, –wirtschaft) 7, 13, 18f.
Weideunterteilung 21
Weidezaun (auch elektrisch geladener) 33f.
Weihnachtsmoahd, s.a. Moahd 27
Wein (–bau) 14
Weinviertel (Österreich) 43
Weißbach an der Alpenstraße (Berchtesgadener Land) 57, *214*
Weistümer 30, 33
Weizen (–anbau, –mehl) 13
Welfen 21
Weltbild, bäuerliches, Beharrungsvermögen 54
Weltkrieg, Zweiter 39, 59
Wenns (Tirol) 46, 57
Werdenfels (Werdenfelser Land) 23, 29, 37, 38, 55ff., *8, 33, 263–266*
Werkstatt, s.a. Bastelkammer 28

Wermut 13
Weststeiermark, s.a. Steiermark
Westtirol, s.a. Tirol
Wetterfahne (–hahn) 56
Wetterstein 11
Wetterköpfe, s.a. Blockbalken, überstehende 36
Wid-Anze 15
Wiederbewaldung 20
Wiedenbauer (bei Wörnsmühle/Oberbayern) 57
Wiesenbau (–wirtschaft) 13, 38
Wiesenumbruch 14
Wildheu, Sammeln von 7
Wildschönau (Tirol) 18, 27, 49, *111–121, 132*
Willersalpe *31*
Wilten (Tirol) 21
Windbretter 41, 56
Winden 16f.
Windeisen 52
Windflöck 44
Windläden 44
Windlatt 44
Winnebach (Ötztal) *92, 99*
Winterfenster 52
Wintersport 13
Winterstube, s.a. Holzhacker-Behausung 60
Wipptal (Tirol) 18, 23
Wirtschaft, bergbäuerliche 34
Wirtschaftsaufzüge 17
Wirtschaftslandschaft 13
Witterungsextreme 12
Wölbung 39f.

Wörnsmühle (Oberbayern) 57
Wörth (Rauris, Salzburger Land) *19, 20*
Wohngesittung (–kultur) 25
Wohnhaus 23ff.
Wohnküche, s.a. Kuchl 25
Wohnspeicherhaus 24
Wollweberei 16
Wolkenstein, Oswald von 14
Wurzelgraben 16

Zamsergrund (Zillertal/Tirol) 18
Zapfen 49f.
Zarge 51
Zaubermittel (–zeichen) 53–56
Zäune 14, 20, 33f.
Zaunbänder 34
Zaunbeschau 33
Zaundurchlaß 33
Zaunformen, s.a. Zäune
Zaunfrevel 33
Zaunholz 28
Zaunrechte 33
Zaunringe 34
Zaunspelt'n 34
Zederhauser (Lungau/Land Salzburg) 33
Zehentstadel *251*
Zeichen (abstrakte, christliche, geometrische, heidnische, magische, religiöse, vorchristliche) 53f.
Zeiller, Franz Anton und Johann Jakob 57
Zell am Ziller (Tirol) *42, 106*
Zelleralm (Tirol) 21
Zemmgrund (Tirol) 18, *103*
Zentralalpen 12, 18
Zentralmuseum 60

Ziach-Fergl, s.a. Fergl 15
Ziegelbau 38f.
Ziegelböden 47
Ziegeldach 45
Ziegen 20
Ziehbrunnen 30
Zier (Zierat, Zierreihen) 53–58
Zierbund (–gitter) 37f.
Ziergiebel, Werdenfelser 37f.
Zillergrund (Zillertal/Tirol) *71, 105*
Zillertal (Tirol) 19, 24, 31, 39, *42, 71, 101–110*
Zillertaler Alpen (Tirol) 11
Zimmermannsausdrücke (–legenden) 26f.
Zinsrecht 9
Zirl (Tirol) 57, *187*
Zisternenbrunnen 30
Zopf (Zopfende) 35, 41
Zugeimer 30
Zugseil (geschlossenes, offenes) 17
Zugtiere 17
Zugüter 19
Zuhaus, s.a. Austragshaus 30 *48, 66, 162*
Zuoz (Graubünden) 38
Zweifeldertüre 51
Zweiraumlösung, s.a. Sennhütte 33
Zweiseilbahn 16f.
Zweittreppe 49
Zwiehöfe 22f., 28, 31, 33, 48, *63, 91, 96, 98, 100, 133, 189, 204, 207, 211, 216, 217, 221, 252, 253, 270*
Zwiehoflandschaft(en) 23
Zwieselstein (Ötztal/Tirol) *98, 100*
Zwinck, Franz Seraph 57
Zwischendecke 45, 47, 51, *75*

Photonachweis

Die nicht unter den hier folgenden Autorennamen aufgeführten Photos im Bildteil stammen vom Verfasser.

Bahnmüller, Wilfried, Gelting 2, 4, 5, 10, 29, 30, 79, 94, 166, 168, 188
Baur-Heinhold, Margarete, München 296, 297
Blaser, Werner, Zürich 291, 292, 293, 294, 295
Friedli, Werner, Brüttisellen, Zürich 277
Foto Ammon, Berchtesgaden 225
Foto Furter AG., Davos 311
Foto Guler, C., Thusis 308
Gorfer, Josef, Bruneck-Aufhofen 133
Groth-Schmachtenberger, Erika, Murnau 3, 6, 7, 8, 9, 11, 12, 13, 14, 15, 16, 17, 18, 19, 20, 21, 22, 23, 24, 25, 26, 27, 28, 31, 32, 33, 34, 35, 36, 37, 38, 39, 40, 41, 43, 44, 47, 48, 50, 51, 52, 53, 54, 55, 56, 57, 59, 60, 61, 62, 63, 64, 73, 76, 77, 78, 88, 91, 96, 122, 123, 124, 125, 130, 131, 164, 173, 176, 182, 185, 187, 190, 191, 192, 193, 194, 195, 196, 198, 208, 209, 262, 278, 280, 281, 283, 284, 285, 288, 289, 298, 299, 300, 301, 302, 303, 304, 305, 306
Gschwend, Max, Brienz 286
Höhne, Ernst, Landshut 309
Kratzsch, Klaus, München 271, 272, 273, 274, 275
Kreillinger, Kilian, München 75
Lindel, Rolf, Heidenheim 197, 199, 202
Mathis, R., Landeck 126, 127, 128, 129, 136, 139, 174, 175, 183
Mehlig, Manfred, Lauf/Bd. 189
Nationalparkverwaltung Berchtesgaden, Ramsau 211
Nüssel, Fritz, München 80
Offenberger, Max, Berchtesgaden 215, 233, 234
Pfistermeister, Ursula, Fürnried 204
Photogrammetrie GmbH., München 1 (Freigegeben durch die Reg. von Oberbayern Nr. G 7/88265)
Photo Klopfenstein, Adelboden, 276
Photo Löbl, Bad Tölz 290
Reinbold, Walter, Berchtesgaden 213
Schmidt-Glassner, Helga, Stuttgart 287
Schneiders, Toni, Lindau 224, 287
Schweizerische Verkehrszentrale, Zürich 279
Steinbichler, Hans, Prien 307
STERN, Hamburg 201, 203 (Meffert)
Swoboda, Otto, Wien 56, 58

Abbildung auf dem Bucheinband: Bauernhaus in Pfunds, Oberinntal, Tirol.
Abbildung auf dem Vorsatz: Bauernhaus in Egg, Vorarlberg, Tirol.

Wir danken für die Überlassung folgender Vierfarblithos:

Bergverlag Rudolf Rother GmbH., München   133
A. Korsch Verlag GmbH. & Co., München   189

Die Textillustrationen (siehe Seitenangaben) wurden folgenden Büchern, Veröffentlichungen und Dissertationen entnommen:

Bauernhaus, Das im Deutschen Reiche und seinen Grenzgebieten. Hrsg. vom Verband deutscher Architekten- und Ingenieurvereine, Atlas und Textband. Dresden 1906, unveränderter Nachdruck, Hannover 1973/74 (Seite 47)
Dannheimer H. in: Prähistorische Staatssammlung, Führer durch die Abteilung Frühes Mittelalter, München 1976 (Seite 37)
Deininger, J.W. Das Bauernhaus in Tirol und Vorarlberg, Wien (um 1895) (Einband, Vorsatz, Seite 47, 49, 53, 56, 57)
Erdmannsdorffer, K. Flachdach und Steildach im bayerischen Hochland, in: Der Bauberater, 15. Jahrgang, 1950, Heft 3-6 (Seite 62)
Gebhard, T. Der Bauernhof in Bayern, München 1975 (Seite 37)
Keim, H. Pfostenspeicher und -scheunen in Tirol, Bd. I und II, unveröffentlichte Dissertation TU München 1976 (Seite 46, 48, 50)
Kober, R. Die landwirtschaftlichen Seilwege, Wien und Leipzig 1938 (Seite 16, 17)
Moser, O. Das Pfettenstuhldach, Wien 1976 (Seite 41, 42, 43)
Moser, O. in: Das Kärntner Freilichtmuseum in Maria Saal, Museumsführer, Klagenfurt 1970 (Seite 38)
Phleps, H. Holzbaukunst – Der Blockbau, Karlsruhe 1942 (Seite 29, 30, 49)
Pöttler, V.H. Alte Volksarchitektur, Graz-Wien-Köln 1975 (Seite 34, 41, 44, 46)
Rattelmüller, P.E. Lorenz Quaglio, München 1978 (Seite 20, 21, 23)
Rauter, O. Häuser, Höfe, Handwerkskunst – Bäuerliche Kultur im Zillertal, Innsbruck 1978 (Seite 15, 24, 25, 26, 27, 31)
Schuberth, O. in: Führer durch das Freilichtmuseum des Bezirks Oberbayern an der Glentleiten, Großweil bei Murnau 1976 (Seite 26, 27)
Schweizer Bilddokumentation: Bäuerlicher Hausbau im Sopraceneri, Basel 1971 (Seite 38, 44)
Simonett, Ch. Die Bauernhäuser des Kantons Graubünden
  I: Die Wohnbauten, Basel 1965 (Seite 38, 53)
  II: Die Wirtschaftsbauten, Basel 1968 (Seite 52, 54, 55, 58, 59)
Sperber, H. Die Entwicklung der Pflugformen in Altbayern vom 16. Jahrhundert bis zur Mitte des 19. Jahrhunderts. Unveröffentlichte Dissertation, München 1977 (Seite 14, 15)
Stolz, O. Die Schwaighöfe in Tirol – Ein Beitrag zur Siedlungs- und Wirtschaftsgeschichte der Hochalpentäler, in: Wissenschaftliche Veröffentlichungen des Deutschen und Österreichischen Alpenvereins 5/1930 (Seite 61)
Tränkel, M. Das Bauernhaus im Berchtesgadener Land, unveröffentlichte Dissertation TH Aachen, 1947 (Seite 32, 45)
Werner, P. »Klingschrot und Malschrot« oder Bemalte Durchsteckverbindungen in Surheim/Obb., in: Volkskunst 3/1978, München (Seite 36)
Wolf, A. Aus alten Stuben und Kammern, München 1978 (Seite 28, 29, 49, 53, 54)

Paulhans Peters
Umbau alter Bauernhäuser
Städter leben auf dem Lande
1978. 200 Seiten mit 345 Abbildungen, davon 9 vierfarbig und vielen Plänen.

Den Hauptteil nehmen die 50 umgebauten Bauernhäuser, Schmieden, Mühlen und Ackerbürgerhäuser ein. Sie werden in Photos, Plänen und einer kurzen textlichen Charakterisierung dargestellt. Hier sind typische Vertreter unterschiedlichster Umbaustufen versammelt. Vom praktisch nur restaurierten, in seiner Struktur erhaltenen Bau bis hin zum totalen Umbau und völliger Umfunktionierung. Was im Hauptteil an den Beispielen gezeigt wird, wird in zwei technisch-praktischen Kapiteln als Anleitung zum Planen und Selbermachen erläutert: Drei Architekten erzählen detailliert ihre Erfahrung beim Umbau ihrer Bauernhäuser und geben damit eine Art Entwurfslehre, die auf jede Art von Bauernhausumbau anwendbar ist. In einem technischen Stichwortregister wird das große Einmaleins der Umbaupraxis zusammengefaßt.

Alte Bauernhäuser
erhalten – umbauen – restaurieren

Torsten Gebhard
Alte Bauernhäuser
Von den Halligen bis zu den Alpen
1977. 196 Seiten mit 338 einfarbigen und 10 vierfarbigen Abbildungen.

Die Vielfalt alter Bauernhäuser ist eine vergessene Alternative zu heutiger, nivellierter Wohnbauarchitektur. Anstelle einer monotonen, gleichmachenden Wiederholung gibt es hier die Individualität: geprägt aus Arbeitsweise, Landschaft und Tradition. Gebhards Buch zeigt diesen Reichtum an Wohnformen, analysiert ihre Herkunft und erläutert typische Lösungen. Der Architekt findet in diesem Buch etwas Ähnliches wie eine geistige Entwurfslehre: Er soll nicht über Vergangenes nachdenken oder seelenlos kopieren, sondern bei seinen eigenen Projekten sich der Individualität bäuerlicher Wohnkultur erinnern und Heutiges mit Altem verbinden, dem Geist dieses selbstverständlichen Wohnens nachspüren, das ohne Statussymbol und falsches Dekor auskam.
Verlangen Sie unseren farbigen Sonderprospekt!

Eingang des Mooserhofes aus der Wende vom 18. zum 19. Jahrhundert nach der Renovierung

Diele eines translozierten Bauernhauses in Roitham

Tennenstütze in der Bibliothek eines Bauernhauses in Miesbach

Scheune in Travemünde, die jetzt als Wohnhaus dient

Verlag Callwey München

Callwey

Jacques Fréal

Bauernhäuser in Frankreich

Bäuerliches Wohnen im Nachbarland

276 Seiten mit 425 Abbildungen, 2 farbigen Doppelseiten und vielen Plänen, Karten und Detailzeichnungen

Die Architekturgeschichte ging im Rahmen der Kunstgeschichte immer von den kirchlichen und weltlichen Bauten aus und hat im Laufe der Zeit das Bürgerhaus und den Städtebau mit einbezogen. Das Bauernhaus dagegen blieb außerhalb einer architekturgeschichtlichen Betrachtung. Hier setzt Fréal ein, der mit seinem Buch über die bäuerliche Baukunst in Frankreich diese Lücke schließen will, obwohl er sich der Schwierigkeiten einer solchen Aufgabe bewußt ist. Vor allem die Datierungsprobleme sind manchmal kaum lösbar, da Jahreszahlen an Bauernhäusern noch lange nicht das Datum des Baukörpers, den man gerade betrachtet, wiedergeben. Fréal gliedert den Stoff nicht geographisch sondern typologisch, wobei er bei den einfachsten Formen beginnt und bis zu den großen, aufwendigen Gehöftanlagen führt, d. h. er beginnt bei Höhlenwohnungen und einzelligen Baukörpern und schreitet systematisch bis zu den Geschoßbauten und vielfirstigen Gehöften vor.

Wohl erstmals in der Bauernhausliteratur finden wir hier den Begriff des »geologischen Porträts« eines Bauernhauses im Rahmen einer Baustoffkunde. Großen Wert legt Fréal auf sorgfältige Untersuchungen der Holz- und Steinkonstruktionen, der Dächer und Wände, der Türen, Tore und Fenster, der Außen- und Innentreppen, der Bauschreinerei und der Schlosserarbeiten.

Wenn Fréal auch die Einflüsse des Industriezeitalters als gegeben hinnimmt, so bringt er immer wieder Hinweise auf Möglichkeiten, auch technischer Art, den noch erhaltenen Bestand zu konservieren. Zahlreiche Grund- und Aufrisse bieten dem Architekten reiches anschauungsmaterial. Der Bildteil selbst entfaltet den ganzen Reichtum an Hausformen, die den einzelnen Landschaften und Regionen Frankreichs auch heute noch einen unverwechselbaren Stempel aufdrücken.

Übersetzer des Buches ist Prof. Dr. Torsten Gebhard, Leiter des Institutes für Volkskunde und Honorarprofessor für Volkskunde an der Universität München (Verfasser zahlreicher volkskundlicher Werke, u. a. »Der Bauernhof in Bayern«. Er hat außerdem ein fachkundiges Vorwort zu dem Buch geschrieben.

Kleines Wohnhaus mit Mansarddach im Kanton Bergerac (Dordogne)

Öffnung in einer Mauer aus schiefrigem Gestein in der Grande-Brière

Nicht überdecktes Tor in Quercy

Ländlich offener Kamin aus der Auvergne mit korbbogenförmigem Mantel, darüber ein Entlastungsbogen

Verlag Callwey München